아시아 공동체와 평화

모들아카데미08

아시아 공동체와 평화
열 가지 시선

이찬수 이충범 김윤희 박종현 홍이표 기타지마 기신
가미야마 미나코 벤자민 앵글 고돈 무앙기 이소라

모시는사람들

평화, 공동체의 동력과 지향

평화는 정적으로 이야기하면 갈등이나 폭력이 없는 상태이다. 동적으로 이야기하면 갈등이나 폭력을 줄이는 과정이다. 평화주의자들은 이런 과정을 거쳐 궁극적으로는 갈등이나 폭력 없이 서로 돕고 서로 살리며 살아가는 세상을 꿈꾼다.

갈등은 서로 다른 입장들이 충돌하는 과정이다. 그 과정에서 작은 힘이 큰 힘으로부터 원치 않게 받는 상처와 피해를 폭력이라 한다. 폭력을 줄이거나 없애려면 상대방이 원하지 않는 위력을 행사하지 말아야 한다. 평화를 이루는 가장 기초적인 행위이다.

하지만 쉬운 문제가 아니다. 만일 누군가 폭력을 행사한다고 할 때, 그것이 그저 장난이거나 폭력을 위한 폭력이라면, 그런 폭력은 어떤 식으로든 멈추게 하면 된다. 필요하면 책임을 물으면 된다. 하지만 폭력을 없애기 어려운 이유는 대부분 심리적·경제적·사회적 이해관계와 얽혀 있기 때문이다. 어떤 상황을 자기에게 유리하게 만들려는 내적 시도와 연결되어 있기 때문이다. 결국 '내'가 살고 '나'를 더 드러내려는 가장 깊은 욕망의 표현이기 때문이다. 그러다 보니 상대방은 원하지 않는데도, 자신을 유지·확대·정당화하기 위해 위협·억압·위력 행사를 하려는 충동을 느낀다. 실제로 종종 그 충동을 떨치지 못하고 급기야 자기정당화를 위한 욕망을 실제로 행사하면서 상대방에게 상처와 피해를 준다. 그러면 피해자 쪽도 어떤 식으로든 대응과 공격을 도모한다. 그 과정에서 물리적 폭력이 발생하고, 갈등이 커지며, 적지 않은 상처와 희생을 낳는다.

이러한 폭력을 막거나 없애려면 무엇보다 큰 힘 쪽이 스스로를 제어해야 한다. 큰 힘이 자제하지 못한다면, 작은 힘들이 연대해 큰 힘과 균형을 유지할 수 있을 정도로 힘을 키워야 한다. 그러면 어느 정도의 긴장을 있을지언정 당장의 물리적 폭력은 발생하지 않는다. 이런 상태를 이른바 '평화유지(peace-keeping)'라고 한다.

이때 긴장의 정도를 줄이거나 없애려면 무력적 힘의 사용이 결국은 자신에게도 피해로 돌아온다는 사실을 인식해야 한다. 힘을 덜 사용할 때 갈등이 줄어들고, 그만큼 평화가 이루어진다는 인식을 확대시켜야 한다. 이런 인식을 기반으로 상대를 이해하고 인정하고 서로 조화하는 상태로 나아갈 수 있도록 해야 하는 것이다.

이런 원리는 개인 간에는 물론, 집단이나 국가 간에도 적용된다.

평화는 다른 사람, 집단, 국가와의 차이를 '틀림'이 아닌 '다름'으로 인정하는 데서 시작된다. 서로를 이해해야 한다. 이를 발판으로 개인의 욕망을 절제하고 기존의 폭력적 구조를 약화시키면서 모두의 평화는 더 구체화되어 간다.

평화는 조화의 다른 이름이다. 구성원들이 서로 조화하는 집단을 '공동체'라 한다. 공동체는 어원적으로 '같음(同, unity)을 공유하는(共, com) 집단(體)'이라는 뜻이지만, 이때 핵심은 '같음'보다는 '공유하는' 자세에 있다. 서로 인정하고 조화하는 구성원들 간의 관계가 중요하다. 가족도 무엇이든 함께할 때 공동체일 수 있고, 취미를 공유하는 동아리, 종교인 모임도 그럴 때 공동체일 수 있다. 학교, 사회, 나아가 국가도 구성원들이 함께해야 공동체가 된다. 한반도에서 남한과 북한이 함께 통일의 길로 나아가는 과정도 '한반도 공동체'를 이루어가는 과정이라고 할 수 있다. 인류도 공동체일 수 있다. 만일 온 인류가 서로를 인정하고 원만하게 교류하며 상생의 길을 걸을 수 있다면 말이다. 꿈같은 상상이기는 하지만….

2차대전 이후인 1945년 국가들이 협력해 세계에서 전쟁을 멈추고 평화를 이루자며 국제연합을 만들었다. 유럽에서는 1993년에 유럽연합(EU)을 결성해 경제적으로는 같은 화폐를 쓰고 지역적으로는 자유 왕래하며 기존의 국가 간 장벽을 없애 가고 있다. 유럽연합이 공식적으로 출범하기 전부터 '유럽공동체(European Community)'라는 말을 사용했었다는 점에서 유럽연합은 지구의 한쪽에서 거대한 정치·경제 공동체를 만들려고 하는 시도였다고 할 수 있다.

　아시아에서는 어떨까. 거대한 아시아 대륙의 여러 국가들이 '아시아공동체'라는 것을 만들 수 있을까. 간단히 말하면 대단히 어려운 일이다. 유럽의 경우는 여러 나라들이 2천여 년 가까이 기독교라는 종교문화를 공유해 왔다는 점에서 공동체 의식의 문화적 기초가 얼마간 다져졌다고 할 수 있다. 이에 비해 아시아는 유럽에 비해 영토와 규모가 워낙 크고, 기후·토양 등이 다양하며, 유럽에서와 같은 지배적 종교문화를 공유하고 있지 못하다. 한국·중국·일본·베트남 등은 대체로 유교문화를, 태국·라오스·미얀마 등은 불교문화를 깊이 공유하기는 하지만, 아시아 모든 국가들이 그런 것은 아니다. 이른바 중근동 지역은 말할 것도 없거니와, 인도네시아나 말레이시아는 이슬람의 규모가 훨씬 크고, 인도는 수천 년 동안 힌두교라는 고유문화를 유지해 오고 있다. 근대 이후 한국이나 필리핀에는 서양식 기독교의 영향도 크며, 중국에도 기독교가 점차 커지고 있다. 이처럼 아시아에는 유럽에서와 같은 지배적 주류 종교 전통이 없다.

　동남아시아에서는 '아세안'이 결성되어 경제 교류를 활발하게 하고 있지만, 유럽연합에서 교류하는 정도에는 미치지 못한다. 한국·중국·일본으로만 좁히면 민족이나 경제 규모 등의 면에서 얼핏 연합의 가능성이 있어 보이기도 한다. 이들 세 나라들은 특히 경제적 차원에서 서로가 서로에게 대규모로 깊이 의존하고 있기 때문이다. 경제 공동체라는 말이 가능할 정도이다.

하지만 과거사 문제나 영토 문제 등으로 국제정치나 외교 분야는 늘 긴장 상태에 있다. 아시아에서의 영향력을 지속 내지 강화하려는 미국과 맺는 관계의 정도가 달라서 정치적 긴장 관계는 지속되고, 군비 경쟁도 치열하다. 경제적으로는 대단히 긴밀하지만, 정치·군사·외교적으로 불협화음이 지속되고, 적대하기까지 한다. 아시아의 이런 상황을 이른바 '아시아 패러독스'라고 한다. 아시아공동체라는 것은 거의 불가능한 언어조합처럼 여겨지는 현실인 것이다.

물론 이것은 공동체를 어떻게 정의하는지와도 연결되어 있다. 공동체를 모든 분야에서 서로 일치하는 어떤 상태에 있는 집단이라는 식으로 이해하면, 아시아에서든 어디서든 공동체라는 것을 사실상 불가능하다. 공동체는 어떤 집단이 모든 분야에서 하나가 된 어떤 상태를 의미하지 않는다. 평화가 갈등과 폭력을 줄여가는 과정이듯이, 공동체도 교류와 협력이 확장되어 가는 과정으로 이해해야 한다. 남북 간에, 한중 간에, 한일 간에, 한·아세안 간에 서로 이익이 되도록 교류와 협력이 활발해져 간다면, 그 과정 자체가 아시아에서 공동체를 만들어가는 모습의 일부인 것이다.

공동체는 구성원들 간 상호 이해와 인정의 영역이 확대되어 가는 과정이자, 그 과정만큼 공동체의 구체적인 모습도 형성되어간다. 남한은 북한을, 한국은 일본을, 일본은 한국을, 미국은 아시아 각국의 현실을 이해하고 여러 힘들 간의 균형을 맞추어갈 때, 그만큼 아시아에서 공동체의 모습이 드러나는 것이다. 그런데 이것이 과연 가능한 일이겠는가. 현실은 냉혹할 정도로 경쟁적이다. 신냉전이라는 말이 자연스러울 정도로 자국의 이익을 확대하기 위한 정치적 긴장관계가 팽팽하다.

그럼에도 불구하고 공동체적 이상에 대한 상상이 없이 이러한 현실을 어떻게 극복해 나가겠는가. 이상은 공허하기만 한 것이 아니다. 그것이 옳다고 꿈꾸고 실천하는 이들로 인해 실제로 그 모습에 조금씩 다가서게 된다. 공동체는 단순히 정치적 단일체가 아니다. 함께 소통하고 교류하는 영역을 조금씩 더 넓혀 가는 과정이다. 아시아공동체라지만 아시아 여러 국가들이 하나의 나라로 정치적 통일을 이룬다는 뜻이 아니다. 그럴 수도 없고, 어쩌면 그래서도 안 된다. 교류와 협력을 통해 국가 간 장벽을 줄이고, 실질적인 갈등과 폭력을 축소해 가는 과정이 공동체가 실제로 이루어져 가는 모습이다. 상호 인정과 조화, 교류와 협력의 정도가 공동체의 정도를 규정한다. 이런 맥락에서 공동체는 조화와 평화의 과정이다.

이 책은 아시아 차원에서 공동체라는 것이 가능하겠는지, 그러려면 어떤 문제들이 있겠고 무엇을 해결해 가야 하겠는지, 여러 연구자들이 저마다의 관심 영역에 따라 정리해 본 결과물이다. 공동체를 형성해 가는 과정이 조화 및 평화의 과정이라는 점에서 이 책의 필자들은 평화에 초점을 두고 저마다의 분야에서 공동체의 가능성에 대해 상상해 보았다. 공동체는 평화를 동력으로 하는 평화의 구체적 과정이기에 그렇다. 내적 신앙을 공유하는 이들이 모여 종교 공동체가 형성되듯이, 평화를 지향하는 이들이 모여 평화공동체가 형성되고, 국가 간에도 평화 지향의 공동체성이 커진다. 아시아에서 공동체를 이룬다는 것은 아시아인들 간에, 아시아 국가들 간에, 나아가 아시아와 연계된 국가들이 서로 인정하고 대화하고 협력하며 서로에게 도움이 되는 길을 차근차근 걸어가는 것이다.

이 책은 이러한 이상을 다양한 시각에서 조금씩 드러내보려는 시도이다. 무엇보다 한국, 일본, 미국, 케냐 출신 아시아 관련 학자가 참여한 국제적 공조의 결과물이다. 한국 내 다양한 갈등 상황을 돌아보고 소통의 공동체를 추구하는 글(이충범), 북한의 민간신앙을 통해 수천 년 이상 공유해 온 한반도의 문화적 공통성을 확인해 보는 글(이찬수), 북한의 예술, 문화, 스포츠에 담긴 남한적 요소를 통해 남북 소통의 가능성을 보여주는 글(김윤희), 근대 중국의 대표적인 사상가라 할 강유위와 평화 사상가로서의 안중근을 비교하며 한중 간 공유 지점을 찾아보는 글(박종현), 식민지 원주민(natives)을 '토인(土人)'으로 열등

시하면서 일본 중심주의를 정당화해 가는 태도가 한국인에서도 드러
난다는 비판적 지적을 통해 타자와의 조화를 강조한 글(홍이표), 정토
진종을 중심으로 일본 불교계의 자기반성적 평화운동을 소개하는 글
(기타지마 기신), 일본 여성 기독교인의 평화 개념을 소개하고 일본군
위안부에 대한 사과와 재일본 한국인 피폭자 지원 운동 등을 정리한
글(가미야마 미나코), 미국이 동아시아의 평화 유지에 끼치는 영향의 역
사와 한계를 국제정치적 감각으로 정리한 글(벤자민 앵글), 아프리카의
토착적 정신인 우분투를 소개하며 한일 관계에의 적용 가능성을 제
시한 글(고돈 무앙기), 아시아 평화공동체의 방향과 가능성을 전반적으
로 정리한 글(이소라) 등 모두 열 가지 시선을 담았다.

그 열 가지 시선을 관통하는 세 가지 키워드는 '아시아', '공동체', 그
리고 '평화'이다. 이 책에는 이 세 가지 키워드를 견지하면서 아시아
적 맥락에서 평화 지향의 공동체를 상상하는 열 명 필자의 열 가지 시
선이 녹아 있다. 이 가운데 여덟 편은 협성대학 교양강좌 '아시아 평
화공동체'의 강의 자료를 수정, 확대, 보완한 글이다. 협성대학에서는
아시아적 차원의 평화적 공동체 문화를 국내외에 확산하고자 홍콩과
일본에 본부를 둔 '원아시아재단(One Asia Foundation)'의 지원을 받아
2019년 2학기에 '아시아 평화공동체'라는 과목을 개설한 바 있다. 그
때 강사로 참여한 국내외 전문 연구자들이 당시의 강의 자료를 수정
보완해 단행본으로까지 이어갈 수 있었다.

강의와 출판을 위해 연구비를 지원해준 원아시아재단에 감사드린다. 평화학 연구자로서 '아시아 평화공동체' 강좌의 개설과 강의에 참여하고 출판 과정에도 개입하면서 급기야 책의 머리말까지 쓰게 되었다. 기쁜 일이다. 아시아의 여러 나라가 함께(共, com) 공통성(同, unity)을 누리는 정도가 커져 갔으면 좋겠다. 서로 함께하면서 평화에 대한 상상도 키워 가고, 평화라는 언어를 더 두루 쓰게 되는 과정을 보는 것은 더 말할 나위 없이 흐뭇한 일이다.

2020년 8월
필자를 대표하여
이찬수

아시아 공동체와 평화

01

한국사회의 갈등과 소통 · 대화공동체

이충범
(협성대학교 신학과 교수)

1. 서론

평화의 정의는 매우 다양하다. '평화'를 네이버(Naver) 표준국어대사전에서 찾아보면 "평온하고 화목함. 전쟁, 분쟁 또는 일체의 갈등이 없이 평온함 또는 그런 상태"라고 설명하고 있다.[1] 최근 평화학자로 명성을 떨치고 있는 요한 갈퉁(Johan Galtung)은 평화를 "전쟁과 같은 물리적 폭력은 물론 억압적 정치 시스템에 따른 구조적 폭력, 나아가 성차별이나 생태적 차별 같은 문화적 폭력마저 없는 상태"라고 정의하고 있다.[2]

갈퉁의 정의는 사전적 정의에 비하여 매우 구체적이면서 구조적인 폭력이나 차별까지도 포괄한다. 평화학자인 이찬수에 따르면 평화란 "개인의 심리적 갈등과 스트레스까지 포함해 인간의 모든 부정적 상황을 총동원하는 상황"을 해소해가는 과정이다.[3] 이찬수의 정의는 사회·정치·문화적 측면 뿐 아니라 개인의 심리까지도 평화의 개념으로 포괄하고 있다.

그런데 평화를 이해하기 위한 전제조건들이 있다. 첫째, 평화는 복수적이며 다원적이라는 사실을 직시해야만 한다. 어떤 이는 완벽하게 정리된 방에서 심리적 평화를 얻을 수 있는 반면 어떤 이들은 숨막혀한다. 길동무와 함께 여행을 하다 보면 한 사람은 숙소에서 계속 물건들을 자연스럽게 늘어놓는 반면 동반자는 그 사람을 따라다니며 정리하기 바쁜 경우가 있다. 둘 사이에 신경전이나 언쟁은 피할 수가 없다. 이런 여행 길동무는 차후 다시는 함께 여행하지 않을 것이다. 따라서 평화를 이해하기 위해서는 다양성에 대한 인정을 전제로 해야만 한다.

평화를 이해하기 위한 두 번째 전제조건은 평화가 단순히 폭력과 갈등을 줄여 가는 과정일 뿐 아니라, 더 적극적으로 타인의 아픔을 공감해 가는 공존의 과정이라는 점을 수용해야만 한다는 것이다. 왜냐하면 비폭력과 갈등 없음은 평화와 동치가 아니기 때문이다. 이렇듯 평화가 무엇인지 규정하려는 학자들의 시도나 평화를 이해하기 위한 전제조건이 우리에게 시사하는 바는 평화가 무엇인지 한마디로 정의하기 어렵다는 사실이다.

평화는 시대적이기 때문에 역사성이 있고, 지역적이기 때문에 특수성도 갖고 있으며, 다양한 영역에 적용되기에 중층성도 있다. 그러나 분명한 것이 있다. 그것은 '갈등'이 존재하는 곳에서는 평화가 가능하지 않다는 사실이다. 따라서 평화에 대한 논의를 갈등의 문제로부터 시작할 필요가 있다.

대한민국은 2차 세계대전 이후 70여 년 만에 정부 수립, 산업화, 민주화에 성공한 극히 예외적인 국가이다. 이러한 우리나라의 성취는 대내외적으로 많은 칭송을 받고 있다. 그러나 급속한 발전과 성공 뒤에는 이에 따르는 부작용도 있기 마련이다. 대한민국의 압축적 발전은 압축적인 사회, 정치, 경제, 환경, 인권의 문제를 야기했다. 그리고 이에 따른 사회 갈등도 마찬가지로 매우 압축적 양상을 보여준다. 오랜 역사를 통해 대화와 실험을 거쳐 사회 갈등을 해소해 왔던 서구와 달리 우리 사회는 매우 짧은 기간에 압축적으로 발생한 갈등들을 신속히 해결해야 하는 상황에 처해 있는 것이다.

이 장에서는 현재 우리 사회에서 표출되고 있는 갈등들을 간략하게 살펴봄으로써 평화에 관한 논의의 새로운 경로를 모색한다. 특히 한국사회를 한때 떠들썩하게 했던 사건들을 중심으로 갈등을 이해해 보려고 한다. 그리고 그러한 갈등들을 해소하기 위한 소통과 대화의 공동체를 상상해 본다. 대한민국은 세계적인 IT 강국이니만큼 대화의 공동체는 사이버 공동체들을 사례로 접근해 본다.

2. 우리 사회의 갈등들

갈등(conflict)은 다양한 영역에서 발생한다. 가장 기본적인 갈등은 개인의 내적 갈등과 개인과 개인 간의 외적 갈등이라고 할 수 있다.

'짜장면이냐 짬뽕이냐' 선택의 고민을 개인의 내적 갈등이라고 할 수 있다면, 두 사람이 있는 자리에서 '짜장면이건 짬뽕이건 내가 다 먹을 거야' 하는 태도로부터 생기는 갈등은 개인과 개인 간의 외적 갈등이라고 할 수 있다.[4]

이에 반하여 사회적 갈등은 시민사회를 구성하는 집합적 단위 즉 집단, 공동체, 계층 사이에서 발생한다. 따라서 갈등은 단순히 심리학뿐 아니라 사회학, 교육학, 정치학, 행정학, 종교사회학, 역사지리학, 경영학 등 다양한 인문사회과학 분야의 연구 주제이기도 하다.

한국여성개발원의 연구에 따르면 갈등이란 '개인이나 집단 사이에 의지나 처지, 이해관계 따위가 달라 서로 적대시하거나 충돌을 일으킴'이며, '둘 또는 그 이상의 당사자들이 목표의 양립 불가능 상황에서 상호작용하는 역동적 과정 전체'를 뜻하는 것이다. 그리고 갈등은 '당사자 간의 동의 여부', '이해관계의 양립 가능성', '실제와 인식 간의 차이', '세계관 및 행위 양식의 불일치' 등이 공통적으로 포함된다.[5]

그렇다면 우리나라 국민들은 사회적 갈등에 대하여 어떻게 느끼고 있을까? 한 연구에 따르면 한국인들 대다수는 사회적 갈등의 수준이 매우 심각하다고 여긴다. 또한 대부분의 한국인들은 흔히 사회적 갈등을 목격하거나 체감하고 있다. 반면에 우리 국민들은 국민통합의 수준을 매우 낮게 인식하고 있다. 그리고 국민들이 가장 심각한 사회 갈등으로 여기는 것은 '계층 갈등', '이념 갈등', '노사 갈등'이었다.[6]

그렇다면 과연 우리 사회의 사회적 갈등의 수준은 국민들이 느끼는 것과 마찬가지로 심각한 수준인가 알아볼 필요가 있다. 2015년 우리나라는 OECD 34개국 중 터키, 그리스, 칠레, 이탈리아에 이어서 사회 갈등지수 5위에 랭크되어 있다. 한마디로 국민들이 느끼는 것처럼 사회적 갈등이 심각한 것이다. 그러나 이보다 더 심각한 것은 우리나라의 갈등관리능력이 OECD 34개 국가 중 27위라는 점이다. 즉, 한국 사회는 매우 높은 수준의 갈등이 벌어지고 있음에도 불구하고 그 갈등들을 해소하기 위한 사회적 장치는 매우 미흡하다.[7]

이러한 갈등으로 인하여 발생하는 경제적 비용이 연간 최대 236조원에 이른다.[8] 우리 국민 1인당 1년에 최대 1000만 원 정도를 갈등 비용으로 지불하는 것으로 나타났다. 참고로 개인 간 신뢰도가 높은 국가 1위는 노르웨이(148.0)이다. 그리고 그 뒤를 이어 2위 스웨덴(134.5), 3위 중국(120.9), 4위 핀란드(117.5), 5위 스위스(107.4), 6위 베트남(104.1), 7위 호주(92.4), 8위 네덜란드(90.6), 9위 캐나다(85.9), 10위 벨라루스(85.2) 등이 사회적 신뢰도가 높은 나라들이다. 이들에 비해 한국의 개인 간 신뢰지수는 56.9에 불과하다. 개인 간 신뢰지수가 낮을수록 사회 갈등은 심하고, 이에 대하여 사회가 지불해야 할 비용은 증가한다. 현재 한국사회는 사회 갈등으로 인하여 국민총생산(GDP)의 26%를 소비하고 있다.[9]

결론적으로 한국사회의 사회적 갈등의 특징을 요약한다면 첫째,

우리 사회는 다양한 갈등이 복잡하게 얽히고 압축되어 있으며, 둘째, 국민들은 사회 갈등의 심각성을 체감하고 있으며, 셋째, 실제로 한국 사회는 다른 나라에 비해 사회 갈등의 양상이 심각한 편이다. 마지막 으로 한국사회는 이 갈등을 해소하는 사회적 시스템이 부족하기에 다른 국가에 비해 매우 많은 비용을 지불하고 있다.

갈등의 효율적인 조정과 해소를 위해 학계에서는 계층·계급 갈 등, 이념 갈등, 공공 갈등, 지역 갈등 등을 집중적으로 연구하고 있다. 이 장에서는 각 유형의 갈등들을 학문적으로 다루지 않는다. 다만 현 재 우리 사회에서 표출된 주요한 갈등을 대표적인 사건들을 통해서 함께 이해해 보기로 한다.

3. 여혐 및 젠더 갈등

경찰 이수역 폭행, 사건 중대…오늘부터 소환조사(뉴시스, 2018.11.15)

주점서 여성 2명에 남성 3명 다툼 / 서로 "먼저 맞았다" 진술 엇갈려

온라인 통해 확산…청와대 청원도 / 경찰 "CCTV 통해 경위 파악 예정"

5명 쌍방폭행 입건…오늘부터 소환[10]

2018년 11월 청와대 청원으로 불거진 위 사건은 온라인 안에서만 활발하던 젠더 갈등이 오프라인에서 물리적으로 충돌했던 대한민국

최초의 사건이었다. 서구에서 발전했던 페미니스트 운동과는 양상이 다른 한국의 페미니스트 운동은 1990년대 소위 영(young) 페미니스트들과 여성주의 그룹의 등장을 기점으로 새로운 국면을 맞이했다. 정치, 제도, 가부장제 문화, 교육 전반에 걸쳐 존재했던 구조적 불평등에 저항했던 서구의 페미니즘과 달리 영페미니스트들(영페미)은 신자유주의의 경제 구조 내에서 등장했다.

극단적인 경쟁을 강요당하고 항시 해고가 가능한 열악한 고용시장을 강제하는 신자유주의 시장경제 안에서 기존 가부장적 사회 구조는 가뜩이나 열악했던 여성들의 사회 참여를 더 악화시킬 뿐 아니라 생존마저 여성들을 위협하기 시작했다. 어찌 되었건 1990년대 중반부터 젠더 갈등, 여성 혐오, 영페미(영페미니즘) 현상은 우리 사회의 분열과 갈등의 주된 이슈로 떠올랐다. 여기서 영페미들의 등장 과정을 주요한 사건을 통해 잠시 살펴볼 필요가 있다.

여성주의 그룹 혹 영페미들이 본격적으로 인식되기 시작한 것은 온라인 공간에서였다. 아이러니하게도 영페미니즘은 남성연대의 활동에 자극을 받아 본격화되었다. 1999년 헌법재판소의 군 가산점제 위헌 결정은 젠더 갈등의 본격적 시작을 알리는 출발점이 되었다. 헌법재판소의 결정은 남성에 대한 역차별 논쟁을 점화하면서 남초 커뮤니티를 중심으로 남성들의 다양한 불만이 제기되기 시작했다. 그리고 '김치녀, 된장녀' 같은 'ㅇㅇ녀 시리즈'의 여성비하 신조어들이 급속하게 퍼지기 시작했다.

　이런 와중에 2010년경 형성된 일간베스트(일베)의 극단적인 여혐의 생산, 유통, 확산은 온라인 중심 여성들의 분노를 지속적으로 자극했다. 급기야 2015년 5월 메르스 사태를 계기로 디시인사이드의 메르스 갤러리에서 소설 〈이갈리아의 딸들〉과 메르스 갤러리의 합성어로 명명된 메갈리아(메갈)가 탄생된다. 그리고 메갈은 남성들의 혐오 프레임을 정확히 전복하는 방식의 미러링(mirroring) 담론을 유포시키며 여혐에 대항한다.

　2016년 5월 강남역 살인사건은 논란이 많다. 그러나 논란과 무관하게 여성주의 그룹은 '평소 여자들이 나를 무시해 살해했다'는 범인의 진술 그대로 이 사건을 여혐이 현실화된 사건으로 받아들였고, 메갈에서 분기한 워마드(women+nomad)들은 온라인에서 나와 '포스트잇' 저항을 계속하게 된다.

　여성주의 그룹은 2016년 대통령 탄핵을 촉구하는 광화문 촛불집회에서도 집단화된 단체의 모습을 선보였다. 이들은 2008년 5월 이명박 정부의 미국산 쇠고기 수입 재개 협상에 대한 저항을 위해 광화문에 집결했던 소위 '광우병 촛불집회'에 참가한 여성들과는 매우 달랐다. 광우병 촛불집회 당시 여성 참여자들은 예비군복을 입은 남성들에게 보호받으며 촛불을 들었다.

　2016년 촛불광장엔 〈박근혜 하야를 만드는 여성주의자 행동(박하여행)〉, 〈페미당당〉, 〈강남역 10번 출구〉, 〈불꽃페미액션〉 등 다양한 여성주의 그룹의 깃발이 나부꼈다. 여성단체들은 집회 시 여성혐오 발언, 불필요한 신체 접촉, 여성 참가자에 대한 폭언 등을 지적하며 시정을 요구하였다. DJ DOC의 공연은 가사에 포함된 여성 혐오 표현으로 인하여 연기되기도 하였다. 여성들만의 집회공간인 '페미존'이 설치되었고 급기야 2016년 11월 26일에 나온 '페미니스트 시국선언'에선 집회 보이콧 주장까지 제기되었다.[11]

2018년 11월 이수역 폭행사건은 온라인상이나 연설과 구호로만 대립했던 남성과 여성이 현장에서 몸으로 부딪친 첫 번째 사건이었다. 처음에 청와대 청원을 통해 남성들의 여성폭행으로 알려졌던 이 사건은 경찰의 조사 결과 탈 코르셋 모임 후 음주를 하던 두 여성이 옆 좌석 연인을 비하한 데서 촉발된 쌍방폭행으로 드러났다. 서너 달 전 홍대 모델 사건과 그로 인해 촉발된 대학로 집회로 첨예화된 젠더 갈등이 술좌석의 작은 물리적 충돌로 표출된 것이다.

여성주의 그룹 운동이나 영페미 활동에 대한 남성들의 시각은 매우 다양하다. 그러나 명백한 것은 소위 진보 그룹 내 시각이 세대에 따라 확연한 차이를 보이고 있는 점이다. 기성세대 진보주의 그룹의 시각에는 현재 진행되는 영페미 운동이 한국사회 최초로 여성들이 주체로 인정받기 위한 움직임으로 파악한다. 그리고 이것을 궁극적으로 남녀 평등으로 가는 과정 정도로 이해하고 있다. 그러나 신세대 남성들의 입장은 기성세대와 전혀 다르다.

가부장적 제도와 문화의 혜택을 온몸으로 누리고 살았던 기성세대와는 달리 젊은 남성들은 자신들은 이미 유치원 시절부터 평등하게 성장했다고 인식한다. 그럼에도 불구하고 신세대들은 소위 '진보 꼰대'들이 그들의 시각을 가지고 자녀 세대인 자신들에게 불이익을 강요한다고 느낀다. 이들은 남성만이 국방의 의무를 짊어져야 하는 점에 대해서도 불공정하다고 생각한다. 자신들이 군에서 썩을(?) 때 여성들은 그들의 경력을 지속하는 것이 불공평하다는 것이다.

젊은 남성들은 여성 배려 정책이나 정치는 있으되 남성에 대한 배려가 없는 것이 매우 불공평하다고 생각한다. 반면에 기성세대는 정치, 경제, 문화, 사회 모든 분야에서 여전히 여성들에 대한 불평등이 팽배하다고 느낀다. 그러나 기성세대가 신세대 남성들의 목소리에 반드시 귀를 기울여야 하는 이유는 충분하고도 넘친다. 그리고 공감해야만 한다. 왜냐하면 그들은 현재 정치, 경제, 언론을 주도하고 있는 기성세대 남성들과 전혀 다른 환경에서 성장했고, 살고 있고, 살아야 하기 때문이다.

경제 발전과 민주화의 공은 기성세대에 돌려야 한다. 그러나 남녀 불평등의 사회를 개혁하지 못하고 고착시킨 책임도 전적으로 기성세대에 있다. 또한 신자유주의의 위협과 유혹에 몰려 고용 불안정과 청년복지정책이 부재한 사회를 만든 것도 기성세대들이다. 갑질, 미투,

성차별 같은 직장문화는 기성세대가 구성해 온 우리의 모습이다. 이렇게 보면 부모들이 만든 불합리한 세상에서 그 자녀들이 대리전을 치르는 것 아닌가 하는 생각마저 든다.

결자해지(結者解之)라 했던가. 점차 심각해지는 한국사회의 젠더 갈등 해소에 적극적으로 노력을 기울여야 할 세대는 기성세대이다. 기성세대가 그것을 가능케 하는 권력과 도구를 다 갖고 있기 때문이기도 하다. 신세대의 목소리를 경청하고 미래에 대한 청년층의 불안을 완화해 저녁 있는 삶을 누리도록 사회를 바꾸어가야 할 책임은 기성세대에 있다. 그래야 극단적인 경쟁관계가 되어 첨예하게 대립하는 우리 사회의 청년 남녀가 대화를 하는 여유를 찾을 수 있다.

그렇다고 해서 신세대의 역할이 없는 것은 아니다. 강력한 가부장제를 옹호하면서도 '된장녀' 등 경제적 독립을 이루지 못한 여성을 비하하는 남성들의 이중적 태도, '한남충'을 혐오하면서도 그 대척점에 있는 '갓양남(young and rich, big and handsome)', '개념남' 등 가부장제가 이상화한 남성스펙을 추앙하는 여성들의 이중적 태도는 기성세대가 이해하기 힘든 신세대의 한 단면이다. 또한 표현과 활동의 자유는 남·녀 공히 보장되어야 하겠지만. 일부 남성·여성들의 극단적인 활동은 대중적 지지를 획득하지 못할 뿐만 아니라 근본적인 문제의 해법이 되지 못한다. 신세대 남녀 청년들의 젠더 갈등 뒤엔 좀 더 구조적이고 정략적인 원인이 있다는 것, 그리고 그 근본적인 문제 해결을 위해 기성세대와 신세대가 함께 노력해야 한다는 것은 우리 시대의 과제이다.

4. 세대 갈등

"노약자석 비었어도 젊은이는 무조건 앉지 말아야 하나요?"(국민일보, 2019.03.14) "지하철에서 갑자기 어떤 할아버지가 버럭 소리를 질렀어요. 젊은 게 버릇없이 자리에 앉아 있다고 말이죠." 김사라(21) 씨는 얼마 전 아르바이트를 마치고 지하철로 집에 가다 봉변을 당했다. … 김씨는 13일 "다른 승객들의 시선이 민망해서 다음 역에서 내릴 수밖에 없었다." …정해인(21) 씨도 면접을 마치고 집에 돌아가는 길에 비슷한 일을 겪었다. 오랜만에 구두를 신고 외출했다가 발목을 접질리는 바람에 노약자석에 앉았는데, 등산복을 입은 할아버지가 호통을 쳤다. 정씨는 "주변 시선 때문에 옆 칸으로 옮겼다"며 "너무 억울해서 얼굴이 화끈거렸다"고 말했다. 윤창현(27) 씨도 지하철에서 황당한 경험을 했다. 술 취한 할아버지가 "요즘 애들은 생각 없이 나태하게 산다. 우리 땐 얼마나 고생하며 자랐는데, 정치 경제도 모르는 것들이 어디서 나불대!"라며 고함을 질렀다. 윤씨는 이를 만류하려 했다. 그런데 주변 어르신들이 오히려 "틀린 말은 아니지 않느냐"며 할아버지를 옹호했다. 윤씨는 더 이상 말을 하지 못하고 지하철에서 내렸다.[12]

대중교통의 노약자석이나 임산부석은 매일 흥미로운 뉴스를 쏟아내는 뉴스의 보고이다. 그리고 그 뉴스에서 흔하게 등장하는 아이템이 있다. 산악국가(?)답게 '등산복'이 자주 출몰하고 '막걸리 냄새'도 자주 풍긴다. 2019년 수업 시간에 140여 명의 학생들에게 세대 갈등에 대해 의견을 물었다. 그때 학생들에게서 가장 많이 나온 첫 번째 요청은 기성세대에게 '나 때는 말이야'라는 말 그만하고 진지하게 대화하자는 것이었다. 최근 '라떼는 말이야(Latte is horse)'라는 유행어까지 만든 저 표현은 소위 '꼰대'를 대표하는 말이 되고 말았다.[13] 젊은이들은 '세상 좋아졌다'라는 말도 받아들일 수 없다고 호소했다. 그리고 기성세대에게 과거와는 다른 사회, 문화적 흐름을 파악하고 함께 공감하기를 요청했다.

내 수업을 듣는 학생들이 기성세대의 태도 중 혐오하는 두 번째 사례가 바로 앞에서 예시한 바, 대중교통에서 자리 배려를 당연시하는 태도와 소란스럽게 옆 사람 들으라는 식으로 떠드는 태도였다. 이 역시 전형적인 '꼰대'의 모습으로서 연공서열과 신분 차이에 따른 차별에 익숙한 기성세대의 행태를 보여준다.[14] 마지막으로 학생들이 못마땅한 기성세대의 태도는 "너 좋으라고 하는 얘기야"라며 개인 사생활에 무지막지하게 침범하는 태도이다. 젊은이들은 기성세대에게 참견하고 훈수 두려고 들지 말고 함께 동등하게 대화하며 자신들이 처한 상황을 이해해달라고 요청하는 것이다. 그렇다고 해서 기성세대 역시 신세대에게 불만이 없는 것은 아니다.

한 연구에 따르면 우리나라 20대나 70대 모두 세대 갈등의 첫 번째 원인을 '소통 부재'로 생각하고 있다. 그러나 20대와 70대가 생각하는 세대 갈등의 두 번째 요인은 서로 달랐다. 20대는 경제 불황에 따른 경제적 문제를 세대 간 갈등의 주요 원인으로 생각하는 반면, 70대는 공통의 역사적 경험 부재에 따른 인식의 차이를 주요 원인으로 꼽았다.[15] '옛날에 우린 그러지 않았는데 요새 젊은 것들은 정말 문제야!'라는 생각을 반영하는 결과라고 본다.

세계적 여론조사 기관인 입소스(Ipsos)에 따르면 한국사회는 타국가에 비해 세대 갈등이 심각한 사회이다. 타국가에선 정치적 견해 간 갈등, 빈부 갈등, 이민자와 내국인 갈등, 종교 갈등 등이 심각한데 반해 대한민국은 세대 갈등이 주요 갈등 원인 중에 차지하는 비중이 크다(3위). 우리나라에서 세대 간 갈등이 심하고 기성세대가 세대 간 갈등의 원인을 '공통의 역사적 경험부재'를 지적한 데는 그럴 만한 이유가 있다.

급속한 발전과 변화를 경험한 한국사회가 그 어떤 국가보다 세대 갈등이 극심한 것은 어쩌면 자연스러운 것인지도 모른다. 각 세대마다 경험한 경제생활의 격차가 매우 크고, 또 극복했던 국가의 역사적 위기도 다르기 때문이다. 우리 사회는 왜정시대라고도 하는 일제강점기를 경험한 세대부터 K-pop으로 대변되는 N포 세대 혹은 1980년대 이후에서 2000년대 초까지 사이에 태어난 밀레니얼 세대까지 공존하고 있다. 그리고 그 사이에 해방세대, 한국동란세대, 4·19 및 6·3 세대, 유신 혹은 긴급조치 세대, 386세대, IMF세대, 오렌지족 세대 및 X세대, 인터넷에 기반을 둔 N세대, 88만 원 세대 등이 끼여 있다.

이렇게 급변하는 역사적 상황을 경험했던 세대가 한 시대에 공존하다 보니 역사적 경험치가 매우 상이하고 역사적 도전에 대한 응전의 방식도 전혀 다르다. 이것이 바로 기성세대가 세대 갈등의 요인으로 '공통의 역사적 경험 부재'를 드는 이유이자 한국사회의 극심한 세대 갈등의 가장 주요한 원인중의 하나이다.

세대란 역사·문화적 경험을 공유하며 강한 연대감을 갖고 있고 사회변동에 공통의 영향을 미치는 동일 연령대의 세력이라고 할 수 있다. 특정 시대의 역사와 사건들이 특정한 가치관과 정치지향 형성에 큰 영향을 미치기 때문에 이때 형성된 가치관과 태도는 매우 견고해서 잘 바뀌지 않는다.[16] 우리 사회에서 한 세대가 유사한 정치, 사회, 문화적 태도를 보이는 것도 이러한 특징 때문이다. 그리고 이러한 특징으로 인하여 세대 간 갈등이 생성되는 것도 사실이다.

우리 사회에서 세대 간 갈등은 문화적 갈등, 경제적 이해관계의 갈등, 이념 정치적 갈등 등으로 표현된다. 가령 세대 간 갈등은 선거나 집회 같은 정치적 의사 표출이나 연금제도, 고용과 일자리 정책, 복지제도, 부동산 정책과 같은 경제적 측면에서 외부로 표출된다. 내 집

마련을 일생의 핵심 목표로 기성세대가 부동산에 천착한다면 젊은 세대들은 공공주택의 확대를 요구한다. 노령화가 급격히 진행되는 이 시점에 기성세대는 가능한 정년을 확대해 계속 일하기를 원한다. 그러나 젊은 세대는 자신들의 일자리를 기성세대가 영구 점령하고 있는 것에 매우 불안해한다. 이 때문에 20대는 세대 간 갈등의 요인 2위로 경제적 갈등을 꼽고 있는 것이다.

정치 행위에서도 세대 간 문화 차이는 매우 뚜렷하다. 태극기 집회 참가자들의 연령은 가장 높다. 그리고 촛불집회로 대변되는 진보 세력 참가자들의 연령은 태극기 집회의 연령보다는 낮지만 절대적으로 보면 결코 낮지 않다. 이에 반하여 대학로 집회나 퀴어축제의 연령층은 가장 낮다. 기성세대가 이념이나 신념에 천착한다면 젊은 세대는 다양한 개성의 억압과 차별의 철폐, 불공정의 개선에 관심이 있다. 그렇다고 해서 세대 갈등의 해결이 비관적이지만은 않다. 기성세대나 젊은 층 모두 세대 갈등의 제1 원인을 '소통 부재'로 들고 있다는 데서 해결의 가능성을 엿볼 수 있다.

동서고금을 막론하고 전통적으로 지혜는 나이에 비례한다고 생각했다. 인류의 평균수명이 40대를 넘어 50대로 접어든 것은 인류 역사 200만 년 중 불과 100여 년 남짓 전이다. 그리고 인간 생활에 필요한 지혜는 주로 생활 경험을 통해 쌓이는 것이었다. 그러다 보니 노인은 젊은이들이 미처 경험하지 못한 것에 대한 정보와 지식의 저장창고로서 존경받았다. 그러나 현대사회에서 정보의 저장 창고 역할은 검색엔진들이 수행한다.

오히려 노년층은 급변하는 테크놀로지에 적응하지 못하는 존재, 핸드폰 한 번 사면 최소 몇 년을 쓰는 구매력 없는 존재, 젊은 세대가 납부하는 연금으로 살아가는 애물단지 같은 존재가 되어 버렸다. 평생을 죽도록 일만 해서 이 나라를 이렇게 잘살게 만들었고, 목숨을 바쳐 조국 수호와 민주주의를 위해 싸워 왔다는 기성세대의 자부심은 신세대의 회피의 눈초리로 돌아온다. 이때 기성세대가 느끼는 허탈감과 박탈감을 신세대는 경청할 필요가 있다.

마찬가지로 기성세대가 신세대의 목소리에 경청할 이유는 더 많이 있다. 앞서 지적했지만 기성세대가 피땀으로 일군 이 나라의 자녀들이 4포도, 5포도 아닌 N포세대로 살아가고 있는 것에 대한 책임은 전적으로 기성세대에 있다. 우리나라의 미래를 짊어지고 있는 신세대를 배려하고, 격려하며, 믿어줘야 할 책임 역시 기성세대의 몫이다. 물론 어른은 되지만 꼰대는 되지 않으려는 개인적 노력도 포함해야만 한다. 결론적으로 가장 중요한 것은 상호 소통의 창을 닫지 않고 대화의 문을 항시 개방하는 것이다.

5. 지역 갈등

"대구폐렴·광주에 코로나19를"···방심위, 지역혐오 표현 삭제 결정. 경상도 비하 2건, 전라도 비하 4건···총 6건 시정요구(뉴스1, 2020.03.02)

방송통신심의위원회 통신심의소위원회가 2일 신종 코로나 바이러스 감염증(코로나19)과 관련해 특정 지역에 대한 혐오 표현·차별·비하 정보 6건에 대해 시정요구(삭제)를 결정했다고 밝혔다. ···해당 차별·비하 정보의 내용은 △"다시 한 번 지하철에 불을 질러 O쌍디안(경상도 사람의 혐오 표현)을 통구이로 만들어서 코로나를 잡아야 한다." △ "이참에 광주에 (코로나19가) 퍼지고 봉쇄시킨 후에 땅크로 홍O새끼들 (전라도 사람의 혐오 표현) 싹 다 밀어 죽여야 된다"처럼 특정 지역에 대한 혐오 표현이었다.[17]

비폭력과 평화는 동일한 것이 아니다. 불법시위, 평화시위, 비폭력 시위, 합법적 폭력, 비합법적 평화 등도 가능하다. 또한 폭력과 불법 은 구별되어야 한다. 2020년 들어 전 세계를 강타한 코로나19 팬데믹 상황 하에서 위와 같은 지역 혐오 발언들은 각 지역에 대한 물리적 폭력이 없었음에도 불구하고 지독한 폭력이다.

한국사회에서 지역감정이라는 용어로 통용되는 지역 간 갈등은 현재 우리가 상식적으로 알고 있는 사실과 매우 다르다. 우리나라의 지역 갈등은 한마디로 '지역 패권주의'와 결부된 특정 지역에 대한 '편견과 차별'로 축약될 수 있다.[18] 지역 갈등과 관련하여 몇 가지 중요한 내용들을 정리해보면 다음과 같다.

첫째, 특정 지역에 대한 부정적 판단은 오래된 역사적 실재라며 편견을 합리화하는 경향이 있다. 그러나 이는 몰역사적이다. 이를 주장하는 이들이 증거로 내세우는 역사적 사료는 고려 태조 왕건이 썼다는「훈요십조(訓要十條)」이다.「훈요십조」는 고려를 창건한 왕건이 후대 왕들에게 당부한 열 가지 조언이다. 문제는 그중 8조목에 있다.

왕건은 8조에서 차현(車峴) 이남과 공주강(현 금강) 밖은 배역(背逆)할 형세이고 인심도 그러하니 그 지역 출신들은 등용해선 안 된다고 충고하였다. 이제까지 8조가 가리키는 지역이 현 호남지역이라고 믿어 왔다. 그러나 고려사 전문가들에 의하면 당시엔 전라도라는 지명은커녕 개념 자체도 없었다. 'OO도' 라는 8도 명칭은 고려 말~조선 초에 형성되었고 지역의 범위가 확정된 시기는 대략 1500년대 초라고 본다. 따라서 차현 이남과 공주강 밖이 현재 전라도를 지칭한다는 것은 역사적으로 어불성설이다.

고려사 학자들의 해석에 의하면 차현 남쪽과 공주강 밖은 현재 호남지역이 아니라 공주·논산·전주 지역이다.[19] 그리고 왕건이 이 지역 출신들을 등용하지 못하게 한 것은 고려 개국 당시 후백제 세력이 근거를 삼고 왕건에게 마지막까지 항전한 지역이기 때문이었다. 고려 초에 현재의 전주 이남과 전남 지역 출신들이 관료로 대거 등용되었던 사실은 현재의 호남이 왕건이 예시한 차현 이남과 공주강 밖이 아니라는 사실을 반증한다. 결국 후대를 향한 왕건의 유언은 현재 호남지역과는 상관없을 뿐만 아니라, 고려의 국토 경영 철학이었던 풍수지리설과 왕건의 정치적 상황이 결합된 결과였다.

「훈요십조」외에 조선 실학자 이중환의 『택리지(擇里志)』의 내용을 근거로 특정 지역에 대한 편견을 합리화하기도 한다. 이중환의 『택리지』는 그야말로 당대는 물론 조선 말까지 선풍적인 인기를 끌었던 스테디셀러였다. 그러다 보니 200여 개의 이본이 있고 각 이본의 내용은 매우 다르다. 물론 원본은 없다. 2018년이 되어서야 이본들을 검토해 정본을 확정하는 작업이 처음 시도되었을 정도다.

이 작업을 주관했던 안대회에 따르면 이중환은 전라도보다 경상도, 함경도보다 평안도를 우호적으로 기술하는 등 편견에서 벗어나지 못한 인물이었다고 한다.[20] 그럼에도 불구하고 이중환이 가장 살기 좋은 지역으로 꼽은 합천, 구례, 유성, 전주, 하회, 평양, 재령평야 7개 지역 중 호남지역 2곳이 포함됐다. 사실 이중환이 활동하던 당시 조선은 평안도 지역 출신에 대한 노골적인 차별이 있었다.[21] 그리고 조선 초엔 오히려 호남지역은 절의를 지키기 위해 사림(士林)들이 찾아들거나 유배되었던 지역으로서 절의·비판·실천 정신 등의 이미지가 강했다. 또한 아름다운 자연과 풍요로움이 주는 여유가 예술적인 면으로 발휘되어 예향으로 여겨졌다. 이러한 사실은 특정 지역에 대한 편견은 이중환 개인의 편견에 국한된 것임과 오늘날의 지역 갈등과 연계할 역사적 근거는 아니라는 점을 시사해 준다.

지역 갈등과 관련하여 학자들이 지적한 두 번째 중요한 사실은 갈등의 시작이 1971년 7대 대통령 선거에서 현실화되었다는 점이다. 그후 1980년 광주민주화 운동을 통해 한국사회의 핵심적 갈등으로 등장하였고, 1987년 13대 대통령선거에서 정점을 이루며 현재까지 심화되고 고착되어 왔다는 사실이다.

이제까지 긍정적이며 지역적 특성을 잘 반영했던 호남의 이미지가 부정적으로 바뀌면서 갈등이 심화되었던 가장 큰 이유는 특정 정치세력은 욕망 때문이었던 것이다. 선거전에 돌입한 양측은 상호 간 지역감정을 자극하는 방식으로 정치적 목적을 달성하려고 했다. 결국 지역 갈등은 본질적인 것이 아니라 정략적 목적에 의해 생산되고 유포되고 확산되었던 것이라고 볼 수 있다.

마지막으로 우리나라의 지역 갈등을 보는 학자들의 시각을 통해 갈등의 원인을 정리해 보면 한국사회 지역 갈등은 전통적 지역의식, 지역 편견, 지역 간 경제 격차, 한국정치의 발생론적 전개과정의 특성, 지역주의 정권의 장기집권, 정당 및 정치세력들의 정치동원전략 등이 복합적으로 상호작용한 결과라는 데 학계가 대체적으로 동의하고 있다.[22] 어찌 되었건 우리나라의 지역 갈등과 지역 차별은 역사적,

근원적, 본질적인 것이 아니라 정치적 전략의 산물이다. 그러나 단순히 집단적 감정의 구성물이 아니라 지역민들의 동의에 의해 수용되어 현실화된 명백하게 존재하는 갈등과 차별이기도 하다.

21세기는 이전 세기인 20세기에 비하여 급속하고 혁명적으로 변화하고 있다. 몇 해 전까지만 해도 실체를 의심받았던 4차 산업혁명은[23] 이제 돌이킬 수 없는 거대한 물결로 진행 중이다. 주지하다시피 역사상 가장 혁명적이었던 2차 산업혁명은[24] 인류의 삶을 긍정적으로 변화시켰다. 그럼에도 불구하고 2차 산업혁명의 결과 발생한 부작용은 지금도 세계를 불안하게 하는 분쟁의 요인으로, 인명을 학살하는 전쟁의 요인으로, 지구 전체를 위협하는 환경 파괴의 요인으로 작동하고 있다. 특히 이러한 부작용은 아프리카, 남아메리카, 서남아시아에 더욱 크나큰 과제를 남겼다.

이런 역사적 사실은 두 가지 진실을 시사하는바, 첫째, 우리는 미래를 위해 4차 산업혁명의 준비와 수행에 에너지를 집중해야만 한다는 것이다. 둘째, 위 지역들을 볼 때 국가 간이나 지역 간 갈등은 거대한 국가적·사회적 에너지 소모와 희생을 지불하고 있다는 것이다. 우리 사회에 현존하는 지역 갈등은 4차 산업혁명의 과제에 매진해야만 하는 현 상황에서 우리의 발목을 잡는 걸림돌이 되고 있다. 그리고 이 갈등으로 인하여 우리는 계량이 불가능한 비용을 지불하고 있다. 안타까운 사실은 지역 갈등과 차별이 영호남 갈등을 넘어서서 수도

권·지방, 강남·강북, 도시·농촌, 신도시·구도시 등으로 확대 재생산된다는 점이다.

다시 말하지만 우리나라의 지역 갈등과 차별의 생성과 확산 배경에는 정치적 욕망이 있었다. 그렇다면 지역의 갈등과 차별을 해소하기 위해서는 정치구조를 변혁하는 것이 가장 핵심적인 해법이 될 수 있다. 지역 간 갈등을 정치적으로 이용하기보다는 시급히 해결할 국가 과제로 인식하고 노력하는 건강한 정치 세력의 성장, 그리고 이에 대한 국민적 합의와 지지가 이 문제를 해결하는 중요한 열쇠가 될 것이다. 또한 건강한 지방자치를 통해 지역의 특수성을 발전시키고 지역 간 다양성을 공존하게 하는 적극적 정책이 필요하다. 그러나 무엇보다도 지역 간 갈등과 차별이 역사적 근거가 없을 뿐 아니라 정치적 욕망에 의해 조작·생산된 것임을 인식하고 한 지역의 발전은 주변 지역의 공존과 협력이 필연적이라는 국민적 이해가 우선되어야 한다.

6. 다문화 갈등

"자국민이 먼저다" 제주서 예멘 난민 반대 집회 개최(뉴시스, 2018,06,30)

최근 예멘 난민신청자의 제주도 입국을 두고 찬반 논란이 뜨거운 가운데 난민 수용을 반대하는 집회가 제주에서 열렸다. 제주난민대책도민연대 등은 30일 오후 6시 제주시청 앞에서 '무사증 제도 폐지 및 난민법 개정' 등을 촉구하고 나섰다. …언론에서 알려주는 정보를 믿을 수 없어 집회에 나왔다는 문모(44·여) 씨는 "예멘인들이 전쟁 피해서 왔다는데 6·25 당시 우리는 노인이나 여성, 어린이들도 피난 갔었다. 하지만 지금 들어오는 예멘인들은 전부 2~30대 청년 아닌가"라며 "자기네 나라가 위험하다면 노약자나 여성들을 지켜줘야지 그들을 놔두고 여기 온다는 게 말이 되느냐"고 의문을 제기했다. 과수원을 운영하는 김모(50대) 씨는 "예멘인들이 관광비자로 여기에 들어왔다면 관광만 하고 갈 일이지 무슨 연유로 난민 신청을 하는 것이냐"라며 "정부는 그들의 진짜 목적이 무엇인지 조사해야 한다"고 목소리를 높였다. 손녀가 네 명이 있다는 현모(60·여) 씨는 "이슬람이라는 종교는 불교나 가톨릭과 달리 다른 종교와 공존할 수 없다. 지금은 500명이라지만 10년 뒤엔 어마어마하게 불어나 주객전도가 될 것"이라며 … 규탄했다.[25]

수백 년 전부터 주변국에 진출해서 살던 중국인들은 1800년 이후 농장, 광산, 건설 노동자로서 서구 국가에도 진출하였다. 그리고 현재 각 나라에는 차이나타운이 잘 형성되어 있으며 싱가포르처럼 아예 중국인들 중심으로 건설한 도시국가도 있다. 이렇듯 전 세계에서 번성·발전한 화교들과 그들의 도시인 차이나타운이 없는 나라가 대한민국이다. 중국 공산화 이후 우리나라에 들어왔던 중국인들은 대부분 1980년 전후로 이곳을 떠나 타국으로 이민하였다. 이런 현상이 긍정적이든 부정적이든 막론하고 확실한 사실은 우리나라가 이민자들이 영주하기엔 매우 쉽지 않은 나라라는 점이다.

대한민국은 오랫동안 민족 정체성과 국가 정체성이 동일하게 유지되어 온 세계에서 몇 되지 않는 나라이다. 한국인은 순수한 단일민족이란 자긍심과 긴 역사를 가진 문화민족이라는 자아존중감이 매우 큰 국민이다. 타국에 진출해 3-4대를 살고 있는 한민족들조차 거주국의 문화에 동화되기보다는 민족에 대한 강한 애착과 한민족 정체성에 대한 긍지가 매우 높다.

그렇게 오랫동안 단일민족의식이 강하던 대한민국에 최근 국내 거주 외국인의 수가 매년 급증하고 있다. 이미 2010년 우리나라는 100만 외국인 시대를 맞았다. 그리고 2018년 12월 기준 국내 외국인 체류자는 236만 명을 넘어섰다. 민족주의적 색채가 강하고 오랜 기간 민족, 문화, 언어의 동질성을 유지하였던 우리나라에서 이 같은 현상은 국민들에게 매우 생소한 상황일 뿐만 아니라 적응하기도 쉽지 않다.[26] 그럼에도 불구하고 학자와 전문가들은 이미 우리나라가 다문화사회로 접어들었다고 단언하고 있다. 다시 말하면 원하건 원하지 않건 한국사회는 급속히 다문화사회로 가고 있다는 진단이다.

그러나 앞서 언급한 우리나라의 역사적 특성과 경쟁이 극심한 사회 특성상 한국인들과 이주민들의 갈등이 첨예화할 수밖에 없는 상황이다. 우리나라보다 앞서 다문화 현상을 경험한 나라들의 사례를 보더라도 다양한 문화, 민족, 언어, 인종적 배경을 가진 사회 구성원들이 공존하는 환경을 조성하지 못했을 때 구성원 간의 극단적인 대립과 갈등으로 인해 사회 전체의 통치 비용이 폭등하고 국가나 사회가 혼란에 빠지는 것을 목격하였기에 다문화 간의 갈등 해결은 한국 사회의 시급한 과제가 되었다.

급격하게 다문화 사회로 진행되는 상황을 바라보는 한국인들의 우려와 불안은 매우 다양하고 심각하다. 대부분의 한국인들은 외국인 유입이 단기적으로는 혼인율을 증가시키고 부족한 노동력을 값싸게 활용할 수 있는 긍정적 효과가 있을지라도 장기적으로 보았을 때 실업률 상승, 빈곤화, 사회 갈등 증가, 사회보장 및 복지비용 증가 같은 부작용을 발생시킬 수 있다고 우려한다.

한국인들은 첫째, 외국인이나 이민자 유입에 따라서 이들이 야기하는 소요사태나 갈등 등이 빈번히 발생할 것이라고 우려한다. 둘째, 다문화 가정의 자녀들과 단일문화 가정 자녀들의 문화적 갈등이 교육 현장에서 심각해질 것이라고 보고 있다. 경제적으로는 외국인들의 유입으로 일자리 축소, 저임금 유지, 복지비용의 증가 등을 야기할 것을 우려한다. 그 외에도 다수의 한국인들은 다문화 가정 증가와 외국인 유입에 따라 주거환경이 악화되고, 이들의 정치개입이 심화되며 이에 따라 경제성장이 둔화될 것을 우려한다.[27] 이러한 우려는 우리보다 먼저 다문화사회로 이행된 국가들의 사례를 보았을 때 충분히 가능성 있는 우려이다. 그렇다면 우리나라에 거주하고 있는 외국인이나 결혼이주 여성들은 한국 및 한국인에 대하여 어떤 이미지를 갖고 있으며, 그들이 체감하는 차별과 불합리 등의 사례는 어떠한 것이 있을까? 우선 한국인에 대한 이미지는 외국인이나 이주여성의 출신 국가와 인종에 따라 현격한 차이를 보인다.

한 연구에 따르면 임시 거주 및 여행객을 제외한 국내 거주 외국인들은 세 유형으로 분류될 수 있다고 보았다. 제1유형은 한국과 한국인에 대하여 친한적 성향을 보이는 그룹으로서 미국, 유럽 출신 백인들 및 결혼 등을 통해 성공적으로 정착한 아시아인 및 조선족 일부이다. 이들은 한국인을 '정이 많고 친절한 사람'으로 인식하고, 한국을 '살고 싶은 나라'로 꼽았다. 그럼에도 불구하고 백인들조차 한국인의 백인 우호적 인종 편견 및 차별을 지적하였다.

두 번째 유형은 반한적 감정을 갖고 있는 외국인들로, 한국인을 '인종적 편견이 심한 사람들'이나 '배타적인 국민'으로 인식하고, 한국을 '빨리 졸업이나 일을 마치고 떠나고 싶은 나라'로 여겼다. 이들은 대부분 중국, 동·서남아시아 출신이거나 흑인이었다. 마지막 유형은 한국과 한국인에 대해 우호적 그룹이며 대부분 결혼을 통해 초기 정착한 조선족이나 베트남 출신 여성이었다. 이들의 특징은 한국사회에서 주도적으로 살지 못하고 적극적으로 사회참여를 하지 못하는

초기 정착자들이라는 점이다.[28]

한국의 다문화 상황에 대한 연구들을 종합해 보면 한국인은 백인에 대한 우호도가 높고 인종적 편견을 가진 것은 분명한 것 같다. 그러나 또 다른 연구들을 통해 보면 한국인들에게 배타성이 가장 낮은 인종은 아시아계가 차지했다. 이것이 시사하는 바는 비록 한국인들이 백인에 대한 우호도가 높고 인종적 편견을 가졌다 할지라도 정작 함께 일하고 함께 사는 데 가장 선호하는 사람들은 아시아 출신이라는 것이다. 이것은 피부색, 문화, 언어 등의 유사성 및 친밀감이 크게 작용한 것이라 추정할 수 있다.

우리나라는 30년간 지속된 출산율 저하, 급속한 고령화 사회 진입에 따른 생산인구 감소, 고학력화 추이에 따른 3D 업종 기피 및 저숙련 외국인 노동자 수요 증가, 독신주의·만혼 문화에 따른 국제결혼 수요의 증가, 글로벌·글로컬 시대의 국가경쟁력 강화 등으로 인하여 자연적으로 외국인 유입이 증가하고 급속하게 다문화사회로 이행되고 있으며, 이로 인한 갈등이 증가하는 것을 피할 수 없는 현실이다.

이제까지 논의를 정리해 보면 첫째, 오랫동안 민족주의가 강한 역사와 단일민족국가를 유지했던 한국인의 정서상 우리 국민이 느끼는 당혹감과 현실적 문제, 즉 복지, 청년실업, 생계비 부족에 봉착해 있는 국민들이 체감하는 위기감, 이미 다문화사회가 된 서구가 겪고 있는 사회 불안 우려 등은 채 준비가 되기도 전에 급격하게 진행되는 한국의 다문화사회화에 대한 우리 국민들의 당연한 정서이다. 그러나 이러한 국민들의 정서가 사회적 갈등으로 악화하고 있다는 것이 문제다.

마지막으로 언급해야 할 것은 피할 수 없는 현 상황에 대한 지혜로운 대처가 반드시 필요하다는 점이다. 현재 일부 서구 사회는 이 갈등을 해결하지 못했을 때 생기는 국가적인 파국과 재난을 생생하게 드러내 주고 있다. 외국인 및 이민자의 유입 역사가 거의 없었던 우리나라는 선행한 국가들의 경험을 반면교사 삼아 그들이 하지 못했던 모범적인 모델을 창출하는 데 에너지를 집중해야만 한다.

7. 결론: 대화 · 소통 공동체

사회적 갈등을 해소하는 방법에는 다양한 접근법이 있다. 가장 눈에 띄는 방법은 관 주도의 갈등 해소 방법이다. 국가는 갈등 해소를 위해 거대한 자산을 투여한다. 그러나 정부 주도 갈등 관리는 한계가 있다. 우선 정부는 공공 부문 갈등 해소에 집중할 수밖에 없다. 다시 말하면 공공 갈등이 아닌 문화, 사회, 세대 간 갈등에는 심도 있게 관여하기가 용이치 않다. 또 다른 한계는 정부가 주도하는 갈등 관리는 그 과정에서 갈등 당사자나 전문가, 사회 구성원들의 참여가 제한되어 갈등 당사자 간 신뢰 구축에 장애가 되기도 한다. 신도시 개발이나 구도심 재개발 사업으로 야기되는 공공 부문 갈등에서 정부나 지자체의 역할은 매우 중요하다. 그러나 세대 간 갈등, 문화 갈등, 젠더 갈등에 정부나 지자체가 직접적으로 개입하기란 쉽지 않다. 관의 직접 개입은 어느 한쪽의 반발을 야기하여 갈등을 증폭시킬 위험까지 있다.

정부 주도의 갈등 관리도 중요하지만 더 중요한 것은 갈등 해소를 위한 시민들의 자율적인 노력이다. 현대 사회의 갈등은 인터넷 상에서 숨김없이 표출된다. 그러나 우리가 인터넷 상에서 접하는 갈등의 양상은 한쪽의 일방적 주장이거나 부정확한 정보에 근거한 것일 가능성이 높다. 또한 양측의 배설에 가까운 폭력적 언어들에 의해 증폭되는 경우도 많다. 따라서 제3자가 갈등의 원인과 내용을 정확하게 파악하기란 쉽지 않을 뿐만 아니라 갈등에 참여할 계기를 찾기 어렵다. 원론적인 애기이지만 갈등의 극복에는 정확한 정보를 기반으로 상호 머리를 맞대는 노력과 상대방의 이야기를 경청하는 자세가 필수적이다.

고대부터 서구의 도시는 광장을 중심으로 방사형으로 건설되었다. 특히 로마 시대의 포럼(forum)은 도시의 정중앙에 위치했던 광장으로 고대 그리스의 아고라(agora)와 같은 기능을 했다. 광장은 열린 공간이며 아무런 제한 없이 다양한 사람들이 들고 날 수 있는 공간이다. 그렇기에 광장은 자유로움과 평등함을 바탕으로 공동체가 형성되는 공간이라고 할 수 있다. 광장은 사람들이 모이는 공간이므로 시장의 기능, 권력에 의한 집단 동원의 기능, 공동체의 구성원들이 교류하는 회합의 기능을 맡아 왔다. 그러므로 이 공간에서는 익명성을 기초로 교류와 소통이 이루어지며 인간적 친밀성이 발생한다.[29] 전혀 일면식이 없는 사람들이 광화문 광장에 모여 촛불을 들었던 사례들을 보면 쉽게 이해된다.

2019년 1월 7일 약 15년간 온라인 공간에서 토론의 문화를 주도해 왔던 〈다음아고라〉 토론방이 역사 속으로 사라졌다. 유사한 온라인 공간들이 수없이 존재해 왔으나 아고라 토론방만큼 우리 사회의 다양한 목소리들이 넘쳐났던 곳은 흔치 않았다. 일반 시민들의 목소리를 들을 수 없었던 시대에 아고라의 인기는 폭발적이었다. 현재는 국민신문고, 청와대 국민 청원게시판 등이 다음 아고라의 기능을 일부 담당하고 있다. 그럼에도 불구하고 〈다음아고라〉와는 여러 가지 면에서 차이가 존재한다.

〈다음아고라〉의 소멸은 각종 온라인 커뮤니티의 활성화에 따른 자연스러운 결과이기도 하다. 또한 팟캐스트(podcast)나 유튜브의 성장으로 인하여 다양한 의사 표현의 통로들이 생겨난 것도 아고라의 명운을 다하게 한 요인이기도 하다. 그러나 아고라의 사망은 온라인상 참여와 소통의 공간의 소멸의 상징이기도 하다. 현재 각 커뮤니티를 통해 진영과 진영의 극단적인 주의주장과 대결은 활발해졌다. 그러나 진영과 진영이 함께하는 대화와 토론의 장은 찾기 어렵다.

도시 중앙에 위치한 광장이 참여, 소통, 대화의 아이콘이듯이, 온라인상 참여, 소통, 대화의 공간이 요구되는 시기이다. 각자 진영이 끼리끼리 모여서 자신들만의 주장을 펼치며 감정적인 만족에 머무는 것으로는 갈등이 해결되지 않는다. 우리 사회의 갈등을 완화하고 진영 간 대화와 합의에 도달하기 위해서 상호 주장과 의견을 경청하고 합리적 사고로 토론할 필요가 있다. 최근 개설된 디베이팅데이 (debatingday.com)는 이러한 공간의 필요성에 응답하는 노력의 일환이라고 할 수 있다. 이 공간은 우선 이슈가 되는 토론의 주제를 제시한다. 네티즌들은 한시적으로 자유로운 토론을 마친 후 투표를 통해 의사결정을 시도한다. 비록 이 공간의 결정이 우리 사회에 알려지거나 큰 영향을 미치기엔 아직 가야 할 길이 요원하지만 토론 광장의 새 모델을 보여준다는 데 그 의의가 있다.

우리 사회의 갈등이 팽배한 이유는 앞서 본 것처럼 다양한 이유가 있다. 역사적인 원인도 있고, 정치적인 이유도 있다. 또한 한국사회는 정체된 사회가 아니라 여전히 다이내믹한 사회이기 때문에 다양한 갈등이 발생한다. 중요한 것은 갈등의 발생 그 자체가 아니라 갈등을 관리하는 것이다. 갈등에 대한 정확한 진단, 과학적이고 합리적인 접근, 편견을 제거한 진솔한 대화, 갈등 해소를 위한 공공의 지원 등이 원활하게 작동할 때 갈등 관리는 성공할 수 있다. 무엇보다도 우리 사회의 갈등을 적극적으로 대면하고 해결하려는 모든 구성원들의 의지를 전제로 할 때 성공적인 갈등 관리는 가능할 것이다.

02

남과 북의
문화적 상통성과
한반도의 평화

− 북한의 종교와 민간신앙의 양상

이 찬 수

(보훈교육연구원 원장)

1. 남과 북, 서로를 어떻게 이해할까

남북 관계는 적대적 준국가관계에 있으면서 역사의 공유, 민족적 동질성에 기반해 통일을 지향하는 양면 관계에 있다. 서로를 별개의 적대적 국가처럼 간주해야 하는 데서 오는 심리적·사회적 갈등도 있지만, 동시에 민족적 동질성에 기반한 공존과 통일 지향의 정서도 자연스럽게 느껴지는 이중 상황 속에 있다는 뜻이다. 응당 북한에 대한 연구는 양면을 두루 종합하는 방식으로 이루어져야 한다.

그동안 북한에 대한 연구는 주로 전자에 치우쳐 있었다. 주로 국제정치, 외교적 차원에서, 나아가 북한 경제 분석을 통해 북한의 정권과 사회를 이해하려는 시도가 주류를 이루었다. 최근에는 의료, 과학기술 등 다양한 분야로 북한 연구가 확장되고 있다. 다행스러운 일이다.

그에 비해 민족적 동질성의 확보를 통한 정서적 공감대를 확산하기 위한 시도는 상대적으로 미약했다. 오랜 세월 동일한 민족성을 공유하는 데서 오는 생래적인 동질감을 확보할 수 있는 연구는 여전히 드물다. 하지만 분단 70년 역사에 비할 수 없이 오랜 세월을 같은 곳에서 같은 문화와 언어를 공유하며 공존해 온 것이 남과 북을 아우르는 한반도 구성원의 역사라는 사실을 염두에 둔다면, 문화 및 정서적 공감대의 확보는 분단을 극복하고 통일을 지향하고자 하는 이들의 기초적인 연구에서 매우 절실하다.

역사나 문화는 사건들의 단순한 집합이 아니다. 프랑스의 아날학파에서 역사를 연구하면서 다양한 개별적 사건들 자체에 집중하지 않고, 오랜 기간에 걸쳐 형성된 집단적 사고방식, 생활 습관과 같은 민중의 집합적 심성(망탈리테)을 중시했듯이, 북한 인민의 집단적 정서에 대한 연구는 대단히 중요하다. 그것이 북한을 바닥으로부터, 그리고 안으로부터 이해하는 가장 근본적인 길이기 때문이다.

본 연구에서는 이를 위한 작업 중 하나로서 북한 종교문화의 심층, 특히 민간신앙에 대해 살펴보고자 한다. 민간신앙은 민중의 기층적 정서를 확인시켜 주는 일차적 자료라고 할 수 있다. 고려 이후만 쳐도 천년 이상 함께 살아 오면서 형성된 한반도 구성원의 기층적 정서는 분단 70년 만에 쉽사리 사라지는 표층적 습관과는 다른 것이다.

이를 위해 탈북민 5인에 대한 심층 인터뷰를 통해 현재 북한 주민의 민간신앙의 양상을 살펴보았다. 이모가 북한에서 80년대까지 무당이었고, 본인도 신기(神氣)가 있는 탈북자 1인, 탈북 후 중국을 거쳐 한국에서 목사가 된 여성 1인, 중국을 거치지 않고 남한으로 직행한 탈북민 1인, 재일동포로 살다가 이른바 귀국자로 입북한 뒤 십수 년 혹은 삼십여 년 이후 일본으로 탈북한 사람 2인 등 다섯 사람과의 심층 대화를 시도했다. 이를 통해 기존 선행연구의 내용을 확인하기도 했고, 점술·예언·치병·구복 등 북한 내에서 진행되고 있는 민간신앙의 수준을 정리할 수 있었으며, 민간신앙이 일상생활에 어떤 영향을 미치는지 알 수 있었다. 무엇보다 북한의 종교(제도종교) 억압 정책에도 불구하고, 기복적 기도·점 보기 등 오랜 기층적 종교문화와 관습은 사실상 여전했고, 남측과 과히 다르지 않다는 사실을 확인할 수 있었다. 다르지 않을 뿐만 아니라 공공연하게 활성화되고 있다는 사실까지 확인할 수 있었다.

2. 종교 상황의 변화, 제도종교의 몰락

'조선노동당'과 '공화국'의 창건 이후, 특히 김일성에 의한 유일 지배가 본격화된 이후, 북한은 기성 종교를 강력히 규제하고 종교 행위를 처벌했다. 1958년부터는 대대적으로 종교인(특히 기독교인) 색출 작업을 벌이면서 탄압했다.[1] 종교는 '지배계급이 인민을 착취하는 수단이자 제국주의자들의 침략 도구'(『김일성저작선집 1』, 노동당출판사, 1967)이며, 나아가 각자의 주체성을 말살시키는 '미신'((『김일성저작선집 2』)이라고 간주하고서, 지속적인 반종교정책을 펼쳤다. 종교는 '반동적, 비과학적 세계관'이자, '아편과 같다'는 것이었다.(『김일성저작선집 5』)

사회과학원에서 펴낸 『철학사전』에서는 '샤머니즘', '물신숭배', '도참설', '풍수설' 등을 '미신'의 차원에서 비판적으로 해설하면서, 종교 현상에 대해서는 강력한 부정 평가를 하고 있다. 그 예로 1981년 발행된 『조선말대사전』에서는 종교를 "억압, 착취의 도구", "제국주의자들의 침략용 도구", "인민대중의 혁명 의식을 마비시키고, 억압에 굴종하는 아편" 등으로 묘사하고 있다.

이런 상황을 반영하는 대표적인 글이 북한의 소학교 교과서에 실린 '미제 승냥이'이다. 이것은 일제강점기 미국인 선교사가 자기 소유의 과수원에 떨어진 사과를 주워 먹은 12살 어린이의 이마에 청강수(염산)로 '도적'이라는 글자를 새겨 넣었다는 내용[2]의 글이다. 이 교과서로 배운 북한 인민은 어린 시절부터 미국의 종교 혹은 선교사에 대한 적대감을 갖게 되고, 이 글은 북한 내 종교(특히 기독교)에 대한 반감을 저변에서부터 확산시키는 데 기여했다.

이러한 종교관으로 지속적 반종교정책을 편 결과 1960년대에 이미 불교니 기독교니 하는 제도로서의 종교는 적어도 외형상으로는 거의 사라졌다. '종교'에 해당하는 '교'라는 말을 그것도 사석에서만 사용하는 정도로 변했다. 그 결과 1980년대 즈음에 이르면, '예배'와 같은 공식적인 종교 의례는 물론 '신앙', '하느님', '하나님'과 같은 말도 거의 사라졌거나 아예 들어본 적이 없는 경우가 많아졌다. 설령 알더라도 공개적으로 사용할 수 없는 언어인데다가, 공개적으로 사용되어 본적이 거의 없다 보니 그에 대한 개념도 아주 막연해졌다. '신부'나 '목사'라는 말을 모르거나, 들어봤더라도 무슨 일을 하는지 모르고, '목사'와 '스님'을 구분하지 못하는 경우도 많다.[3]

특히 기독교와 같은 서구 제국주의적 종교는 억압과 처벌의 대상이었다. 1972년 12월 개정헌법에서는 "반종교 선전의 자유"(제54조)라는 표현을 넣어 종교 활동을 법적으로 규제했다. 북한의 헌법은 당 활동을 정당화하는 차원에서 개정되는 경우가 많다는 점에서 종교 선전을 반대하는 자유라는 내용이 1972년도에 개정 헌법에 들어갔다는 말은 이미 1960년대에 북한 내 제도종교의 존립 기반이 대부분 사라졌다는 사실을 의미한다.

물론 북한에서 종교가 완전히 사라진 것은 아니다. 1960년대 후반에 한편에서는 이른바 '풀어주는 사업'을 실시해서, 지하에서 종교(기독교) 행위를 계속하던 60대 이상 '노인층 골수신자'에게 가정예배를 허용했다.[4] 이러한 과정에 1968년에 약 200개의 가정예배소가 허용되었지만, 가정예배의 허용은 '골수신자'를 당의 관리와 통제의 영역 안으로 들여오려는 것이었지, 자유를 주려는 것은 아니었다. 그나마 이러한 가정예배소는 지속적으로 외부 통제를 받으며 1970년대에는 20여 개 정도로 크게 줄어들었다.[5]

3. 종교 존재 양상의 변화

1) 북한 기독교의 경우

그럼에도 불구하고 인간의 '종교적 경험' 자체가 사라진 것은 아니다. 가령 기독교의 경우도 다른 방식으로 잔존해 왔다. 특히 1995년 ~97년 '고난의 행군'기에 30만 명의 탈북자가 중국으로 나갔다가 기독교를 수용한 일부가 북한으로 돌아가면서, 점차 '지하교회'가 형성되었다고 한다.[6] 그런데 지하교회와 관련해서는 탈북민들 중에도 '그런 것은 전혀 있을 수 없다'는 입장과, '지하교회는 일반인이 알 수 없을 정도로 은밀하게 존재하며 어느 정도 존재한다'는 두 입장으로 나뉜다.[7] 이 분야 전문 연구자인 김병로는 외부로 드러나지 않은 지하교회 신자, 기독교적 정체성을 가진 이른바 '그루터기 신자'가 현재 5만 명 정도 있을 것으로 추측한다.

물론 매 주일 자발적으로 공개적 예배를 하는 형태는 아닌 것으로 보인다. 탈북 후 목사가 되었던 한 여성은 현재 지하교회가 50여 개 이상으로 추측되기는 하되, 한 교회당 2~3명이거나 많아야 5명 이내의 작은 조직이며, 눈에 잘 띄지 않는 곳에서 성경을 읽거나 기도하는 정도로 모인다고 한다. 지하교회가 존재하기는 하되, 그 규모를 판단하기는 쉽지 않다는 뜻이기도 하다. 다만 아무리 억압을 해도 인간의 종교성 혹은 종교적 경험 자체는 사라지지 않는다는 것은 알 수 있다.

2) 태생적 종교성의 지속

일반 종교 언어의 경우도 마찬가지이다. '신'이라는 말이 금기시되고는 있지만, 민간 차원에서는 여전히 사용된다. 가령 꿈이 현실과 맞을 경우 '신이 꿈을 통해 암시해 주었다'는 식의 말을 한다. 물론 깊은 종교적 의미를 담아 사용하는 정도는 아니다. 그럼에도 불구하고 언어가 전승된다는 것은 기복적 기대와 같은 희망의 영역이 이어지고 있다는 것을 의미한다. 북한에서도 심층적 차원에서 종교성이 전승되고 발현되기도 하는 것이다.

한 여성 탈북자(53세)에 의하면, '자신의 이모가 무당이었으며 80년대까지도 간소한 형태로 신당과 같은 것을 차려 놓고 사람들에게 점을 쳐주기도 했다'고 한다. 그의 어머니가 새벽에 물을 떠놓고 무언가 비는 모습도 종종 보았다고 한다. 그의 어머니는 딸(탈북자)이 '살이 세다'면서 딸에게 '붉은 수수로 팥단지를 만들어서 집 네 모퉁이에 두는 방토(일종의 액막이)를 하곤 했다'고 한다. 그 탈북자 자신도 탈북 과정에 불안감이 엄습해 오면 자기도 모르는 기도를 했고, 북에 있을 때도 '누군가를 보면 그의 미래가 보이곤 해서 말을 해주면 용하게 맞는 경우가 있었다'고 한다. 그도 '신'을 찾기도 하고 '하늘'을 찾기도 했는데, 신이나 하늘의 개념은 막연했다고 한다.

중요한 사실은, 그 개념이 얼마나 구체적이냐 아니냐와 상관없이, 신을 찾는 행위 안에는 현실 너머 혹은 근원에 대한 해석적 상상이 들어 있다는 것이다. 신이라는 언어를 통해 현실의 너머 혹은 현실의 근원에 대한 상상을 하게 되고 그 사회적 해석도 전승되는 것이다. 모든 체험은 '해석적'이기 마련이며,[8] 그런 언어를 쓴다는 사실 자체가 일종의 종교적 경험에 대한 자신도 모르는 해석인 것이다.

가령 탈북 후 한국에 정착해서 기독교인이 되었다고 해도, 그에게 중요한 것은 기독교인이 되었다는 사실이라기보다는 기독교적 세계관을 이해하고 수용할 수 있을 능력이 본래부터 주어져 있었다는 것이다. 다른 탈북자에 의하면, "절박한 순간 북한 이탈 주민들이 하늘을 찾았던 본능이 선교사를 만나고 난 뒤에는 두 손을 모으고 개신교식 예배와 기도를 올리는 행위로 대체되며 '어렴풋했던 하늘'이 '구체적인 하나님'으로 바뀌지만, 그 근본 바탕에는 자신의 안전을 지키고자 하는 절대적인 소망이 자리 잡고 있다"고 증언한다.[9]

탈북 후 한국에서 목사가 된 여성(50세)에 의하면, 북한에서 큰 의미 없이 쓰던 '신'과 그 역할이 한국 기독교 신자들이 '하나님'이라고 부르는 존재와 비슷한 역할을 하는 것 같다고 해석한다. 한국의 기독교인이 생각하는 '하나님'과 북한에서 깊은 생각 없이 사용되던 '신'이라는 말의 종교사회적 역할이 과히 다르지 않아 보인다는 것이다. 이것은 인간의 본래적 종교성이 기독교와 같은 제도 종교의 섬세한 언어로 표현되고 강화되는 것이지, 제도 종교가 인간의 종교성 자체를 형성해 주는 것은 아니라는 뜻이다. 본래적 종교성은 지속적인 종교

억압에도 불구하고 다른 형태로 지속되어 오고 있다는 뜻이다.

가령 많은 탈북자들이 탈북 과정이 워낙 힘들고 불안하니 거의 본능적으로 '하늘'을 향해 기도하기도 하는데, 이것은 상황이 아무리 위중해도 인간의 종교성 자체는 지속되고 있음을 의미한다. 상황이 위중할수록 외적 요구에 따라 습관화된 언어보다는 본능에 가까운 언어가 떠오르고 튀어나온다. 가령 아무리 주체사상이 강력하고 신격화한 수령유일주의가 문화화해 있어도, '정작 급해지니 김일성 수령님을 찾거나 김일성을 향해 기도하게 되지 않더라'는 것이다. 김일성 중심 사회 체제를 떠나는 상황이기도 해서이지만, 위기상황일수록 습관적으로 주입된 종교가 아닌 태생적으로 주어진 종교성이 발현되기 마련이기 때문이다.

병실에 4호실을 두지 않으려고 하는 등 '죽을 사(死)' 자를 연상하는 숫자를 기피하는 현상과 같은 것도, 그것이 옳으냐 그르냐와 관계없이, 향후 남과 북이 교류할 때 낯설지 않게 대화할 수 있는 전통적 소재들이라고 할 수 있다.

3) '미신'의 상황과 역설적 종교성

이런 맥락에서 거의 본능적 수준에 가까운 민간신앙 분야는 제도종교에 비하면 상대적으로 여유 있게 잔존해 왔다. 북한에서 '미신'이라고 부르는 민간신앙도 억압의 대상이기는 했지만, 형법상의 처벌

대상이라기보다는 강력한 계몽의 대상에 가까웠다. 공식적으로 돈만 오가지 않으면 처벌까지는 받지 않았다. 그래서 은밀한 정도로는 전승되어 왔다. 헌법 제68조에서는 "공민은 신앙의 자유를 가진다. 이 권리는 종교 건물을 짓거나 종교의식 같은 것을 허용하는 것으로 보장된다. 종교를 외세를 끌어들이거나 국가 사회 질서를 해치는 데 리용할 수 없다."고 명시하고 있는데, 이런 규정은 외세나 건물 등과는 관계없는 민간신앙 혹은 미신의 영역은 생존의 가능성이 더 크다는 사실을 우회적으로 보여준다.

민간신앙의 영역 가운데 조상 제사 분위기는 좀 더 분명하다. 돌아가신 분의 기일과 생일에 상차림을 한다. 조상을 잘 받들어야 복이 온다는 생각을 하기 때문이다. 53세 탈북 여성은 이렇게 증언한다: "북에서도 조상 제사를 하고, 기일과 생일에 차례를 지내요. 남한과 같애요. 상차림 하고 절하고 산소도 가고요. 조상을 잘 받드는 것은 부모에게 효도하는 것과 같고, 그래야 복이 온다고들 해요. 이것도 남한과 같아요. 그래서 산소 묘자리를 잘 찾아보기도 하고요. 한식에는 봄에 산소에 멜레(벌초)하러 가구요. 대부분의 집안이 그렇게 해요. 추석에 음식해서 할아버지 산소에 가서 먹기도 하고 했지요."

마찬가지로, 신령 · 영혼 · 하느님과 같은 언어들은 사라지다시피 했지만, 적어도 50대 이상의 연령층에서는 용왕님, 터줏대감, 삼신할머니, 성황당과 같은 언어는 크게 의미화하지 않은 정도로 잔존하고 있다. 지옥·천당과 같은 언어는 없지만, 황천길·저승길 정도의 언어는 큰 의미 없이 전승되고 있다. 이러한 언어에 의미를 부여하는 정도에서 차이가 있을 뿐 북에서도 오랜 민간신앙적 세계는 지속적으로 전승되고 있는 것이다.

4) 언어의 종교적 역할

'하늘도 무심하다'는 정도의 탄식도 남아 있다. 하지만 '하늘도 무심하시지' 하는 남쪽의 언어와는 달리, '시' 자는 쓰지 않는다. 하늘과 같은 자연물이나 '비존경 어휘'에 '시' 자를 붙이지 않는다. 하느'님', 하나'님', 하늘'님'은 물론 하늘을 인격화하는 정서는 인민의 주체성을 강조하는 수령 유일 체제에 반하는 반종교적 정서의 연장이기 때문이다. 존경할 만한 사람에게는 '시'자를 붙이지만, 김일성에게는 최상의 존경 표현을 사용한다. 한 문장에서 술어가 여럿일 경우 보통의 경우는 마지막 술어에 '시' 자를 붙이지만, 김일성 부자에 대해서는 '시' 자를 반복해서 사용하고, 극존칭을 사용한다.[10]

'~께서'는 일부 예외를 제외하면 김일성 부자에게만 사용하며, 보통의 경우는, 할아버지, 할머니에게도 '이/가' '은/는'을 사용한다.[11] '님'도 직급에는 가능한 붙이지 않으며, '수령님', '장군님'과 같은 표현에만 사용한다.[12] '하나님', '하느님께서', '신령님'과 같은 표현은 상상할 수 없다. 북한의 존칭어 규칙으로 보면, 사실상 김일성 및 그 일가를 신의 위치에 올려놓은 것이나 다름없다. 북한의 존경어 체계 자체가 김일성(과 그 일가)이 신의 위치에 올라가도록 형성되어 왔다. 극존칭의 정점에는 수령이 있다. 이것은 한편에서 보면 북한에 초월적 존재가 자리 잡지 못하는 증거이자 종교 자체가 없다는 증거이기도 하지만, 다른 한편에서 보면, 종교에 대한 비판이나 억압은 구호나 이론에서만 가능할 뿐, 김일성을 높이는 방식의 북한식 종교가 지속되어 오고 있다는 뜻이기도 하다. 어떻든 현실의 삶에서 종교라는 것은, 어떻게 해석하느냐의 차이는 있을지언정, 완전히 괴리 혹은 분리될 수 없다는 뜻이다.

4. 종교적 정치와 정치적 종교

1) 제도종교의 형식적 복원

어떻든 북한에서 종교, 특히 제도종교는 지속적으로 억압되어 왔다. 그러다가 1989년 제13차 세계청년학생축전을 앞두고 종교의 자유를 선전하고자 1988년에 평양에 봉수교회와 장충성당을 건립하는 등, 외형적인 변화를 보이기 시작했다. 1992년 4월 개정헌법에는 "반종교 선전의 자유"라는 문구를 삭제하고, "종교 건물을 짓거나 종교 의식 같은 것을 허용"한다는 문구를 삽입했다. 1989년에는 천도교, 기독교, 불교, 천주교 대표들로 구성된 '조선종교인협의회'라는 협의체도 생겼다. 1992년 4월에 발행된 『조선말대사전』에는 종교에 대해 "신이나 하나님 같은 거룩한 존재를 믿고 따르며", "원시종교로부터 시작하여 불교, 기독교, 회교 등 수많은 종교와 크고 작은 류파들이 있다"는 식으로, 다소 객관적 해설을 하는 식으로 바뀌었다.

물론 이러한 변화는 북한의 대외 정책의 결과이다. 종교의 자유가 없다는 사실이 북한의 대외 정책에 불리하다는 정책적 판단으로 감시 체계 내에서 일부 종교를 공인한 데 따른 것이다. 당의 통제에 종속된 형식적, 선전용 종교이다. 수령유일주의 내지 주체사상이 사실상 주요 종교 역할을 해 오고 있으며, 일반적인 의미에서의 종교관은 여전히 부정적이거나 무지 내지 무관심의 수준이 이어지고 있다.

2) 사회주의 대가정과 유교

이처럼 종교성 자체는 어떤 상황에서든 사라지지 않는다. 이 글의 관심도 북한의 제도 종교의 양상이 어떻게 변했느냐 하는 외형이 아니라, 어떻든 변화할 수밖에 없게 만드는 근원적 동력에 있다. 제도화된 종교 자체가 아니라 제도화되기 이전의 형태, 따라서 종교 정책 변화의 동력으로 작동하는 심층적 힘이 이 글의 관심사이다.

가령 사회주의 건설 초기에는 오랜 유교적 가족중심적 문화를 척결하고자 했지만, 탈냉전기 이후 북한은 '민족적 형식에 사회주의를 담는다'는 취지 하에 오히려 유교적 가족주의를 활용하고 있다. 유교적 가족주의를 주체사상에 입각해 재해석함으로써 유교적 규범과 전통적 가치를 적절히 조화시키려 시도하고 있는 것이다. 가부장적 사회질서와 전통적 효문화를 최고지도자와 인민의 관계에 적용해 최고지도자를 '어버이'로, 당을 '어머니'로 의인화하고, 충효에 입각한 전통질서를 '사회주의 대가정'이라는 유기체적 가족국가관으로 만들어 가고 있는 것이 그 사례이다.[13] 이런 관점하에서 '탈북 행위는 부모가 가난해졌다고 자식이 부모를 버리는 것과 같은 배은망덕한 행동'이라고 비판하기도 한다. 유교적 정서를 정치에 활용하고 있는 것이다. 조선왕조는 타도해야 할 봉건국가였지만, 유교 이념과 문화는 여전히 북한 사회의 심층에서 강력하게 작동하고 있다는 뜻이다.

북한의 이러한 정책이 옳으냐 그르냐는 이 글의 관심사가 아니다. 사회주의 초기에는 배격하려고 했던 유교를 결국 정치에 다시 수용할 수밖에 없을 정도로 오랜 문화적 정서가 여전히 지속되고 있다는 사실이다. '여성을 부엌으로부터 해방시킨다'며 지역마다 음식공장을 만드는 등 남녀평등 사회를 지향했지만, 각종 호칭과 사회적 역할에서 여성차별적 문화는 남한 이상으로 지속되고 있다. 남성이 부엌일을 잘 하지 않거나, 남성은 '동지'로 호칭하는 데 비해서 여성은 '동무'로 호칭하는 등 호칭의 격이 낮다. 이런 것도 옳고 그르냐의 문제를 논외로 한다면 이런 식의 가부장적 유교 문화는 남과 북이 오랫동안 경험해 오고 있는 동질적 문화의 양태이다.

'사회주의 대가정'이라는 유기체론적 가족국가관에 따라 전 국민을 하나의 가족으로 묶으려는 시도는, 외형적으로는 대단히 세속적이고 정치적인 행위지만, 그 정치적 행위 속에는 의도하지 않은 종교성이 들어 있는 것이다. 아무리 탈종교적 정치라고 해도 오랜 종교적 전승을 활용해야 정치가 돌아가는 일종의 '종교적 정치'가 북한에서 작동하고 있는 것이다. 이런 맥락에서 보면, 주체사상은 물론 80년대 후반부터 일정 부분 복원하고 있는 제도종교들은 일종의 '정치적 종교'라고 할 수 있다. '종교적 정치'와 '정치적 종교'가 북한 특유의 방식대로 작동하고 있는 것이다. 그리고 이 두 가지 '정치'와 '종교'의 심층에서는 민간신앙이 여전히 북한 주민의 일상에 적지 않은 영향을 미치고 있는 중이라고 할 수 있다.

3) 점보기의 성행

무엇보다 점보기가 성행하고 있는 것이 그 사례이다. 가령 1994년 김일성 사후, 그리고 1995~1997년 '고난의 행군' 시기를 지나면서 미신시하던 각종 오랜 풍습이 다시 성행하기 시작했다. 특히 신격화한 김일성의 사후 그동안 억압되었던 민간신앙 혹은 토속신앙이 음지에서 양지로 나오고 있다. 청소년에게까지 부적, 점치기, 주패(화투나 트럼프)를 통한 신수 보기 등이 표면으로 드러났다. 특히 고난의 행군 이후 장마당이 등장하면서 개인의 이해관계가 얽힌 사업이 많아졌다.

그러다 보니 장사를 앞두고 언제 어디서 무슨 일을 하면 좋을지 점부터 쳐 본다. 대학 입시를 앞두고 점쟁이를 찾아가기도 한다. 탈북과 같은 '거사'를 앞둔 경우라면 점의 중요도와 빈도수는 훨씬 커진다. 거사를 감행할 날짜, 방향, 상황 등을 묻기도 한다. '직업적' 점쟁이는 없고 '복채'와 같은 고유 용어도 없지만, 용하다고 소문난 이들은 동네마다 한두 명씩 있다. 전국적으로 수백 명은 될 것이라는 추측도 나온다. 결혼, 장사 등 크고 작은 일들에 앞서서 점쟁이와 먼저 상의하고 결정하는 일이 흔하다. 손금, 관상, 사주 등을 주로 보며, 여기에는 보위부원도 예외가 아니다. 보위부도 이 사실을 알지만, 자신들도 점을 볼 뿐만 아니라, 점쟁이의 영험함으로 자신들에게도 피해가 올까 봐 점술 행위를 눈감아 준다. 주술적 정서가 제도적 관례보다 더 크게 작동하면서 드러내놓고 공론화하지는 못하는 상황이다.

한 여성 탈북자는 북에 있던 시절(서른살 경) 다른 사람들 점을 여러 번 봐 주었다고 한다. 한국 생활 중에도 어떤 사람을 보면 그 사람에 대해 말하고 싶어지는데, 대부분 과거와 미래를 잘 맞춰서 '무당이 될까 생각 중이라'고도 한다. 점을 한 번 봐 주고, 북한에서 백미 1kg에 15~20원 하던 시절에 50원 정도의 돈을 받기도 했다고 한다. "돈 또는 물건을 받고 미신 행위를 한 자는 1년 이하의 로동단련형에 처한다"(형법 제256조, 미신행위죄)는 규정이 있기는 하지만, 보위부 자신의 원천적 '종교성'이 개입하면서, 발각되는 일은 많지 않다.

4) 심층적 종교성의 자발성

이런 일들은 새로운 현상이 아니다. 경제적 난국, 삶의 위기상황에 이르면서 전에 없던 새로운 현상이 발생한 것이 아니다. 점술, 사주, 팔자, 조상 숭배 등 그동안 '미신'처럼 여겨지던 것이 재등장하고 있는 것은 그 이전부터 은밀하게 전승되어 오던 기층적 생활문화가 활성화되는 것이라고 보는 편이 옳다.[14] 이러한 분위기 때문에 당국에서 '미신 행위 풍습 근절을 위한 비판 토론회'를 열기도 했는데, 이것은 강제적 억압에도 불구하고 인간의 종교성 자체는 사라질 수 없다는 사실을 역설적으로 잘 보여준다. 더욱이 제도화된 종교가 사실상 부재한 상태에서 이러한 기복적 행위의 은밀한 공간들은 곳곳에 있다. 종교학의 기본 전제가 '종교적 인간(homo religiosus)'이듯이, 인간의 종교성은 단절될 수 없다는 뜻이다.

이때의 '종교성'이란 일상의 해석이나 미래에 대한 기대를 일상 너머의 세계에서 찾는 태도를 의미한다. 이른바 '미신'(迷信)은 미혹시키는 믿음이라는 뜻이지만, 옳고 그른, 바르거나 틀린 믿음의 객관적인 기준은 없다. 어떤 형식으로든 부적, 점치기와 같은 행위나 심리는 그 자체로 '종교적'이다.

이와 함께 이런 현상은 경제적 난국에서 헛된 '미신'이 발흥하고 있다는 사실을 의미하는 것이라기보다는 정치적 억압과 관계없이, 정치적 억압으로도 막을 수 없는 민중의 원천적 종교성 혹은 심층적 차원을 잘 보여주는 현상이다. 이를 통해 북한의 일방적 통제 시스템이 느슨해져가는 증거로 삼을 수도 있겠고, 한반도 구성원들이 견지했던 오랜 종교적 정서는 정치적 억압만으로 완전히 사라질 수는 없다는 증거로도 삼을 수 있을 것이다. 가령 소련이 해체된 이후 오랜 정교회 전통이 다시 부흥하고, 중국에서 유교를 도리어 국민 통합 정책의 일환으로 내세우는 것도 같은 이치이다.

북한의 민간신앙은 원칙적으로는 억압의 대상이었지만, 실질적으로는 삶의 근원적 동력으로 작용하는 원초적 인간 현상이다. 이러한 원초적 현상의 차원에서 보면, 남북한 민중의 기층적 정서가 이질적이기보다는 유사성 내지 동질성의 측면이 지속되고 있다는 사실을 알 수 있다.

무엇보다 민간신앙의 발흥 현상에서 북한 주민의 진정한 자발성을 읽을 수 있다는 사실이 중요하다. 통제된 사회일수록 주민이 통제 속으로 들어가면서 통제의 주체인 권력을 정당화시키는 순환 과정이 지속되지만, 비판과 억압에도 불구하고 민간신앙이 발흥하고 있다는 사실은 어떤 형식으로든 북한 주민의 자발적 선택의 결과이다. 이러한 현상은 결국 인간에 대한 완전한 통제란 있을 수 없다는 사실을 의미한다. 기층적 종교성은 더욱 그렇다. 그리고 북한 사회가 오랜 통제 중심 사회에서 벗어나고 있음을 보여주며, 그렇게해서 보여주는 모습은 남측의 기층적 정서와 다르지 않다. 결국 체제와 제도의 통일도 사람의 문제이며, 그 핵심은 분단 상황 속에서도 서로의 정서에 대한 깊은 교감으로부터 시작된다는 사실을 확인시켜 주는 근간이라고 할 수 있다.

5) 북한 샤머니즘

그 사례 가운데 하나가 북한의 샤머니즘이다. 해방 이전 북한 샤머니즘에 관한 연구 자료들에 따르면, 북한 지역에는 현재의 남한에서처럼 강신무가 두루 있었고, 아이의 신을 모시는 태주무(평북), 경문을 읽어 귀신을 쫓아내는 판수(황해도)는 물론 지역에 따라 이름이 다양한 점바치, 복술이(함경도), 돌무당(함경도) 등이 존속했었다. 나아가 1960년대 북한 측의 조사에 의하면, 음식을 차려놓고 치성을 드리는 등 각종 무속 관련 제사들이 많았고, 황해도의 대동굿, 내림굿, 평안도의 다리굿, 배뱅이굿, 함경도의 산령굿, 망묵이굿, 재수굿 등 남한과 같은 각종 굿이 있었다는 사실을 알 수 있다.

물론 이것은 대체로 과거의 일이다. 북한에서 무속은 인민의 사회주의적 주체성을 깨닫기 전에 있던 혹세무민의 미신으로 간주해 억압하면서 예전의 굿이나 무속 의례의 원형은 거의 사라졌다. 오늘날 북한에서 굿을 옛 절차 그대로 드러내놓고 하는 경우는 없다. '무당'이라는 언어도 거의 사라졌고, '점쟁이'와 사실상 동일시되고 있다.

하지만 그렇더라도 점만 보는 것이 아니라, 큰 소리를 내지 않고 몰래 하는 정도의 약식 굿(광의의 무속 의례)은 은근히 진행되고 있다. 신당을 공식적으로 설치할 수 없고, 신상을 모실 수도 없지만, 소문을 듣고 찾아오는 손님에게 점을 봐주기도 한다. 점보기의 경우에서처럼, 절대자처럼 여겨지던 김일성의 사후에, 그리고 '고난의 행군'을 겪으면서, 그동안 억눌렸던 기층적 무속 신앙이 점차 솟아오르고 있는 것이다.[15]

이 논의에서는 무속 의례의 절차나 규모는 중요하지 않다. 기층적 차원의 종교성은 쉽사리 없어지지 않으며, 나아가 남과 북 간에 큰 차이가 없다는 사실이 중요하다. 북한 종교문화의 심층, 북한 민간신앙 관련 연구는 이러한 유사성 내지 동질성을 확인시켜주는 일차 자료들이라고 할 수 있다.

넓은 의미의 샤머니즘·무속은 한반도에서 가장 오래된 민중적 종교이다. 한반도에서는 무, 무속 등의 언어로 약간 다른 양상 하에 지속되어 왔지만, 어떤 이름이든 인류의 가장 보편적이고 원초적인 종교현상인 것은 분명하다. 게다가 '단군'이 사실상 샤먼을 뜻하는 몽골어 '텡그리'에서 온 언어라는 연구 결과에서 알 수 있듯이, 고대 제정일치 시대로 거슬러 올라가면 '샤먼', 즉 오늘의 '무당'은 한반도에서 정치 및 종교적 지도자이기도 했다. 조선과 일제강점기, 그리고 근대 산업화 시기에 남한에서도 전근대적 미신처럼 치부되고 억압받던 시절이 있었으나, 남한에서도 무당의 숫자는 줄기는커녕 도리어 늘었다.

인간의 원초적 종교 현상을 외적 억압으로 없앨 수는 없다는 뜻이다.

북한에서도 마찬가지이다. 북한 역시 단군을 민족의 '원시조'로 교육해 왔고, 단군신화, 환웅이야기 등을 배운다. 남북의 주민이 정서적으로 공유하는 지점이 적지 않다는 뜻이다. 1992년 단군릉을 개건 확장하면서 민족적 정통성을 확보하려는 북한의 움직임은 향후 남과 북의 역사 교류를 용이하게 해 줄 재료라고 할 수 있다. '단군' 담론은 남과 북을 이어주는 역사와 종교의 접점이 될 가능성이 크다.

5. 기층적 동질성과 민족 기반의 평화

한반도의 통일은 제도적 통합뿐만 아니라 사람들의 마음이 연결되고 새로운 연대감이 창출될 수 있는 통일이어야 한다.[16] 물론 모든 영역에서 같은 형태의 동질화가 이루어질 수 있는 것은 아니다. 통일은 영역별로 그리고 주체별로 상이한 속도, 차별적인 방식으로 이루어지는 과정을 포용하면서 이루어지는 지속적인 과정이다. 한날 한시에 이루어지는 제도적 통합이 아니라, 교류와 협력이 지속적으로 확대되는 과정이다.

이 과정에 제일 중요한 것은 한반도 구성원들 간 정서적, 이념적 공감대의 확장이다. 북한의 기층문화나 민속, 특히 민간신앙 연구는 남북 민중의 정서가 기층적 차원에서 근본적으로 다르지 않다는 사실을 확인하는 작업이다. 무속도 외형은 대폭 축소되었지만, 점복과 약식 굿의 형태로 지속되다가 적어도 양적으로는 다시 발흥하고 있다.

북한의 대표 명절이 김일성생일(태양절, 4월 15일), 김정일생일(2월 16일), 공화국창건일(9월 9일), 로동당창건일(10월 10일) 같은 정치 이념과 관련되어 있지만, 설날(음력 1월 1일), 한식(4월 6일), 단오(음력 5월 5일), 추석(음력 8월 15일) 등의 전통적 명절도 중요하다. 이 명절의 분위기는 한국과 다르지 않다. 설날이나 추석과 같은 명절에 남북이 같은 행사를 하며 공동의 동질감을 확보하는 일은 중요하다. 이러한 '다르지 않음'이 정서적으로 확대되면서 남북 간 지속적 교류의 보이지 않는 동력으로 작용할 것이기 때문이다.

그리고 '민족'적 동일성을 확인하고 확산시키는 일도 중요하다. '민족'은 남북 모두, 특히 북한이 더 애용하는 말이라는 점에서, 남북 간 동질성의 확보를 위한 공통의 언어이다. '민족'은 한반도가 분단을 극복하고 통일을 지향하는 과정에 합의한 남북 공통의 정서적 언어이다. '7.4남북공동성명'(1972)에서 '자주' · '평화' · '민족대단결'이라는 '공동'의 통일 원칙을 내놓은 이후, '남북기본합의서(1991)', '6.15공동선언'(2000), '10.4남북공동선언'(2007)은 물론 판문점선언에 이르기까지 교류와 협력, 통일지향의 정당성을 확인해주는 남북공동의 기층적 정서는 '민족'이다. 북한의 대남선전매체인 '우리민족끼리'에도 '민족'이 들어 있다. 90년대 들어와서는 '프롤레타리아국제주의'와 같은 보편 사회주의 언어보다는 '우리민족끼리'라는 슬로건을 애용한다. 한반도의 통일 이유를 묻는 질문에 대해 가장 많은 답변은 '같은 민족이니까'이다. '우리 민족', '한민족', '우리 겨레' 등과 같은 표현과 그에 담긴 유사한 정서는 남과 북을 심층적 차원에서 연결시키는 정서적 동력이다.

이러한 민족적 동질성의 확보에 중요한 것 중의 하나는 민간신앙의 영역이다. 북한 노동당 정치국 산하에 있는 제도종교가 아닌, 민중의 자발성에 입각한 민간신앙의 영역은 '남이나 북이나 비슷하다'는 사실을 보여주는 기초적 자료이다. 북한의 제도종교에 대한 연구는 종교를 정치에 이용한다는 이미지만 부각시켜 남북간 이질성을 확인시켜 주는 정도에 머물 가능성이 크다. 이에 비해 북한의 민간신앙 연구는 남이나 북이나 민중의 내면으로 들어가면 비슷한 사고방식을 가지고 있다는 사실을 인식하게 함으로써 동질성의 확보에 공헌할 가능성이 크다. 민간신앙의 영역은 장구한 민족적 언어적 동질감이 단기적 이질감을 극복하고 통일에 기여하는 동력이 되리라는 사실을 적절히 보여준다. 향후에도 인문학과 사회과학의 주요 연구 주제가 될 것이다.

03

분단선을 넘은
문화의 공유

김 윤 희
(서울대학교 사회학과 박사과정 수료)

1. 머리말

분단 70년간 남북은 서로 다른 체제에서 살아가며 문화적 이질화 과정과 적대관계 속에서도 의식 · 무의식적으로 민족적 동질성과 평화 · 통일의 갈망을 여러 계기와 매체를 통해 표출해 왔다. 이 글의 목적은 남과 북이 영화, 드라마, 스포츠, 무용을 비롯한 문화적 매개와 인적 교류를 통해 민족의식과 정서적 유대를 어떻게 연결해 왔는지를 조명하는 데 있다.

분단 문화의 공유는 남과 북에만 국한된 것이 아니라 일본과 중국이라는 이웃 국가와도 연결된다. 그것은 식민지와 분단, 6 · 25전쟁이라는 우리 민족의 수난의 서사에 기인한다. 영화와 드라마, 노래, 예술단 교환 방문, 스포츠, 광고, 무용 분야에 걸쳐 분단 문화의 유산들은 우리의 삶 속에 내재되어 있다. 지면의 제한으로 남북 모두 적대적 관계에서 상대편 문화를 배척하고 유입과 소비를 통제해오는 속에서도 공식 허용된 부분에 대해서만 다룬다. 때문에 언론에 공개되는, 북한 주민들의 비공식적 영역에서의 한류 문화 소비에 대해서는 생략한다.

2. 남한-북한-중국 문화적 소통의 중심인물, 정율성

정율성은 1914년 전라남도 광주에서 태어났다. 정율성은 항일혁명 음악가이며 국제주의 전사이다. 혁명과 결합된 음악적 업적으로 정율성은 남과 북, 중국에서 모두 기리는 역사적 인물이다.[1] '조선인민군가', '중국인민해방군가'라는 두 개 국가의 군가를 작곡함으로써 북한과 중국 군 창건사의 한 자리를 뚜렷이 차지하고 있다.

북한에서 정율성을 다룬 영화는 〈음악가 정율성〉(영화문학, 오혜영, 1991)이다. 이 영화는 음악가 정율성이 어린 시절 중국 상해에서 음악 공부를 하는 과정, 팔로군 입대와 항일로정, 해방 후 북한으로 귀국하여 인민군 협주단 단장으로 활동하던 행적, 팔로군에서 눈 맞았던 중국 여성과 결혼 등, 정율성의 생애사를 다루고 있다. 수령의 서사 중심으로만 다루던 북한에서 개인의 생애사를 영화로 다룬 것은 북한 영화사에서 아주 이례적인 일이다. 북한은 한중수교 직전에 이 영화를 내놓음으로써, 정율성의 음악적 정통성이 남, 북, 중국 가운데서 북한에 있음을 강조하고자 하였다. 또한 2000년 남북정상회담을 위해 평양을 방문한 김대중 대통령이 순안비행장에 내릴 때 환영곡으로 정율성이 연안에서 작곡한 '조선의용군행진곡'을 연주하였다. 조선의 해방을 위한 항일과 독립운동, 남북 화해와 통일의 상징으로 정율성이 호명되는 순간이었다.

북한에서 정율성은 부인이 중국 여자라는 편견이 있는데다가 1956년 종파사건을 계기로 '연안파'와의 관련성 때문에 박해를 받다가 중국인 부인을 따라 중국으로 돌아갔다. 1956년 8월 종파사건을 계기로 숙청당할 위기에 몰린 일부 엘리트들이 비밀리에 국경을 넘어 중국이나 소련으로 돌아가던 시기였다. 정율성은 중국에 돌아가서도 음악 활동을 하던 중 대문화혁명 때 홍위병들에게 폭행당한 후 그 후유증으로 앓다가 62세가 되는 1976년 12월 사망하였다.

그러나 복잡다단한 남·북·중의 관계 때문에 정율성에 대한 공정한 평가가 이루어지지 않고 있다. 남북분단으로 국가정체성이 분열된 상황에서 오랫동안 정율성은 남한에서도 북한정권 부역자, 사회주의자라는 이유로 논란의 중심에 있었다. 우여곡절 끝에 2012년 1월 15일 KBS스페셜 〈13억 대륙을 흔든다, 음악가 정율성〉이라는 제목으로 그를 재조명하는 다큐멘터리가 방송되었다. 남한에서는 정율성 일대기 영화 〈더 히스토리〉를 제작하였고, 나아가 한중합작 영화를 제작하였다. 광주에서는 2005년부터 '정율성음악축제'를 개최해 왔다.

중국에서는 2010년 8.1 중국 건군절을 맞으며 〈태양을 향하여〉라는 드라마를 제작하였다. 2009년 중화인민공화국 건국 60주년 때는 '신중국 창건 영웅 100인'에 선정되기도 했다.

정율성은 남과 북 분단 구조와 남한-북한-중국이라는 3개 국가를 연결하는 문화적 소통의 매개로 남과 북, 중국 인민들의 기억 속에 남아있는 역사적 인물이다. 현재까지도 남한과 중국 사이에는 상호문화교류를 통해 '정율성국제음악회'를 개최하고 있다. 2005년부터 매해 "정율성음악축제"를 개최해오다가 2016년 '광주정율성국제음악제'로 바뀌어 중국 후난성에서 개최되었다.

정율성은 남한 사람도 북한 사람도 중국 사람도 아닌 디아스포라적 삶을 살아 온 사람이다. 그가 말했듯이 남한에서는 '북한 사람', 북한에서는 '남한 사람·반(半)중국사람', 중국에서는 '조선 사람'으로 불렸다. 마르크스 이념과의 대결 광풍이 지구촌을 휩쓸었던 20세기에 이념을 초월하여 한반도와 중국에서까지 존경받은 인물은 안중근 의사와 정율성이 유일하다고 할 수 있다.

분단음악가로는 정율성 이외에 윤이상도 들 수 있다. 윤이상은 1973년 간첩사건으로 사형을 언도받고 국제사회와 독일 정부의 도움으로 석방되었다. 1969년 서독으로 귀화했고, 음악 활동을 통해 세계적 음악가로 명성을 날렸다. 1990년 10월, 분단사상 최초로 범민족통일음악회를 주도해 남북한 문화교류의 새로운 장을 개척하였다. 북한은 1992년 10월 평양시 영광거리에 연건평 17,000㎡의 '윤이상음악당'을 새로 건축 개관하였다. 정율성과 마찬가지로 남과 북, 제3국에서 음악의 거장으로 평가받는 인물이다. 유럽의 평론가들로부터 '유럽에 현존하는 5대 작곡가', '20세기의 중요한 작곡가 56인', 독일 자아브뤼겐 방송이 선정한 '20세기 100년간 통틀어 가장 중요한 작곡가

30인' 중 한 사람으로 꼽혔다.

3. 북한-남한-일본-중국 4국의 문화적 자산이 된 역도산

역도산의 본명은 김신락이다.[2] 본은 경주 김씨이다. 김신락은 1922년 아버지 김석태와 어머니 방신봉 사이에서 3남 3녀 중 막내아들로 태어났다. 김신락의 아버지 항렬은 석 자 돌림이고 김신락 항렬은 락자 돌림이다. 김신락의 맏형은 김항락, 둘째 형은 김공락이다.

역도산의 고향은 북한 함경남도 신포시 룡중리(일본강점기 때 주소로는 함경남도 홍원군 룡원면 룡중리)이다. 남한 기록에는 함경남도 신포시 신풍리로 되어 있으나 신풍리는 룡중리와 도로 하나를 사이에 둔 건너편 마을이다.

역도산의 고향에서 시오리 길을 내려오면 령무와 류대라는 마을이 있다. 령무(領武)는 옛날 장수들이 무술을 익히던 곳이라 해서 붙여진 이름이다. 1970년대 말 신포를 방문한 김일성이 '왜 이름이 령무인가'고 묻자 신포 지방 역사를 잘 모르는 간부들이 '아무것도 없는 고장'이라 해서 '령무'라고 대답했다. 김일성은 물고기 풍년이 드는 고장이란 의미에서 '풍어'로 이름을 고쳐주었다.

풍어에서 5리 가량 바닷가를 따라 내려오면 '류대 모래불(모래부리)'이 펼쳐져 있다. 이곳은 일제강점기부터 씨름터로 이용되던 곳이다.

장날이면 류대 모래불에서 씨름이 열리는데 원래 씨름을 잘하던 아버지 항렬인 김석후를 비롯한 가문의 남자들은 씨름판에서 이름을 날렸다. 역도산의 맏형 김항락이 1등을 하여 황소를 타 온 날 동대천 버들 방천에 김촌 마을 장정들이 모여 앉아 구워 먹던 일은 가문의 대를 이은 옛말로 되었다. 실제로 역도산 가문 사람들은 남녀 할 것 없이 모두 기골이 장대하고 방안에 모여 앉으면 구들장이 무너질 정도였다고 한다.

어느 날 씨름 경기를 구경하던 일본인 경찰의 눈에 역도산의 둘째 형 김공락이 들어왔다. 일본인 경찰은 김공락을 일본에 데려가 유망 씨름 선수로 키우고자 했다. 당시 김공락의 나이는 18세였다. 그러나 나이가 많다는 이유로 동생인 김신락을 데리고 가기로 하였다. 그때 김신락(역도산)의 나이는 13세였다. 역도산이 일본으로 떠나기 전 집안 어른들은 급하게 역도산을 결혼시킨다.

역도산의 세번째 부인 다나카 게이코가 최근 출간한 『내 남편 역도산』(한성례 옮김 · 자음과 모음)에 따르면 1940년 일본인 경찰의 권유를 받은 역도산이 맏형 김항락의 반대를 뿌리치고 '스모로 돈을 벌고 싶어' 일본에 건너간 것으로 적혀 있다. 그러나 『역도산이 왔다』(김남훈 저 · IDO)에 수록된 북한 만화 『세계 프로레스링의 왕자 력도산』(김태권 그림)에는 형을 강제로 징용하겠다는 협박에 못 이겨 형사의 제의를 수락하는 것으로 묘사된다. 역도산 가문 사람들의 기억에 따르면 경찰의 강요와 회유 두 가지 이유가 다 포함된다. 물론 일본에 가면 돈을 잘 벌 수 있다는 형사의 회유가 있었던 것만은 틀림없다. 하지만 북한은 일제강점기 식민인으로서 선택의 여지가 없었던 역도산이 강제로 끌려갈 수밖에 없었다고 본다. 역도산이 고향을 떠나 일본에 온 것에 대한 일본 쪽의 시각은 일본 식민 권력이 강행한 강제 징용의 의미를 희석화시키려고 조선인들이 '돈 벌려고 일본에 왔다'고 주장하는 것과 맥을 같이한다. 역도산이 '몇백 만 장자'가 되었다는 사실은 이 주장에 힘을 실어주는 셈이 된다. 역도산을 둘러싼 북한과 일본의 시각차가 드러나는 지점이다.

역도산은 1939년 일본에 끌려가 김신락 본명에서 '역도산'이라는 일본식 이름으로 바꾸고 일본씨름(스모)꾼이 되었다. 역도산의 꿈은 일본의 스모계에서 최고가 되는 것이었다. 그러나 스모는 일본 국적이 아니면 할 수가 없었기에 국적을 숨길 수밖에 없었으며, 이런 이유에서 훗날 프로레슬링으로 전향하게 된다.

역도산은 1942년 2차 세계대전이 발발한 후 일본에서 만주로 들어가던 길에 고향에 잠깐 들렀다. 이때 아내와 사이에서 딸 김영숙이 생겨난다. 역도산은 1945년 5월 해방을 몇 달 앞두고 고향을 방문한다. 이때 딸 김영숙의 나이가 세살이었다. 기모노를 입은 아버지가 무서워 딸이 울음을 터뜨리자 역도산은 딸을 대문 밖으로 물건마냥 집어던졌다. 이 사건은 훗날 북한이 제작한 드라마 '민족의 사나이'에서

우는 딸을 역도산이 지붕 위에 던져 버리는 것으로 각색된다. 딸 김영숙은 훗날 체육대학에서 공부하면서 알게 된 대학 동창인 박명철과 결혼한다. 박명철은 북한체육위원회 위원장을 역임하였다.

역도산이 세계 프로레슬링계에서 상승일로를 걷고 있을 때 동포사회에서 그의 앞으로 쪽지가 날아왔다. "조선 사람이냐? 일본 사람이냐? 너의 정체를 밝혀라"라는 내용이었다. 이때부터 역도산은 자신의 정체성을 고민하게 되었고 그로 인한 괴로움과 향수병에 시달렸다. 역도산은 1961년 11월 조총련의 주선으로 일본 니가타 항에 정박해 있던 재일동포의 북한 귀향선에서 비밀리에 둘째형 김공락과 딸 김영숙을 만났다. 일본과 북한의 국교가 없었던 탓에 배에서 내리지 못하고 배 안에서 만난 것이다. 딸 김영숙은 아버지에게 '내 나라'라는 노래를 불러 주었다. 이때 역도산은 딸에게 일본에 있는 부인과의 관계를 정리하고 곧 북한으로 귀국할 의향을 내비쳤다. 역도산 가문 사람들의 회고에 의하면 딸과의 만남을 계기로 역도산은 북한과 연결되며 그 가교 역할은 둘째형 김공락이 맡았다.

식민지 조선에서 태어나 고향과 작별하고 일본 땅에서 조선 사람이면서도 일본인으로 살아야 했던 역도산은 황금만능의 자본주의 사회에서 부와 명예를 거머쥔 일본의 영웅으로 떠올랐다. 하지만 자신의 정체성에 대한 고민을 시작으로 조선 사람으로 돌아가려다가 끝내 45세를 일기로 의문의 죽음을 당한다. 1963년 12월 15일 역도산은 갑작스럽게 사망하였는데 그 사망 배경에는 여러 의문이 제기된다. 북한은 역도산이 1961년 딸과의 만남을 계기로 일본 생활을 정리하고 고향으로 돌아가겠다고 한 것이 사망에 이르게 된 중요한 단서로 추측한다. 역도산의 딸 김영숙이 1990년대 초반 《조선신보》와의 인터뷰에서 "우리 아버지는 조선 사람이기 때문에 죽었다"라고 한 말에 그 의미가 요약되어 있다.

역도산은 일본에서는 패전 후 자신보다 거구인 미국 프로레슬링 선수들을 연일 거꾸러뜨리면서 일본인들의 열등의식을 승자의식으로 승화시켜준 열도의 영웅이었다. 그는 미국 본토와 하와이에서 진행한 300여 차례의 프로레슬링 경기에서 295회의 승리를 거둠으로써 조선 사람인 동시에 일본 사람의 본때를 서양인들에게 보여주었다. 남한과 북한의 사람들은 이러한 역도산의 모습에서 민족적 동질감과 우월감, 식민지 콤플렉스를 다 같이 느꼈다.

김일성은 역도산의 모든 경기 장면을 녹화하여 볼 정도로 열성팬이었으며 역도산을 '우리 역사에 두 번 다시 나오기 힘든 민족적 인물'로 평가하였다. 역도산 또한 김일성의 탄생 50주년을 맞으며 벤츠를 선물하였다. 국제무대에서 체제 경쟁이 극에 달하던 1960-1970년대 남북한은 민단계와 총련계를 동원하여 역도산을 포섭하기 위한 공작을 치열하게 벌여 왔다. 1963년 역도산은 남한 문교부장관의 초청으로 남한을 비밀리에 방문하였다.

북한은 역도산에게 애국열사 칭호를 수여하였다. 역도산의 생가는 1991년 역도산의 제자인 이노끼 간지가 평양에서 세계프로레슬링선수권대회를 개최하면서 복원되었다. 이노끼 간지의 역도산 고향 방문을 앞두고 역도산이 살던 집을 허물고 새 집을 짓고 우물을 복원하였다. 현재 그의 6촌이 살고 있다.

역도산의 삶을 다룬 드라마와 영화는 북한, 남한, 일본, 중국에서 각각 제작되거나 합작 형태로 제작되기도 했다. 북한에서는 1999년 역도산을 주인공으로 한 드라마 〈민족의 사나이〉를 방영하여 주민들로부터 큰 인기를 끌었다. 또한 만화 『세계 프로레스링의 왕자 력도산』(1·2권, 김태권, 1995)을 창작하였다. 북한은 2005년 중국과 합작하여 영화 〈역도산의 비밀〉을 제작하였다. 남한은 역도산의 사망 40주년을 맞아 역도산의 평전 『역도산이 왔다』(김남훈)을 내놓았다. 또 남한은 2004년 일본과 합작하여 영화 〈역도산〉을 제작하였다. 일본은 다큐멘터리 〈역도산 이야기〉를 제작·방영하였다.

4. 남북 영화의 가교 역할을 한 신상옥·최은희

1970년대는 북한의 역사에서 주체의 '문학예술대전성기'로 불린다. 김정일은 수령 독재 및 후계 체제를 공고히 하고 인민의 사고를 조련하는 데 있어 영화를 중요한 정치적 도구로 활용해 왔다. 김정일은

'영화광'이라 불릴 만큼 영화에 대한 애정과 집착이 강했다. 이 시기 북한 영화는 남한 영화감독 신상옥에 의해 정점을 찍는다. 1978년 최은희의 납치에 이어 6개월 뒤 신상옥은 홍콩에서 북한으로 납치되었다. 납치된 이유는 신상옥과 최은희가 북한 영화 발전을 위해 꼭 필요한 인재였기 때문이다.[3]

북한은 신상옥 개인을 위해 남한에서 신상옥 부부가 운영하던 신필림의 안양영화촬영소의 규모보다 훨씬 큰 신필림영화촬영소를 2,500만 달러의 비용을 투입하여 건설해 주었다. 신필림영화촬영소는 "4백 평 규모의 스튜디오 2개, 2백 평 규모의 스튜디오 2개, 녹음실 6개, 극장 겸 시사실 5개에다 미술장치 등 전체 방이 3백 개나 되는 연건평 2만 평이 넘는 동양 최대 규모의 시설"을 갖추고 있었다.[4] 1970년대 중반 박정희정권의 탄압으로 몰락하여 문을 닫았던 신필림영화사가 1980년대 들어 북한에서 동양 최대 규모로 확장되어 다시 운영하게 된 것이다. 북한체제에선 불가능한 개인 이름을 딴 '신필림영화촬영소'의 직원은 700여 명, 북한영화의 국제적 진출을 위해 헝가리 부다페스트에도 지사를 개설하도록 하였으며, 소련과 동유럽을 오가며 자유롭게 영화 창작에 몰두하도록 허용하고 연간 200만 달러를 지원해 주었다. 신상옥은 자신의 상상을 뛰어넘는 북한 최고 지도자의 전적인 관심과 자원 보장이 있었기에 사회주의 체제에서 개인영화촬영소를 운영할 수 있었다. 신상옥은 김정일의 영화에 대한 관심과 열정을 자신의 영화 창작의 동력으로 적극 활용한다.

　　더구나 소재에 대한 정치적 강요나 간섭 그리고 자금에 대한 제한도 하지 않겠다니 나는 차제에 북한이라는 큰 스폰서를 업고 과거에 서울에서 구상만 했다가 실현하지 못했던 것들까지도 실컷 한번 만들어 보겠다는 생각도 해 보았다. 르네상스 때 종교를 소재로 한 회화나 조각 걸작들이 많이 나왔었는데 그것을 만들어낸 예술가들은 대부분 종교적 신앙심에서 만든 것이 아니라 자기 자신의 예술적 욕망을 채우기 위해 교회의 힘을 빌렸을 뿐이다. 그러니 이런 여건 아래서 나도 마음대로 날개를 펴고 좋은 영화를 만든다면 민족적 차원에서 볼 때 북한 영화계 부흥 발전이 되고 나아가서는 남한 영화계에서도 자극을 받아 경쟁적으로 좋은 영화를 만들 게 아닌가 하는 느낌도 들었다.[5]

　신상옥은 북한에서 신필림영화촬영소를 꾸리고 독립적인 영화 창작에 몰두하였다. 김정일과의 직접적 연계 하에 짧은 기간에 여러 영화들을 제작하였다. 〈돌아오지 않은 밀사〉(1984)는 신상옥이 북한에서 최초로 만든 영화이다. 1984년 체코 국제영화 축전에서 특별감독상을 수상하였다. 그의 작품으로는 또한 〈철길 따라 천만리〉, 〈심청전〉, 〈홍길동〉, 〈탈출기〉(1984), 〈불가사리〉(1985), 〈소금〉(1985), 〈붉은 날개〉, 〈길〉, 〈조선아 달려라〉 등이 있다. 특히 '철길따라 천만리'에서 화물열차가 폭파되는 장면은 김정일의 지시에 의해 실제로 화물열차를 폭파시켰고, 신 감독은 그 장면을 생생하게 필름에 담을 수 있었다고 한다.

> 찍고 싶은 것을 찍을 때 안되는 게 없는 거예요. 김정일의 말 한마디면 다 지원이 되니까. 산 넘어가고 이런 데는 눈보라가 쳐야 되는데 강풍기 갖고는 안 된다 하니까 그냥 바로 헬기 띄워 가지고 하고, 기차도 미니어처 가지고 충돌하는 장면을 찍는데 아무래도 효과가 안 나니까 김정일한테 얘기하니까 진짜 기차 2대 갖다가 그냥 다이너마이트 실어 놓고 폭파시키고….[6]

김정일은 영화를 위해 엄청난 경제적 손해도 기꺼이 감수할 만큼 영화광이었다. 신상옥·최은희 부부는 영화를 통해 인간 본연의 자연적 감정을 사실주의적으로 표현해 냄으로써 사회주의리얼리즘을 타파해 버렸다. 최은희는 2007년 펴낸 회고록 『최은희의 고백』[7]에서 다음과 같이 언급하였다.

> 우리 부부의 '신필름'은 이런 금기들을 하나하나 깨 나갔다. 현실에 밀착한 리얼리티가 있는 영화라야 대중적 설득력도 강하게 마련이

다. 기관사 일가의 이야기인 〈철길 따라 천만리〉에서 처음으로 남녀
간의 삼각관계를 시도했고 키스 장면을 처음으로 화면에 담았다. 이
에 대한 북한 주민들의 반응은 열광적이었다. 그것은 단순한 흥미를
넘어서, 자기들의 생활 현실이 영화에 반영되었다는 공감, 억압적 구
조에서 벗어난 해방감 같은 것이라고 나는 느꼈다. 북한 주민들에게
가장 큰 문화 충격을 준 것은 역시 춘향전을 뮤지컬로 만든 '사랑 사
랑 내 사랑'이었다. 그때까지 북한에서는 '사랑'이라는 단어가 영화 제
목에 쓰인 적이 없고, 영화 대사로도 써 본 적이 없었다. 그런데, 이
영화 제목에 '사랑'이라는 낱말이 세 번씩이나 들어 있으니 그것부터
가 신선한 파격이었다.

이처럼 파격적임에도 불구하고 김일성, 김정일 부자도 이 영화를 대
단히 흡족하게 생각하여, 1985년 1월 1일 김일성이 주최한 신년축하
연회가 끝난 후 참석자들에게 특별 상영하기도 했다. 그러니까 그들
도 새로운 소재의 개발이 필요하다는 점을 충분히 인식하고 있었던
것이다. 이 영화가 극장에 붙여지자 전국적으로 사람들이 몰려들어,
암표까지 등장하는 인기를 모았다. 북한 영화계 최초의 암표였는데,
10전 짜리 입장권이 1백 배나 되는 10원으로까지 거래되었다고 들었
다. 일반 노동자의 월급이 60~70원이었으니 도무지 믿어지지 않는
이야기였다. 그만큼 북한 사람들이 사랑과 재미있는 작품에 굶주려
있었다는 이야기이다. "사랑 사랑 내 사랑 어화 둥둥 내 사랑…"으로

시작되는 이 영화의 주제가인 '사랑가'는 전국적으로 크게 유행하여 남녀노소 모르는 사람이 없을 지경이었다. 이런 인기 덕에 우리 부부의 이름을 모르는 사람이 거의 없을 정도로 인기인이 되었다. 2천만 명의 팬이 새로 생긴 셈이었다. 그들은 우리의 새 영화를 기다리고 있었다.

김정일은 약속한 대로 신상옥의 영화에 주체영화론을 강요하지 않았으며, 북한 등 사회주의 체제에서는 영화가 체제와 사상 선전의 핵심 도구인 점을 미루어볼 때 신상옥의 영화는 매우 자유로운 여건에서 만들어졌음을 알 수 있다. 다만 신상옥은 여전히 유일사상 체계 밖에 놓여진 인물로서 언제든지 증발될 수 있는 뿌리 없는 존재였다. 실제로 신상옥의 망명으로 북한에서 신상옥의 행적은 지워졌으며, 남한에서도 역시 신상옥은 북한에서의 행적으로 인해 정당한 평가가 이뤄지지 않고 있다. 그가 북한에서 만든 영화는 남북한을 뛰어넘은 독창적인 예술적 수준을 보여주고 있음에도 불구하고 남과 북 어느 영화사에도 편입되지 못하고 사람들의 기억과 파편적 기록 속에 유령처럼 떠돌고 있다.

그의 영화에는 월북 연예인들이 대거 출연하였다. 우리 민족의 첫 무성영화였던 라운규의 〈아리랑〉에 출연했던 김연실은 신상옥의 영화 〈탈출기〉에서 최서해의 어머니 역으로 등장한다. 〈운명의 쪽배〉

여주인공, 춘향전 출연으로 '일제강점기 삼천만의 연인'으로 불렸던 문예봉은 북한의 영화 〈춘향전〉에 리몽룡의 어머니 역으로 등장한다. 연극 〈사랑에 속고 돈에 울고〉의 주인공 홍도역을 맡았던 문정복은 월북 후 〈검사는 말한다〉, 〈전사의 어머니〉 등 많은 영화에서 주인공을 맡았으며 1970년대 1원 짜리 지폐에 얼굴이 나올 정도로 유명한 인민배우가 되었다. 월북 작가 신불출은 신감독의 영화 〈철길 따라 천만리〉 시나리오를 썼다. 이 외에도 남인수의 '낙화유수', '나는 열일곱 살이에요'를 비롯하여 많은 대중가요를 작곡한 이면상도 월북 후 북한에서 '소년단 행진곡', '산으로 바다로 가자'를 비롯한 명곡을 창작하여 독보적 인물로 자리매김하였다.

5. 분단 역사를 다룬 다부작 예술영화 〈민족과 운명〉 1-60부

신상옥의 영화 〈상록수〉를 본 박정희 대통령은 눈물을 흘렸고, 김정일 역시 감동을 받고 1961년에 당 간부들의 교육용으로 권장했다고 하니, 하나의 작품을 두고 적대적 남북의 수뇌부가 다 같이 공감을 느끼도록 하는 것이 영화의 힘이다.[8] 박정희가 신상옥의 〈상록수〉를 감명 깊게 보고 이를 통해 새마을운동을 구상하게 되었다고 한다면, 김정일은 신상옥의 영화를 통해 북한 영화도 세계적 대작으로 만들 수 있다는 상상력을 갖게 되었다.

그런 배경 하에서 시작한 것이 바로 1990년대 초반부터 제작된 다부작 예술영화 〈민족과 운명〉이다. 1-20부까지는 식민지와 분단, 냉전의 역사적 맥락에서 우리 민족의 주요 인물들의 서사를 다루는 역사적 사실주의 작품이다. 1990년대는 동구권 사회주의가 붕괴되고 고립된 북한은 '우리식 사회주의' 기치를 내걸고 내부결속과 체제에 대한 신념을 강화할 필요성이 제기되었다. 1980년대말에서 1990년대 초반에 걸친 시기는 문익환 목사, 문선명 총재, 전 국군 3군단장 최홍희 방북 교류, 전 서독대사 최덕신의 북한 영주가 이뤄지던 시기였다. 북한이 광폭정치라는 정치적 개념을 제시한 것도 이 시기와 맞물린다.

영화에 등장하는 남한의 주요 인물들은 박정희와 전두환이라는 전직 두 대통령, 국군 3군단장이었던 최덕신, 6군단장이였던 최홍희라는 국군 두 장군, 윤이상 서독 한인음악가이다. 영화의 6-12부는 박정희편으로 〈민족과 운명〉의 하이라이트다. 박정희의 정보정치, 경상도 중심의 정치 패권 세력 형성, 음주 가무를 즐기는 그의 개인적 취향까지도 적나라하게 드러낸다. 김형욱, 김재규, 차지철을 비롯한 박정희 측근들과 궁정동 비밀 파티 장면, 남한의 나이트 클럽 장면까지 생생하게 묘사하고 있다.

앞서 언급했지만 북한 문예 작품에서는 남녀 삼각관계를 다루는 것이 금기시되었다. 하지만 사회주의 사실주의 작품으로서 〈민족과 운명〉은 자본주의 세태를 있는 그대로 묘사하면서 북한 주민들에게 신선한 충격을 주었다. 예컨대 중앙정보부장 김형욱의 불륜관계를 남한-미국-프랑스 3국의 공간을 오가며 생동감 있게 다룬다. 박정희의 탄압과 마수를 피해 미국에 은신하고 있던 김형욱이 프랑스에서 애인 김은숙을 만나는 장면은 프랑스 노트르담 사원 현지에서 직접 촬영하였다. 애인과 밀회를 즐기던 김형욱은 중앙정보부 요원들에 의해 납치된다. 북한 영화 역사에서 신상옥의 〈돌아오지 않은 밀사〉, 영국 런던에서 조명 없이 촬영한 〈심장의 웨침〉 다음으로 해외 현지에서 촬영한 영화였다.

〈민족과 운명〉에서 등장인물들의 대사는 북한 주민들 속에 널리 회자되는 명대사가 되었다. 예를 들어 김재규가 궁정동 요정에서 박정희 대통령에게 총을 쏜 후 "내 뒤에는 미국이 있다"고 한 말은 든든한 '백'을 가진 사람을 가리킬 때 사용되는 은어가 되었다. 또한 국회의원 출마에 나선 홍영자의 아버지가 피투성이가 되어 쓰러져 숨지는 마지막 순간에 딸에게 남긴 "영자야, 내가 살려거든 남을 디디고 올라서야 한다. 독사처럼, 독사처럼"이라는 말은 북한의 집단주의에 대한 회의와 자기중심주의 시각을 키워 주었다.

영화에는 금지곡으로 처분되었던 일제강점기 대중가요(북한에서는 '계몽기가요'라고 함)를 역사적 맥락을 살리기 위한 효과음악으로 사용하였는데, 인간의 감정을 그대로 표현하는 자연주의적 노래가 말살되고 사상적 노래만 강요당하던 북한 주민들에게 신선한 충격으로

다가왔다. 남과 북이 함께 부르는 노래라는 연대적 감정과 분단 이전의 향수를 느끼게 되었다. 영화에는 '알오하오에', '베사메 무쵸', 영국민요 '아 목동'을 비롯한 세계 명곡도 나오는데 북한 주민들은 새로운 음악에 심취되었다.

〈민족과 운명〉 박정희 편 영화와 관련한 에피소드는 다음과 같다. 특히 영화 속 다방에서 '베사메 무쵸'를 기타로 신들린 연주한 최광오는 훗날 신의주에 공연 차 내려갔는데 그의 공연을 보기 위해 극장표는 매진되고 표를 구입하지 못한 사람들이 극장문을 부수고 난입하는 소동이 벌어졌다. 영화에는 전두환 대통령이 등장하는데 평양연극단 단장이 전두환 역을 맡았다. 어느 날 지방에 나갔던 전두환 대역 배우는 평성을 거쳐 평양으로 들어오고 있었다. 평양으로 들어가는 일체 모든 차와 사람들은 이곳에서 평양시 특별출입증을 검열 받고 통과하게 되어 있다. 그런데 검열 군인이 전두환 대역 배우의 증명서를 회수하며 버스에서 내리라고 한다. 그는 군인에게 '끌려'갔는데 뜻밖에도 전두환 대통령 역을 재현해 주길 요청하는 것이었다. 곧 의자를 가져다주고, 수많은 차들이 오가는 와중에 10초소의 군인들 앞에서 영화 속 전두환 대통령의 "영자야. 대통령은 마음만 먹으면 무엇이든 다 할 수 있다"고 하는 장면을 연출하고서야 '놓여' 나왔다.

영화에서 박정희의 비밀 요원이며 애인으로 등장하는 홍영자는 박정희의 지시에 따라 김재규와 합심하여 파리에서 김형욱 납치 사건을 벌인다. 작전명은 '오작교작전'이다. 김형욱의 애인과 홍영자는 여고 동창이다. 김형욱을 데려오면 한 자리 주겠다고 한 박정희의 약속과 달리 김형욱은 살해되고, 홍영자는 심리적 갈등을 일으킨다. 자신도 언젠가는 저렇게 버림을 받게 될 거라는 생각, 권력의 시녀로 살아온 데 대한 회의감을 느끼며 술에 만취한다. 다방의 무대에 올라 마이크를 뺏어 쥐고 '홍도야 울지 마라'를 부른다. 그 장면을 찍을 당시 촬영가는 홍영자 역을 맡은 오미란의 연기에 심취해 그만 촬영할 생각을 못하고 있다가 세 번째 만에 촬영이 완성되었다. 훗날 김정일은 〈민족과 운명〉에 출연한 주요 배우들을 집무실로 불렀다. 박정희 대통령 역을 맡은 김윤홍에게는 "대통령 각하, 어서 오시오"라며 악수를 청했다. 김정일은 김윤홍에게 "동무, 대통령 역 해보니까 어때?" 라며 소감을 물었다. 김윤홍은 "장군님, 통일할 생각이 없습니다."라고 대답했고, 김정일은 "동무, 솔직해서 좋구만"이라고 대꾸하였다. 오미란은 김정일의 요청에 의해 술 취해서 부르던 '홍도야 울지 마라'를 다시 연출했다. 한 달에 한 번씩 있는 배우들의 기량 발표회 때에도 심사위원들은 오미란에게 꼭 이 장면만 연출해 보라고 할 만큼 북한 영화사에서 최고의 명장면으로 남았다.

이 영화가 인기를 끌면서 역설적으로 북한 주민들은 자본주의 문화에 대한 호기심과 모방 심리를 갖게 되었다. 영화 속 등장인물의 행동과 표정, 술집에서 술에 취해 노래 부르는 장면은 북한 주민들에게 참으로 낯선 장면이면서도, 경직된 몸가짐에서 풀려나 자신들도 그대로 따라해 보고 싶은 충동을 일으켰다. 영화 속 박정희 대통령이 기타를 치며 직접 부르는 남인수의 '낙화유수'와 만취한 홍영자의 '홍도야 울지 마라'는 장기자랑이나 술자리에서 주민들이 한번쯤은 흉내내 보는 단골 소재가 되었다. 시장화의 진전으로 곳곳에 노래방 기기를 갖춘 식당들과 노래방이 생겨나 〈민족와 운명〉 속의 주인공들처럼 자유로운 몸짓이 가능하게 되었다.

외국영화에서나 보아오던 삐까삐까 명멸하는 오색 빛 조명 속에서 화면 반주 음악에 맞춰 온갖 몸짓으로 소리를 질러댄다. 사회주의 양식에 맞지 않는 퇴폐적이며 이색적인 댄스를 추지 말라, 김연자식(남한식)으로 부르지 말라는 지시가 수없이 내려와 늘 경직되어 있던 사람들이 이곳에서만은 예외였다. 돈만 내면 접대원을 하인 다루듯 할 수 있었고, 당국이 그토록 통제하던 자본주의 날라리바람을 맘껏 쏘일 수 있었다. 남한가수 김연자가 2001년 김정일 앞에서 노래를 불렀는데 그의 창법과 목소리가 한때 북한 전역에 유행이 된 적이 있었다. 목청 좋은 한 남자가 고려성의 '나그네 설움' 노래를 부르며 슬픔에 몸부림치는 형상으로 갑자기 1930년대 유랑객으로, 다음엔 "하늘을 지붕 삼고 떠도는 천사…" 1940년대 집 없는 천사로 바뀐다. 워낙 북한 노래는 충성을 맹세하는 노래나 김부자 찬양으로 일관되어 흥을 돋

굴 노래가 별로 없다. 그래서 계몽기가요나 "에라 만수 풍년이로구나…" 이런 노래를 잘 부른다. 길 가던 사람들은 창문에 매달려 함께 구경하며 즐긴다. 남한 가수들이 평양에 가서 경험해 보아 알겠지만 워낙 북한사람들은 박수에 인색하다. 가혹한 통제 속에 몸과 맘이 굳어져서 그런가? "박수 좀 쳐 주십시오." "투덕투덕…. 짝짝짝…."

구경꾼들의 박수에 신난 그 남자 이번엔 일제 시기 수난의 가수로 알려진 남인수의 '낙화유수'를 부르며 몸을 흔든다. 이 노래는 다부작 예술영화 〈민족과 운명〉 10부에서 박정희 대통령의 18번곡으로, 영화 속의 박 대통령이 춤을 추며 이 노래를 부른다. 얼마나 큰 감흥을 주었던지 최고의 히트작으로 북한에 유행되었다. 이 노래 나오는데 앉아 있을 사람 어디 있으랴. 구름 위에 둥둥 떠 가는 듯한 흥겨운 선율에 엉덩이가 들썩이며 하나, 둘 일어난다.[9]

6. 남북이 함께 공유하는 노래

'찔레꽃', '낙화유수', '눈물 젖은 두만강'을 비롯한 일제강점기 대중가요는 일제강점기를 살아본 노인층 외에는 전혀 알지 못하고 있던 상태였다가 앞서 언급한 영화 〈민족과 운명〉을 통해 모든 주민들이 알게 되었다. 북한 주민들 속에서 폭발적 인기를 얻으며 노래가 유행되었지만 당국의 금지령에 의해 단속되어 오다가 2003년 남한가수

김연자의 평양방문을 계기로 60곡이 금지에서 해제되어 현재까지 널리 불리고 있다.

남한에서도 불리는 애창곡 '임진강'은 1957년 월북작가 박세영이 지은 노래이다. 이 노래는 1960년대 한 재일교포를 원형으로 하는 '빅 매치'의 주제곡으로 나온다. '임진강'은 일본 재일교포들 속에서 널리 불리면서 1960년대 일본 학생 운동의 데모곡으로도 불렸다. 일본당국이 금지곡으로 지정하면서 앨범에 오르지 못하였다. 남한에서도 '임진강'을 금지 지정하였다가 2000년대 남북 관계 개선 시기와 맞물리며 해제하였다. 이 노래는 북한에서도 뮤직 비디오로 제작되었으며 북한 주민들이 사랑하는 노래이다.

남한 사람들이 제일 좋아하는 북한 노래는 '심장에 남는 사람'이다. 이 노래는 평양을 방문하였던 남측의 장관들이 남북정상회담 연회석에서 부르거나 남북 화해의 무드 속에 남한의 여러 모임에서도 널리 불리기도 하였다. '심장에 남는 사람'은 우리가 관계를 맺고 살아가는 속에서 오랫 동안 알고 지냈지만 기억에 없는 이가 있는 반면, 잠깐 만났지만 심장에 남는 사람이 있는데 바로 그런 사람이 내겐 소중하고 그런 사람을 사랑하고 싶다는 인간관계의 철학적 메시지를 던지고 있다. 이 노래가 김정일 찬양곡이라는 일각의 주장은 근거가 없는 낭설일 뿐이다. 노래 '심장에 남는 사람'은 1989년 북한의 최고 작가인 리춘구의 시나리오로 창작된 예술영화 〈심장에 남는 사람(1, 2

부〉〉의 주제가이다. 영화의 주인공인 명동다이야공장 초급당 비서 원학범을 취재하기 위해 현지에 내려온 신문기자 남혜는 이전 초급당 부비서였던 방호를 만나 그에 대한 이야기를 듣는다. 당비서 원학범을 취재하는 과정에서 자연인 원학범의 인간다운 면모와 당일꾼으로서의 사업작풍에 반하는 내면을 노래로 담아낸 것이 영화의 주제이다. 사실 3절의 가사 마지막에 "아~ 그런 사람 나는 사랑해"로 되어있지만 홀아비인 당비서와 처녀 기자 간의 사랑의 감정을 두드러지게 할 경우 정치적 메시지가 희석될 우려로 "귀중해"로 수정되었다는 비하인드 스토리가 있다. 노래 가사는 남녀관계만이 아니라 인간관계에서 누군가의 심장 속에 남는 사람이 된다는 것의 의미가 무엇인지를 듣는 사람으로 하여금 심오한 생각에 잠기게 하는 철학적 메시지를 담고 있다. 북한의 작가들이 자신들의 개인적 내면세계를 정치적 언어와 서사의 형식을 빌려 은유적으로 드러낸다는 점에 유의하고 북한 문학예술 작품에 접근할 필요가 있다. 북한 노래 '휘파람', '반갑습니다', '심장에 남는 사람'은 남한 노래방기기에 입력되어 있다.

북한에서 남한의 현대 가요는 원천 금지이다. 예외적으로 북한 당국이 승인한 노래는 '아침이슬'이다. 『조선명곡집』 3집에 뮤직비디오로 제작되어 나왔다. 2000년대 들어서면서 저항적 성격의 노래와 드라마, 영화를 금지하라는 방침과 함께 금지곡이 되었다. 이 외에 북한에도 한류의 붐이 일어 남한 드라마와 함께 남한 노래들이 주민들 속에서 많이 불리고 있다. 이 글에서는 남과 북의 당국의 허가 아래 공식적으로 승인된 노래만 강조하였으므로 이에 대해서는 생략하기로 한다.

7. 영화 및 드라마, 무용, 스포츠, 광고

2007년, 남한 KBS와 북한 문화예술부가 합작하여 만든 드라마 〈사육신〉이 분단 이후 역사에서 최초의 남북 합작 드라마로 탄생되었다. 사실 내용에 있어 합작이라기보다는 남측이 북한에 '주문 제작'한 방식의 드라마라고도 할 수 있다. 남측은 제작비 및 각종 장비를 제공했고 대본은 남북 감독과 작가들이 함께 참여했다. 제작 기일은 2005-2007년이며 20억 원이 소요되었다. 드라마 〈사육신〉의 내용은 박팽년, 성삼문을 비롯한 6명의 사육신이 조카 단종을 쫓아내고 왕위를 찬탈한 세조에 반대하다가 죽음을 맞는 역사적 사건을 바탕으로 한다.

남한에서는 〈사육신〉이 방영되자 처음 기대와는 달리 시청률이 7%에서 2.9%까지 내려갔다. 남한 국민들의 눈에 비치는 처음 보는 북한 배우들에 대한 이질감과 연기의 '어색함', '미숙함'이 채널을 돌리게 한 이유로 꼽힌다. 북한의 영화나 드라마는 동시녹음이 아니라 장면을 활영하고 대화 녹음을 따로 삽입하는 더빙으로 제작되기 때문에 입놀림과 행동의 부조화를 인지했던 시청자들로서는 다소 불편했을 것으로 보인다. 하지만 드라마 부문에서 남북이 교류의 첫 발을 뗀 점에 의의를 부여하고, 남북한 주민들이 공통의 유대감을 갖는 의미 있는 드라마를 만들어낼 가능성을 열어 놓았다.

북한에서 〈사육신〉은 방영을 금지하였다. 북한은 드라마나 영화가 제작되면 상부의 방영허가 승인을 받게 되어 있다. 2007년 노동당 방침으로 〈사육신〉을 보지 말고, 이미 유포되고 있는 CD를 모두 회수하라는 내용이 주민들에게 전달되었다. 그 이유도 밝혔는데 김정일은 〈사육신〉을 보고 이 드라마를 "꼭 돌려야 하겠나?"라고 간부들에게 물었다는 것이다. 드라마에서 세종대왕이 사육신들에게 "지금까지 짐를 잘 받들어온 것처럼 짐의 사후에도 어린 단종을 잘 부탁한다"는 장면에서 마치 주체 혁명 위업이 봉건 세습과 동일시되는 것 같은 인식을 줄 수 있다는 것이다. 북한이 말하는 주체 혁명 위업이란 김씨 일가의 가훈과 그 가훈을 잇는 권력 세습을 말한다. 이렇게 해서 사상 처음으로 남북 합작 드라마 〈사육신〉이 제작되었으나 남한에서는 흥행에 실패하고 북한에서는 김정일의 지시에 의해 주민들에게 방영되지 못하였다.

북한은 남한의 역사적 사건들을 혁명교양, 계급교양 차원에서 영화나 드라마로 제작 방영하였다. 1929년 광주학생사건을 다룬 영화 〈광주는 부른다〉, 5.18광주항쟁을 다룬 〈님을 위한 교향시〉, 4.19민주화 항쟁을 다룬 〈성장의 길에서〉, 제주 4.3사건을 다룬 드라마 〈한

나의 메아리〉가 대표적이다. 북한 주민들은 남한의 역사를 대체로 이러한 영화나 드라마를 통해 이해하게 된다.

8. 남북 예술 교류

분단 역사상 처음으로 1985년 8.15해방 40돐을 계기로 남북예술단 교환 공연이 진행되었다. 남북 예술 교류는 그 이후 다시 한동안 잠잠하다 1998년 5월 2일 리틀엔젤스예술단 평양 방문을 시작으로 남북간 예술단 교류가 활성화되었다. 평양에서는 1999년 11월 '2000년 SBS 평화친선음악회', 1999년 12월 'MBC 제1회 민족통일음악회', '2003년 평양노래자랑'이 진행되었다. 서울에서는 2000년 남북정상회담 경축 평양학생소년예술단, 2018년 2월 삼지연악단 서울공연이 개최되었다. 최근 모란봉악단의 공연을 보면 남한 예술단의 북한 공연과 무대장치 및 효과, 조명, 의상까지 매우 유사한 점을 보이고 있어 남한예술단의 평양공연을 모방하고 있음을 알수 있다.

우리 민족무용의 대가이며 민족 근대무용 창시자였던 최승희의 춤 가락을 보존하기 위한 남과 북의 눈물겨운 노력은 현재진행형이다. 1955년 남과 북의 무용가들은 민족예술단을 통해 재일교포들에게 최승희 무용을 전수하기 시작하였다. 북한은 1955년 6월 6일 도쿄에 금강산 가극단을 창시하였다. 최승희의 제자 북한 인민배우 홍정화가 중국에서 조선족들에게 최승희 무용을 보급했고, 남한 무용수 김애미가 1990년대 초반 중국 베이징 유학 기간 동안 홍정화를 통해 최승희 무용을 전수받았다. 현재는 북한 이탈 주민 출신 무용가들에 의해 북한의 민족무용은 현재 남한에서 널리 소개되거나 전수되고 있다.

북한은 민족무용을 현대적 미감에 맞게 발전시키고 '주체 무용'이라는 타이틀을 달았다. 최승희가 만들어낸 민족무용 기본 동작에서 어긋나지 않으면서도 춤사위와 춤가락이 경쾌하고 율동이 빠르고 흥취 나서 현대인들에게도 지루함을 주지 않고 집중과 긴장을 준다. 무용 작품의 내용은 동작 언어로 표현한다. 예를 들어 '물동이 춤'이라고 할 때 물 길러 우물가에 나온 여인들이 모여 앉아 수다를 떨거나 새소리에 귀를 기울이며 봄을 맞는 기쁨을 표현하다가 이젠 물 긷고 자기 집으로 돌아가겠다는 동작을 시선과 손으로 가리킴으로써 무언의 이해도를 높인다. 현재는 북한 출신의 무용가들에 의해 최승희의 무용이 다시 남한에 전수되고 있다. 현재 남한에는 평양민속예술단, 백두-한나예술단을 비롯한 북한 이탈 주민들로 구성된 예술단이 활동하고 있다. 최승희의 '쟁강춤', '목동춤'과 '물동이춤'과 현대무용 '요술춤'은 남한에선 볼 수 없는 북한이탈주민예술단원들의 타이틀이다.

이 외에 장윤정의 타이틀곡인 '첫사랑'의 전주에서 애절하게 울리는 현악기 소리는 북한이 개조한 소해금이다. 북한은 1970년대 중반 민족악기 해금을 소해금, 중해금, 대해금으로 개조하였다. 소해금은

해금을 바이올린 비슷하게 개량한 것으로 조현도 비슷하다. 해금류 악기들 중 가장 음역이 넓어 독주 악기로도 많이 사용된다. 중해금은 소해금과 동일하다. 대해금은 첼로와 유사하다. 소해금, 중해금, 대해금 모두 모양이 같고 크기가 다를 뿐이다. 해금은 중국 요하 상류 북방의 유목민족인 해족의 현악기가 중국에 전래되고, 중국에서 당·송나라 이후 속악에 쓰이던 것이 한반도에는 고려시대에 들어와 향악에 사용되어 왔다. 해금은 공명통이 작아 코맹맹이 음색이 나지만 음색이 밝지 못하고 쉰 듯한 비성에 가까운 소리를 낸다. 이러한 소리의 특성이 섬세함과 애절함을 잘 나타낸다. 북한이 개조한 소해금은 이에 더해 경쾌함과 발랄함의 소리를 낼 수 있다.

9. 스포츠, 광고 교류

일제강점기 1930년을 전후로 지역 및 도시 대항 경기가 활발하게 진행되었다. 경평(서울-평양) 빙상경기는 대항 축구경기와 함께 1930년을 전후로 시작되었는데 서울과 평양을 엇바꾸어 방문하며 진행되었다. 하지만 일제의 탄압으로 1930년대 말 평양에서의 경기를 마감으로 중단되었다. 1946년 1월초 38선을 넘어 평양 선수단은 서울에 도착하였다. 남한의 신문들은 평양선수단을 38선을 깨뜨린 '영웅의 사절'이라고 크게 보도하였다. 북측 선수단이 머무는 동안 남한의 사회 및 체육단체, 신문사의 명의로 환영인사가 이어지고 남한 사람들과의 만남이 연속되었다.

한강에서 서울-평양 대항 빙상경기가 열릴 때는 양쪽 강기슭에 관중이 꽉 차고 한강다리는 구경꾼들로 덮였다. 피겨와 빙상 호케(하키)이는 한강의 얼음 질이 낮아 춘천 소양강에서 진행되었다. 1946년 5월 서울-평양 축구경기가 진행되었다. 축구 경기는 2회 모두 서울운동장에서 진행되었는데 수용 능력의 2배나 되는 관중이 꽉 들어차 대성황을 이루었다. 북한 축구단은 귀환 도중 개성 지역 체육인들과 주민들의 요청에 따라 한 차례 더 경기를 하였다. 북측 선수단이 떠나올 때 서울과 개성의 많은 체육인들이 배웅하러 따라나섰다. 예성강 기슭까지 와서 북측 선수들이 탄 배전을 부여잡고 석별의 눈물을 흘렸다. 그 후 40년 만에 '북남(남북)통일축구경기'가 평양과 서울에서 진행되었다.

남과 북이 축구 강국 이탈리아를 제물로 한 1966-2002년 평행이론은 다음과 같다. 2002년 월드컵 당시 대전 월드컵 경기장에는 '어게인 1966'이라는 카드섹션이 펼쳐졌다. 1966년 영국 런던 월드컵에서 아시아 최초로 이탈리아 선수단을 1:0으로 누른 북한 선수단의 영광의 순간을 재현하고자 했던 것이다. 당시 북한은 이탈리아와 16강에서 맞대전하여 이김으로써 월드컵 8강에 들어섰다. 운명의 장난처럼 남한도 이탈리아와 16강에서 대항하게 되었던 것이다. 북한이 이탈리아를 1:0으로 이기고 8강에 진출한 것처럼 남한도 1:0으로 이탈리아를 이기고 8강에 진출했으며, 8강을 넘어 월드컵 4강의 신화를 이루게 되었다. 지구상에 이름도 없던 동양의 작은 나라에 지고 돌아온 이탈리아 선수들은 로마의 시민들로부터 달걀 세례와 썩은 밀가루 세례를 받아야만 했다.

1966년 북한 축구단의 이탈리아 전 승리는 당시 남한 정권에 큰 충격을 주었다. 체제 경쟁이 극에 달하던 시기 국제경기에서 북한을 만나면 질 수 있다는 불안감 때문이었다. 그다음 해인 1967년 중앙정보부가 주동해서 오직 북한 축구단과 맞대결하기 위한 양지축구단을 창단했다. 음지에서 일하고 양지를 지향한다는 중앙정보부의 슬로건에서 따온 이름이었다. 중앙정보부장 김형욱이 직접 창단을 주도하고 관리했기 때문에 실미도 684부대와 비교하기도 했다. 양지축구단은 정작 북한과는 한번도 대결해 보지 못했다. 하지만 일본에게는 절대 지지 않는 또 하나의 목표, 이 목표는 북한 체육선수들에게도 숙명적인 것이었다. 남과 북이 맞대결하는 경기에서 남한은 북한을, 북한은 남한을 무조건 이겨야 했다. 평화와 친선을 목적으로 하는 스포츠마저 체제 경쟁과 대결에 이용했던 남북 분단 시대의 서글픈 자화상이었다.

중앙정보부장 김형욱의 회고록에 따르면 1964년 도쿄올림픽 당시 북한의 세계적 육상스타였던 신금단의 출전을 막기 위해 남한에 있던 신금단의 아버지를 동원하는 등 대대적 공작을 펼쳐 결국 북한 선수단을 철수시켰던 사건도 있었다.

2000년 시드니올림픽 개회식 때 남북 선수단이 공동 입장한 장면을 비롯해서 남북이 손을 잡고 스포츠를 통해 '하나'임을 과시했던 감동의 순간들도 수없이 있었다. 이외 스포츠 분야에서는 1991년 일본에서 열린 제41차 국제탁구경기대회에 남북이 유일팀(단일팀)으로 출전하여 탁구 강국 중국을 꺾고 금메달을 획득한 것을 시작으로 남북한의 스포츠 교류는 진전과 중단을 번복하여 오다가 2018년 평창동계올림픽에서는 일부 종목에 유일팀(단일팀)으로 출전하여 '남북은 하나'임을 강조였다. 2002년 부산아시안게임, 2003년 대구유니버시아드대회, 2005년 인천아시아육상선수권대회, 2018년 평창동계올림픽에 선수들과 미녀응원단이 파견되어 남북 평화와 화해의 분위기를 연출하였다.

2005년 6월 11일 북한 무용수 조명애와 톱스타 이효리가 함께 출연해 화제를 모은 삼성애니콜 TV광고가 '하나의 울림'이라는 주제로 4편이 제작되었다. 광고 내용은 조명애와 이효리가 애니콜 위성 DMB폰을 통해 교감한다는 내용이다. 이때를 계기로 남한에는 조명애 팬카페가 생겨났다.

2018년 평창동계올림픽 때는 북한 예술단과 응원단이 체육단과 함께 남한을 방문했다. 삼지연악단 현송월은 '제주도와 독도도 내 조국

입니다'라는 노래를 불러 남한 국민들의 마음을 뭉클하게 했다. 이 계기를 시작으로 급속하게 진전되어 2018년 4.27 남북정상회담까지 성사된 화해 무드 속에 남한의 레드 벨벳을 비롯한 남한 예술단도 북한 방문공연을 통해 여전히 우리의 내면에 남아있는 민족적 공동 감정을 확인하였다.

10. 맺음말

이처럼 문화는 남북 분단의 장기화 속에서도 사람의 만남과 접촉, 오고 감을 통해 문화적 이질성 극복과 상호간 이해와 관계 개선의 원초적 기반으로 되어 왔다. 분단선을 넘은 문화의 공유는 민족적 동질감과 정체성을 확인하고 상호 불신을 해소하고 시간의 흐름 속에 세대 교체와 더불어 잊힐 수도 있는 위험에 놓인 분단에 대한 성찰을 제공해주는 데 기여한 측면이 있다. 지구상의 마지막 대결의 장, 냉전의 산물로 남아 있는 한반도의 분단을 종식시키고 평화를 정착하는 데 있어 문화는 첨병의 역할을 할 수 있다. 문화야말로 어떤 물리적 경계나 이념의 골도 넘어설 수 있는 자유로운 영혼의 영역이다.

04

강유위와
안중근의
평화사상

박 종 현
(연세대학교 기독교문화연구소 전문연구원)

1. 강유위와 안중근의 평화론

1) 강유위

강유위(康有爲, K'ang Yuwei, 자는 廣夏, 호는 長素, 1858-1927)는 근대 중국의 개혁적 정치가이며 사상가로 그의 저술『대동서(大同書)』를 통해서 유토피아적 평등 사상에 기초한 근대적 개혁사상을 펼친 인물이다. 또한 안중근(安重根, 자는 應七, 1879-1910)도 역시 조선의 개화기를 대표하는 독립운동가로서 미완의『동양평화론(東洋平和論)』을 저술하여 동아시아의 평화 담론을 펼쳐 동아시아의 평화사상에 기여한 인물이다.

강유위는 중국에서 실질적인 정치 참여를 통해 자신의 정치 사상을 구현할 수 있는 기회를 얻은 반면에 안중근은 조선(대한제국)에서 현실 정치에 참여할 기회가 없었다. 그는 1905년 을사늑약 이후의 한국의 국권 위기가 심화되는 것을 차단하려고 한국 침략의 핵심 인물인 이토 히로부미를 저격하였고, 이 사건으로 동아시아 각국의 주목을 받았다. 그는 자신의 사상을 저술로 남기려 하였으나 이를 완결하기 전에 처형되어 사상적 완성을 이루지 못하였다. 근대 시기 동아시아의 대표적인 개혁적 사상가였음에도 불구하고 강유위와 사뭇 대조적인 길을 걸었다.

이 글은 강유위의 『대동서』와 안중근의 『동양평화론』을 토대로 하여 그들의 개혁 활동과 평화사상을 비교하여 살펴보려 한다. 이러한 작업을 통해 현대 동아시아의 상황에서 요구되는 미래의 평화 담론에 기여하는 것을 목표로 한다.

2. 강유위와 안중근의 활동

한 · 중 · 일 동아시아 3국의 근대화 행태는 각각 다른 양상으로 전개되었다. 중국은 아시아의 패권 국가로서 진나라 이후 제국으로서 변모를 거듭하여 왔다. 중국 문명은 동아시아의 한국과 일본이 독자적 문화체계를 갖추었음에도 불구하고 이 두 국가에 압도적으로 영향을 끼쳤다. 청조 말기에 등장한 반청복명(反淸復明)의 기치에도 불구하고 중국은 제국의 전통에서 벗어나 공화주의를 지향하는 국민국가로 나아간다. 2천년 이상 지속된 제국의 역사를 근대적 국민국가로 전환하려는 그 시도는 전례 없는 거대한 변화를 요구했다. 여기에는 청나라 말의 개혁가들의 정치적 사상적 선택이 결정적 역할을 했다. 강유위는 변법파로서 이 거대한 역사적 전환에 중요한 역할을 하였

다.[1]

강유위는 1858년 중국 광동성 광주에서 전통 문벌 가문에서 출생하였고 그의 생애 내내 경제적 궁핍이나 사회적 영향력이 약화되는 경우가 전혀 없었던 엘리트였다.[2] 그는 소년기 동안 중국 유학의 전통을 학습하였다. 강유위는 이 시기에 당나라 때의 시문학과 송대의 명리학(明理學)을 학습하였다. 이는 주자학을 지칭하는 것으로 강유위는 이 소년기 학습을 통해 중국의 문학적 감수성과 더불어 엄격한 유교 지식인의 규범과 관습을 익힌다.

강유위는 청년기에는 명대에 형성된 양명학을 학습하여 개혁적 유학의 정신에도 눈을 뜨게 된다. 그는 1897년 홍콩을 방문하여 서양 서적을 접하게 되고, 서양 문물에 관심을 갖는다. 1892년 향시에 응시하기 위해 북경으로 향하던 중 상해에 들러 서양 서적 수십 권을 구매하여 독서함으로써 서양 사상에 식견이 더욱 깊어졌다.[3] 1884년 귀향한 강유위는 장흥학사를 열어 인재 양성을 시작한다. 이때 그의 문하에 양계초, 진천추와 같은 이들이 합류하였다.

1895년 청의 조선 관할에 도전한 일본과 청일전쟁에서 청나라가 패전하자 중국 지식인 집단은 굴욕적인 시모노세키 조약에 반대하여 서안 천도와 대일 항쟁을 주장하였다. 이 주장은 광서제에게 도달하지 못한 채 사라졌지만 그는 1895년 진사에 급제하게 된다.

그러나 관직 진출을 유보한 강유위는 《만국공보》라는 신문을 창간하고 중국의 근대화를 위한 방안을 담은 상소를 올렸다. 또한 서양 서적을 번역하는 사업과 자신의 정치사상을 유포하기 위한 「강학보」라는 언론지를 창간하였다. 강유위는 1897년 광서제에게 변법의 필요성에 대한 상서를 올렸다. 그리고 일본의 메이지 유신을 연구한 『일본변정고』(日本變政考)와 러시아 표트르 대제의 개혁을 다룬 『아피득변정기』(俄彼得變政記)를 헌정했다. 또 북경에서 '보국(保國, 영토 보존), 보종(保種, 민족 보존), 보교(保敎, 유교 보존)'의 지침을 내세운 보국회를 결성했다. 이 건의가 광서제를 움직여 강유위는 1898년 총리아문에 입각하면서 본격적인 변법 정책을 주도하게 되었고 드디어 광서제는 1898년 6월 11일 국시의 조서를 발표하여 변법을 선포했다. 무술변법의 시작이었다.

그러나 정치의 주도권을 장악하고 있던 서태후와 원세개는 무술정변을 일으켜 광서제를 폐위하고 무술변법의 주역들을 처형하였다. 이때 강유위는 양계초와 영국과 일본 영사관의 도움을 얻어 해외로 망명하였다. 이로써 무술변법은 103일 만에 막을 내렸다.

1898년 일본에 망명한 강유위는 개혁가 손문의 동지를 접촉하는 중에 공화주의 혁명의 권고를 받는다. 그는 공화주의를 거부하고 재일본 화교를 중심으로 중도보수의 보황회(保皇會)를 결성하여 황제 체제를 유지하는 입헌주의 운동을 전개하였다. 그는 1901년 인도로 건너가 체류하던 1902년 『대동서』를 저술한다. 여기에는 강유위의 유토피아적 이상주의가 드러나고 있으며, 만인 평등사회의 전망을 담고 있다. 그는 이상사회로 가기 위한 중간 단계로 입헌국가를 현실적 대안이라 판단하였다.

1911년 신해혁명으로 청 왕조가 종식되고 중화민국이 설립되어 공화제가 실시된 후에도 강유위는 황제를 복귀시키고 입헌군주제를 주장하는 복벽운동을 전개하지만 지지를 받지 못하였다. 그는 유교를 국교화해야 한다고 주장하며 공교회(孔敎會)를 설립했고, 끝까지 유교와 입헌군주제를 고수하여 1917년 청나라 마지막 황제 선통제를 황제로 복위시키려 했다. 1924년과 1926년에도 청 왕조 부활을 추진했지만 모두 실패했다. 1927년 2월에 강유위는 청도에서 사망했다.[4]

강유위는 중국 근대화 과정에서 변법에 기반한 개혁을 추진한 현실 정치가였다. 그러나 지배층인 소수민족 만주족 정권이 근대화를 주도한 대다수의 한족 지식인과 만주족에 반대하는 한족 민족주의의 대두 속에서 청 왕조와 동반한 개혁의 미완은 예고된 것이나 다름없었다. 강유위는 신지식인이었고 개혁적 사상가였음에도 주자학과 양명학의 교양이 우선 형성된 그의 사유체계는 공화주의를 결코 수용하지 못하였고 제자였던 양계초와마저 결별하게 되었다.

1) 안중근

안중근은 조선이 개화를 수용하는 과정에 서세동점(西勢東漸)에 위기를 느껴 동아시아적 전통과 가치를 통해 독자적 개화와 문명을 수립하여야 한다고 보았던 열혈 청년이었다. 동아시아의 연대를 전망하던 그는 같은 아시아 국가를 침략하는 일본 세력의 중추였던 이토 히로부미를 동양 평화의 적으로 보고 저격하였다. 그로 인해 체포되어 처형을 앞두고 수감생활을 하던 중 그는 동아시아의 평화를 전망하는 『동양평화론』을 저술한다. 안중근의 생애는 조선의 비극적 근대성을 상징적으로 보여준다. 일본은 막부체제에서 벗어나 천황제 근대국가라는 독특한 체제를 창안하고[5] 이 강력한 중앙집권적 체제로 서구적 근대화를 추진했다. 자신들이 당했던 불평등조약을 그대로 조선에 전가하여 1876년 조선과 강화를 맺었고, 그로부터 30년만에 조선을 자기들의 식민지로 예속시켰다. 일본의 천황제 국가 수립은 19세기 말에서 20세기 초를 거치는 동안 지렛대처럼 한국의 위기로 작동하였다. 근대 시기 한국은 일본 제국주의의 침탈에 의해 식민국가로 20세기를 경험하게 된다.[6]

1894년 청일전쟁에서 일본이 승리함으로써 일본의 조선 침략이 가시화된 후 불과 10년 후인 1905년, 조선은 을사늑약으로 자주적 외교권을 박탈당하였고 다시 1910년에 국권을 상실하고 말았다. 당시 조선이 처한 국제정치의 환경은 안중근의 거사가 조선의 식민화를 저지하는 데까지 나아가지 못하는 원인이 된다. 그러나 그가 주장한 '동양평화론'은 1919년 3.1운동 강령의 가장 중요한 동기를 제공하였다.

3.1운동의 이념에는 동양평화를 위협하는 세력이 일제라는 것, 그리고 조선의 독립이 동양평화의 시발점이라는 동양평화론의 논리가 반영되었고, 이것이 이 독립항쟁의 주요 원동력이었다.

안중근은 1879년 황해도 해주부에서 출생하였다. 출생 후 지어진 그의 원래 이름은 몸에 있는 일곱 개의 점 모양을 따라 응칠(應七)이었다.[7] 그러나 어려서 다혈질이었던 성격을 잠재우라는 의미로 중근(重根)이라는 이름을 새로 얻었다. 그는 소년기에 조부인 안인수와 부친인 안태훈의 교육적 영향을 받았다. 조부는 무관 출신이었고, 부친은 문관으로 개화파에 속한 정치인이었다. 안중근은 무인의 기질을 타고난 편이었기에 교육에서도 조부의 영향을 더 많이 받은 것으로 보인다. 그는 글 읽기보다는 궁술과 말타기를 즐겼다고 회고하였다.[8]

동학에 대한 안중근의 입장을 통해서 안중근의 정치적 태도를 가늠할 수 있다. 그가 16세 되던 해에 동학이 봉기하였다. 부친이 신진 개화파였음에도 그는 동학이 외세 배척을 핑계로 관리를 죽이고 재물을 약탈하는 집단이라고 규정하였다. 그는 동학의 창궐로 외세가 조선의 내정에 간섭하고 군사적 개입을 할 것을 우려하였다. 황해도는 동학의 북접이 봉기한 중심지였기에 그 세력이 크게 형성되어 있었다. 안중근은 청년 70명을 모아 동학을 토벌하기 위한 의병부대를 조직하여 2만여 동학군과 접전을 치르기도 하였다.[9]

안중근이 17세가 될 무렵 그의 가족은 모두 천주교에 귀의하였다.

부친 안태훈이 개종하여 영세를 받았고 이에 따라 가족들 모두 개종하였다. 1897년 안중근은 프랑스 신부 홍 요셉에게 영세를 받았고 토마스라는 영세명을 받는다.[10] 안중근은 교리 학습을 열심히 하였고, 그 후에는 거주지 인근 마을을 순회하면서 천주교 전교에 힘썼다. 이때 안중근은 유교적 세계 질서와 천주교적 세계 질서의 융합을 위한 철학적·신학적 사상을 진전시켜 나갔다. 그는 천주교의 유일신 천주를 유교적 세계 질서관의 최정점에 있는 실질적 존재로서 인식하였고, 조선의 전통적 국가관을 천주교의 신학으로 재해석하였다.[11] 그는 학습 받은 교리대로 교화 중심주의도 수용하였고 구원에 있어 유일한 통로도 천주교 하나라는 교리도 수용하였다.

그는 천주교가 상징하는 서구의 문물과 조선의 근대성의 결합도 시도하였다. 그는 천주교회를 통한 서구의 교육의 가능성을 높게 보고, 홍 신부를 통해 서울에서 민(민덕효, Gustave C. M. Mutel, 1854-1933) 주교를 만나 조선에 고등교육기관의 설립을 요청하였다. 민 주교는 학식이 높아지면 신앙이 옅어진다는 논리를 내세워 안중근의 대학교 설립 요청을 거부하였다. 안중근은 이러한 민 주교의 태도에 실망하여 천주교회가 천주의 가르침을 충분히 수용하지 못한다는 비판적 견해를 보였다.[12]

1905년 을사늑약으로 조선의 외교권이 박탈되는 등 국권의 위기를 목격한 그는 주권 회복을 위해 나서게 된다. 그는 중국 상해로 건너가 거기에서 망명 중인 민영익을 찾아가 자신의 의사를 전하려 하지만 거절당하였다. 그는 대신 프랑스인 곽 신부를 만나 장차 한국이 독립을 하기 위해서는 교육을 통한 인재 양성이 시급한 방안이라는 의견을 수용하여 1906년 귀국한다. 그는 진남포에서 「삼흥학교」와 「돈의학교」를 설립하고 교무를 맡아 청년 육성을 시작하였다.[13]

1907년 안중근은 러시아아령 블라디보스토크에 거주하는 한인들을 중심으로 독립운동 세력을 규합하기 위해 러시아로 건너갔다. 이 시기부터 안중근은 대일 항쟁의 의지를 구체화하기 시작하였다. 그는 러일전쟁에 대해서, 일본이 아시아를 침탈하는 러시아와 행한 전쟁을 정당한 것으로 인식하였다. 그러나 전쟁 후 일본이 한국을 침탈한 것은 아시아의 평화를 위한 대의에 어긋나는 것으로서 이에 적절하게 대응할 필요가 있다는 견해를 굳혔다.

그 방안으로 대한 독립을 회복하고 동양의 평화를 이루기 위해서 군사적 활동을 시작하였다. 그는 의병대를 조직하여 두만강 일대에서 일본군과 전투에 돌입하였다. 1908년 안중근이 지휘하는 의병 부대가 일본군을 격파하는 성과를 거두었다. 그러나 지휘관인 안중근은 포로가 된 일본군을 만국공법에 따라 방면하였고, 그의 이러한 행동에 반발한 병사들이 이탈하여 부대는 해산되고 그는 연해주로 귀환하였다.

1909년에는 동지들 11인과 러시아아령 예치아에서 '단지동맹(斷指同

盟)'을 결성하였다. 1909년 안중근은 블라디보스톡에서 이토 히로부미의 러시아 방문 정보를 입수하였고 우덕순, 유동하, 조도선 등과 이토 척결의 계획을 수립하였다. 1909년 10월 26일 하얼빈 역에 도착한 안중근은 기차에서 내린 이토 히로부미를 저격하고 주빈급 일본인 수행원 한 사람을 사살하였다.[14]

안중근은 하얼빈 감옥에 수감되었다가 1909년 11월 3일 러시아령 하얼빈에서 일본령 여순으로 이송되었다. 러일전쟁에서 패배한 러시아가 일본의 요구에 순응하여 안중근은 러시아령이 아닌 일본령에서 일본 재판부의 판결을 받게 되었다. 안중근은 사형 선고를 받았고 우덕순과 유동하는 징역형을 받았다.

안중근은 여순 감옥에서 자서전인『안응칠 역사』와『동양평화론』을 저술하였고 26점의 유묵을 남겼다.[15] 안중근의『동양평화론』은 안중근이 항소권을 포기하면서까지 공들여 작성하려던 논술이었으나 갑작스러운 사형 집행으로 미완의 저작으로 남게 되었다.

강유위와 안중근은 모두 전통적 지식사회를 대표하는 유교적 교양에 철저했던 인물들이었다. 그들은 모두 조국의 정치적 변화의 격랑 속에서 그 운명을 전환하기 위한 노력을 하였다. 강유위는 국제적 평화 정착을 위한 저술인『대동서』를 저술하였고 안중근은 미완의 저작인『동양평화론』을 저술하였다.

3. 강유위와 안중근의 전통 계승과 신문명 수용

강유위의 『대동서』는 대동사상이라는 거대한 전망을 통해 세계 평화 체제를 설계하였다. 안중근은 그의 미완의 저술 『동양평화론』에서 서구 제국주의의 동아시아 진출을 우려하는 대전제 속에서 동북아 삼국인 한·중·일의 평화체제의 기본적 구상을 그려냈다.

이들이 구상한 평화체제의 실질적 내용과 논리 구조는 근대 서구 사상에 등장한 평화체제의 논리를 수용한 측면이 드러난다.[16] 송병록은 칸트와 강유위 그리고 조소앙의 평화사상을 비교하며 그 내용을 소개하다. 그는 강유위의 평화사상이 중국 전통 평화사상에 기초하여 근대 서구 정치사상과 정치제도의 내용을 수용함으로써 형성된 것으로 인식한다.[17]

그러나 강유위가 『대동서』에서 제안한 세계 평화체제의 구체적 내용은 아시아의 전통에서 온 것이라기보다는 유럽과 미주의 근대국가들의 사례에서 여러 정치적 사회적 발전적 모델을 취합하여 이상적 모형을 그려낸 것으로 보인다. 강유위가 전통 중국 정치제도와 사상으로부터 근대 세계 평화체제의 근거를 세웠다는 주장은 증거가 부족하다. 강유위가 제안한 연방 제도는 근대 유럽과 미국의 정치제도이다.

진·한 제국 이후 중국의 역사 속에서 연방제와 같은 지방 분권적 정치체제가 나타난 적이 없다. 또 중국은 이민족 국가와 한족 국가의 정권 교체를 반복하면서도 절대 군주의 제국의 형태를 유지하였다. 강유위가 중국의 역사로부터 연방제의 분권적 세계 평화체제 구상을 그려냈을 가능성은 적다.

이태진과 마카노 에이지의 연구는 칸트의 영구평화론이 강유위의 동료이자 제자인 양계초의 『음빙실문집(飮氷室文集)』에 소개되어 있었다는 것을 알려준다. 이들은 안중근이 양계초의 저술을 통해 칸트를 읽었고 동북아 평화체제의 사상적 기초를 학습하였을 것이라고 추론한다. 양계초는 강유위의 제자이며 정치적 동지로서 강유위가 칸트의 영구평화론을 이미 인지하였을 거라는 합리적 추측이 가능하다. 강유위의 이상적 세계관의 내면적 철학은 중국과 아시아의 것에서 연원하였지만 그 실현 방법인 정치·경제적 방법론은 서구의 근대성을 수용한 결과로 보인다. 강유위와 안중근은 평화사상을 동일하게 주장하였다. 그들은 동아시아의 유교적 전통의 기반에서 서구의 평화체제를 수용하려 한 것으로 보인다. 강유위와 안중근은 전통에 근거하여 새로운 것을 수용하고 창출하려던 근대주의자로 정의할 수 있다.

강유위의 정치적 입장이 변법의 근대 지향성을 띠고 있는 것은 사실이다. 그러나 그의 저술은 『대동서』를 제외하면 대부분은 유교적 전통을 재해석하는 것이 그의 저술의 중요한 특징이다. 그는 1889년

『광예주쌍즙(廣藝周雙楫)』을 저술하였다. 이 책은 중국 서예의 역사를 다룬 책으로 중국 서풍(書風)의 역사를 서술한 연구서이다. 강유위는 중국의 서풍의 역사를 변화(變)라는 관점에서 보았다.[18] 여기에서 강유위의 역사에 대한 '변화'라는 기본적 인식의 틀이 나타난다. 강유위는 1891년 『신학위경고(新學僞經考)』를 저술하였다. 이 책에서 그는 유교 경전에 대한 역사적 비평을 시도하였다. 그는 이 책에서 유교의 경전들이 원문이 아니라 한나라 시대에 편집된 위서(僞書)라는 주장을 펼쳤다. 1897년에는 『공자개제고(孔子改制考)』를 저술하였다. 이 책에서 강유위는 공자의 재해석을 시도하였다. 신화화된 공자의 이미지를 탈각하여 당대의 개혁 사상가로서 공자의 이미지로 재해석하였다. 이것은 공자를 근대적 개혁을 시도하는 강유위 자신의 이미지와 중첩되는 이미지로 추출하여 근대적 개혁의 담론을 구축하려는 의도로 읽힌다.

강유위의 이러한 유교적 전통과 그 변화라는 개혁의 형식은 한국의 유교 지식인들의 사상과 태도에 영향을 주었다. 강유위는 공자를 철학적 사상가에서 재해석하여 개혁적 사상가로 이미지를 변화시켰다. 그리고 공자를 근대 중국 개혁의 사상적 상징으로 전용하기 위해서 공자를 신앙하는 공교회(孔敎會)의 설립을 주장하였다. 강유위의 주장은 그의 제자인 진환장(陣煥章)에 의해 공교사당이 설립됨으로써 구체화되었다.

한국의 근대 개혁적 유학자들 중에서 이러한 중국의 강유위의 유학 개혁 운동의 영향을 받아 공교회 설립 운동에 나선 이들이 있었다. 이병헌, 송기식, 이승희 등이 한국의 전통 유학을 강유위가 제안한 공자교 유형으로 개혁하려던 인물이었다. 이병헌(李炳憲, 1879-1940)은 경남 함양 출신으로 20대 후반인 27세 때 유학자 곽종석의 문하에 들어가 한주(寒州)학파의 일원이 되었다. 그는 이 무렵부터 최익현, 이승희, 박은식 등 개혁 유학자들과 교분을 쌓고 있었다.[19]

그는 성리학자로서 유교 개혁에 대한 강유위의 사상에 크게 영향을 받아 1914년 상해로 강유위를 직접 방문하고 그 후에도 네 차례에 걸쳐 중국을 방문하면서 유학 개혁 운동을 펼쳤다.[20]

이병헌이 유교 개혁 운동을 펼치게 된 이유는 두 가지였다. 우선 조선총독부가 식민 초기인 1911년 6월 15일 성균관을 폐쇄하고 그 대신 경학원을 설치하여 조선의 유교적 기풍에 큰 손상을 입은 사건이 발생하였다. 그리고 총독부는 1915년 8월 포교규칙을 발표하여 종교 포교에 관한 규칙을 제정하였다. 이때 이 포교규칙에는 기독교와 불교, 천주교, 종파신도는 포함되었다. 그러나 일본의 국가신도는 종교를 초월하는 지위가 있는 것으로 정의되어 포교규칙의 영향을 받지 않는 특권을 누렸다. 이 포교규칙에서 유교는 제외되어 법적 지위를 잃었다.

이병헌은 유교가 포교규칙에 포함되어 법적 지위를 얻으려면 유교를 종교화해야 한다고 보고 이를 시행하기 위해 중국을 방문하였다. 그는 1919년 강유위의 지도를 받아 『유교복원론』을 저술하였다. 그는 이 책에서 유교의 종교화를 위한 신학적 체계를 수립하였다. 그는 전통적 유학의 철학적 개념인 이기(理氣)의 상위 개념으로서 신(神)의 개념을 제안하였다. 이 공교회 신학에서 공자는 이 신과 직결된 유교의 교주라는 개념을 제안하였다.[21] 그리고 1918년 이병헌의 근거인 경남 산청에 배산(培山)서당을 건립하여 공교회를 본격적으로 추진하였다.

또 다른 유교개혁자 송기식(宋基植, 1878-1949)은 경북 안동 출신으로 유학자의 가문에서 출생하였으며 유학의 거두 김흥락의 문하에서 학문적으로 심화하였다. 김흥락 사후에는 개신 유학자 이상룡과 접촉하면서 근대 민족운동에 눈뜨게 된다. 그는 인재 양성에 뜻을 두고1908년 고향에 봉양서숙(鳳陽書塾)이라는 근대적 교육기관을 설립하기도 하였다.[22] 1919년 3.1운동이 일어나자 송기식은 근거리 유지들과 만세운동을 주도하다가 체포되어 14개월의 옥고를 치르기도 하였다.

1925년 안동부에 재차 인곡서숙을 설립하여 청년들을 가르쳤다. 그는 이 무렵 저술한 『유교유신론』을 통해 유교 개혁이 한국 근대화를 위한 방편이라고 인식하고 있었다. 송기식은 과거 유교의 폐단을 지적하고 이를 극복하기 위해서 유교 갱신을 주장하였다. 그는 상제의 대리자인 공자를 예배하는 현대화된 제의가 필요하며 전국의 행정 단위마다 공교회를 설립할 것을 주장하였다. 기독교의 주일처럼 복일(復日)을 제정하여 경건을 공부하고, 한글로 유교 경전을 번역할 뿐 아니라, 신분제 철폐를 통해서 근대적 유교 사상을 실천해야 한다고 주장하였다.[23] 송기식의 유교 개혁의 모델은 개신교회의 신학과 교회제도를 상당 부분 모방하고 수용하였다.

이승희(李承熙, 1847-1916)는 1847년 경북 성주에서 출생하였다. 부친 이진상은 퇴계학파의 중요 인물이었고 그는 퇴계학파의 사상을 계승하였던 정통 유학자였다.[24] 그는 과거에 뜻을 두었으나 조선 말기의 부패한 과거제도 하에서 이승희는 급제하지 못하고 지방의 학식 있는 유생들과 교류하며 학파의 전통을 지켜나갔다. 1881년에는 지방 유생들과 천주교와 기독교를 비판하는 집단 척사 상소를 올리기도 하였다.

1896년 명성황후 시해 사건이 일어나고 1905년 을사늑약이 체결되자 만국공법에 따라 을사오적을 척결하고 이등박문을 처결해야 한다는 상소를 올리기도 하였다.[25] 그는 국채보상운동의 지부를 맡아 운영하고 만국평화회의를 활용한 외교적 독립운동에 참여하여 회의에 서한을 발송하기도 하는 등 민족운동에 각성한 개신 유학자의 길을 걸었다.

이승희는 독립운동에 대한 일제의 탄압이 거세지자 1908년 러시아령 블라디보스토크로 망명하였다. 1909년 그는 만주 밀산부에 한인

촌을 건설하고 한인들의 진흥에 힘을 기울였다.[26] 1913년에는 봉천으로 이전하여 거기에서 강유위의 공교회를 처음 목격한다. 그는 권병하, 유준명 등과 함께 한인 공교회를 설립하고 사망하는 1916년까지 공교회 활동에 주력하였다.[27]

개화기 한국의 유학자 집단 중에서 이병헌, 송기식, 이승희가 수용한 강유위의 사상은 공교회로 대표되는 전통 유학의 개혁을 통한 동아시아 근대성의 창출이라는 공통의 목표점을 갖는다. 한국에서 강유위의 영향을 받은 이들은 유학의 개혁을 통해 시대의 문제를 해결하려던 유학자들이었다. 이는 한국에서 강유위를 유교 개혁가로 인식하였음을 보여준다.

안중근 역시 이러한 맥락과 상통하는 사상적 궤적을 보였다. 그는 전통적 유학의 대의명분과 의리 사상에 깊은 뿌리를 간직한 인물이었다.[28] 그는 천주교인으로 철저한 신앙생활을 하였으나 그의 사상의 근간은 유교적 세계관에 기초하여 천주교의 세계관이 복합적으로 관계되어 있는 양상을 보인다.

안중근은 강유위처럼 유교를 현대화하려고 생각하지는 않았다. 천주교로의 개종이라는 가족 단위의 사건이 있었고 유교의 의리론에 입각한다면 한 번 수용한 종교적 교훈에 충실한 것은 당연한 귀결이었다. 그는 유교에서 말하는 하늘이 천주교회의 가르침 속에 구체적인 인격신인 천주(天主)로 이미 존재하고 있음을 알게 되었다. 그는 유교의 대의명분과 의리론에 체화되어 있었으나 그것은 강유위가 개혁하여 창출하려는 종교화된 유교의 모습은 아니었다. 그의 유교적 사유는 내적 신념과 도덕 체계였고, 그 구체적 제도와 표현은 천주교의 신앙과 제도 속에 수용된 형태로 나타났다. 그가 동양평화론을 주장하면서 최종적으로 동양 삼국의 정치적 타결을 로마 교황청의 권위 아래에서 인증하자는 주장은 이를 뒷받침한다.

안중근의 활동과 사상은 강유위가 당대의 후속 계승자들이 대거 출현한 것과 달리 계승자들을 갖지 못하였다. 그의 저술인 『동양평화론』조차 마치지 못하고 처형되었고, 식민지 한국에서는 안중근의 흔적과 그의 사상을 철저하게 탄압하였다. 안중근의 사상은 3.1운동의 기본 이념인 동양평화로 넓게 계승되었지만 그를 계승하는 구체적 집단이나 개인은 존재할 수 없었다.

4. 강유위의 대동사상과 안중근의 평화사상

강유위의 『대동서』와 안중근의 『동양평화론』은 각각 독창적인 방식으로 세계와 동아시아의 평화 담론을 구축하였다. 그 안에는 평화 체제를 구축하기 위한 이상적 정치체제, 경제체제를 제안하는 이를 가능하게 하는 사상이 근저에 작용하고 있다.

1) 정치사상

강유위의『대동서』는 독특한 구성을 보여준다. 모두 10부로 구성된 이 책은 시작과 마지막 부에서 사상적으로 불교적인 색채를 많이 드러낸다. 1부는 '인간이 세상에서 느끼는 모든 괴로움'이라는 제목이고 마지막 부는 '괴로움이 없는 극락 세계로'라는 제목을 달아 독자에게 불교 심리학적 개념으로 세계를 설명하려 시도하고 있다.[29] 강유위는 인간의 고통을 생물학적, 사회적, 국가적, 심리학적 차원 등으로 설명하여 고통의 보편적 성격을 드러내려 하였다. 그리고 그는 대동사상이 완성된 대동세(大同世)가 되면 인간의 구원을 열망하던 종교들이 대부분 소멸될 것이라고 주장한다. 기독교와 이슬람은 지상의 유토피아의 완성으로 사라지고 유교 역시 대동세로 가는 수단이기 때문에 소멸될 것이라고 주장한다. 그리고 대동세에서는 불교와 선도(仙道)만이 남을 것이라고 본다.

강유위의 대동세계 구상의 핵심은 국가 체제 문제를 해소하는 것이라고 본다. 그는 국가로 인한 고통 문제를 부각하며 세계 평화는 국가에 종속된 무력의 해체와 국경의 폐지가 실천적 방안이며 이를 위해서는 공의정부(公義政府) 수립을 통해 해소되어야 한다고 본다.[30] 그의 이러한 사상은 본질적으로 아나키즘을 배경에 깔고 있다.

강유위는 인류사의 발전 단계가 현재의 정치체제에서 공의정부 단계 그리고 최종적으로는 대공정부(大公政府) 단계로 발전하여 나갈 것이라고 주장한다. 현재의 세계 체제는 국가와 국경이 있고 국가는 형법에 근거하여 처벌하는 제도가 존재하며 국가 내의 계층과 거기에서 파생하는 권력과 서열 그리고 경제적 차별이 존재함으로써 여기서 파생한 국가 간의 경쟁과 서열이 존재하는 세계라고 본다.

대동사회로 나아가는 다음 단계는 공의정부 시대로서 공의에 적합한 입법을 통해 세계 연방이 수립되고 자율적 투표에 의해서 세계 연방에 가입하려는 국가들과 지역들이 빠르게 증가하고 공의정부의 중앙집권적 영향이 구세대 정부를 압도하게 될 것이라고 예견한다.[31] 이러한 세계 정치체제의 변화는 우선 전쟁의 가능성과 위험을 크게 낮추어 공의정부 시대를 거치면서 대동정부의 대권으로 이행하게 된다고 전망한다.

공의정부 시대의 가장 큰 특징은 군비축소이다. 공의정부 시대에 전쟁이 소멸단계에 이르게 되고 교육, 의료, 양로, 빈민 구호 등이 증가하여 건설적 세계로의 전환이 가능해진다. 이 단계에서 기존의 국가 체제가 약화되고 개별 국가는 세계 연방의 한 주로 전환된다. 또 이 단계에서 자국어가 아닌 세계 단일 언어가 출현한다.[32] 그리고 문명의 통일과 표준화가 일어 난다.

강유위는 대동세계의 발전을 첫 단계 거난세(據亂世), 둘째 단계인 승평세(升平世), 마지막으로 대동이 완성되는 태평세(太平世)로 구분한다. 거난세는 국가연합이 시작되는 시대로 이 시대 국가들은 자국의 주권을 유지하지만 만국공회를 구성하여 대표를 파송하며 공정한 국제 질서를 수립하는 시대이다. 만국공회는 의장 체제 하에 동등한 의사결정체로 작동한다.

이 시기가 무르익으면 공정국가가 수립되어 공의정부의 의원과 행정관이 선출된다. 이 시대에는 기존의 국가 영토가 해체되고 공국에 통합되기 시작한다. 공국의 통합은 지방 분권의 형식으로 이루어진다. 공국에는 기존 국가들이 소수의 정치적 동맹으로 가입할 수는 없고 기존 국가를 지방 분권적으로 해체하는 형식으로만 가입한다. 각국의 국민은 자국의 지배에서 공국 체제로 이관된다.

세 번째 단계인 태평세에 이르면 모든 영토가 공국에 귀속된다. 국가의 경계는 완전하게 소멸되고 기존의 국가 개념이 사라진다. 따라서 특정 국가의 국민이라는 개념도 사라지고 세계 공민이라는 새로운 개념으로 완전한 평등권이 수립된다. 정치적 의사결정은 행정관도 의장도 없는 직접 선거에서 선출된 의원들만 존재한다. 의원들은 세계 공민의 의사를 직접 반영하는 정책을 시행하게 된다.

강유위의 공의정부와 대공정부에 나타난 정치체제는 공화주의가 아니다. 공의정부의 근간은 의회주의라고 할 수 있다. 그는 최종적으로는 국가는 소멸되고 세계의회만이 남는 체제를 구상하였다. 그의 구상은 유토피아적 전망으로서 상당한 낙관론에 근거한 세계 평화를 지향하는 대동사상이라 할 수 있다. 토마스 모어의 유토피아는 작은 섬에서 이루어진 기독교 사회주의의 형태였다. 그러나 강유위의 대동사회는 인류와 세계를 포괄하는 유토피아로 세계의 중심이라는 중국의 자의식이 반영된 것으로 보이기도 한다.

안중근의『동양평화론』의 저작은 강유위의 세계적 이상 정부의 출현에 대한 기대와는 역사적 맥락이 달랐다. 안중근의『동양평화론』은 서구 제국주의의 동아시아 진출에 대한 우려에서 출발한 것이었다. 안중근의 세계 인식은 서구 제국주의의 위험성에서 출발한다. 그것은 영국이나 미국과 같은 원거리에 있는 국가들이 아니라 아시아의 북동쪽으로 진출하는 러시아의 직접적 위험에 근거한 것이었다.

동양평화를 위해 안중근은 먼저 일본의 의식 전환을 요구하였다. 일본이 동아시아 국가로서 동아시아의 도의와 전통에 맞지 않는 서구 제국주의 팽창 전략과 동일한 침략을 저질렀다는 것이었다. 우선의 과제는 일본의 인식 전환의 요구였다.[33]

안중근은 이러한 인식 전환에서 나아가 제국주의에 대항하는 동양평화회의를 구상하였다. 이것은 강유위의 세계적 대동사상과 달리 한·중·일 삼국의 정치 체제의 어떤한 변화도 전제하지 않는 것이었다. 기존의 국가 체제를 그대로 유지하되 두 가지 도덕적 이념에 근거한 협의체를 구성하려는 것이었다. 우선은 동아시아의 유교적 대의명분에 맞는 부당한 침략을 근절하고, 한·중·일 황제의 국가적 정통성을 로마 교황청에서 승인을 받음으로써 세계적 공적 질서의 일부로 편입한다는 것이었다.

그는 자신이 재판받는 도시인 일본령 여순을 일본이 중국에 반환하고 여기를 삼국이 공동관리하는 군항으로 지정하여 평화회의의 근거지로 삼을 것을 주장하였다. 여순을 평화도시로 만들자는 것이었다. 이 평화회의를 위해서 각국에서 국민당 1원씩 회비를 모아 아시아 삼국 인민의 참여하에 회의를 구성하고 각국에 동양평화회 지부를 설치하는 것을 제안하였다.

그는 무엇보다 공동 안보에 중점을 두어, 동아시아 공동 방위군을 창설하자고 주장하였다. 여기에 참여하는 병사들은 2개 국어를 습득하게 하고 삼국의 군사적 교류를 통한 우방 관계를 돈독하게 하여 형제국가로의 관계 증진을 추진하자고 주장하였다.

강유위가 공의정부라는 세계적 단위의 구상을 통해 국가 체제의 변화를 근간으로 하는 변화의 모델을 제안한 반면 안중근은 동아시아 국가들의 정치체제의 변화 없이 평화회의를 구상하여 삼국 협력의 모형을 제시하였다는 점에서 큰 차이가 있다. 강유위의 대동사상이 아나키즘을 지향하는 완전한 이상사회의 전망을 보인 데 비해 안중근은 현실 속에서 가능한 최선의 협의체를 그려냈다고 할 수 있다.

강유위의 대동사상을 논의할 때 갖게 되는 의문은 대동사상의 이상과 그의 실제적 실천 행위의 간격이다. 그는 유교적 전통을 중시하였고 그의 정치적 행동이나 중국의 근대화 과정에 참여하여 선택한 정치적 모형은 입헌주의에 근거한 황제정이었다. 그는 중국에 공화정이 수립된 후에도 왕정복고를 주장할 만큼 보수적이었다. 그러나 그의 대동사상은 군주제도 공화제도 아닌 아나키즘적 구상을 지향하고 있었다. 그가 주장하듯이 입헌적 군주제가 대동사회로 가는 중간 단계라 하더라도 필연적으로 군주제는 해체될 것이고 중국의 공화정은 역사의 필연적 성격을 띠고 있다는 것이 당시 중국의 근대적 지식인들의 일반적 인식이었다. 강유위의 대동사상과 그의 정치적 입장은 근본적으로 상충되는 측면이 있다.

2) 사회경제 사상

강유위는 『대동서』 4부에서 남녀 차별의 철폐를 강력하게 주장한다. 그는 여성 차별 전통의 문제점을 지적하며 여성의 평등권을 확립하기 위한 다양한 방안을 모색한다. 그는 우선 교육의 평등을 통해서 남녀평등이 가능해진다고 본다. 그리고 선거권과 피선거권, 여성의 정치 참여 허용, 그리고 남녀의 개인 활동의 자유와 사회적 활동의 완전한 자유를 허용해야 한다고 주장하였다.[34]

강유위의 성평등 사상에서 가장 파격적인 것은 결혼 제도의 폐지다. 그는 전통적 혼인 개념을 부정하고 남녀의 자율적 교제를 '교호(交好)'라는 새로운 명칭으로 제창하였다. 교호의 개념은 완전한 평등 교제로서 남녀 한쌍의 공동생활을 전제로 한다. 다만 이 교호를 종신

토록 유지하게 해서는 안 되며 계약에 근거한 교호 기간을 정할 것을 주장한다. 혼인에 준하는 교호 기간은 1개월 이상 최장 1년이 넘지 않게 하여 자율권을 보장할 것이며, 중매관을 두어 상호 서약에 근거한 평등한 동거를 허락하게 한다.[35]

강유위는 태평세의 사회상이 가족이 해체되고 모두가 천민(天民)이 되는 사회라고 전망하였다. 그는 가족 관계의 기초는 생존을 위한 생물학적 요인과 가족의 역사적 구성을 통해 형성되었다고 본다.[36] 가족 관계는 기존의 문명을 이끌어 온 매우 중요한 가치이며 사회제도라고 긍정적으로 평가하였다. 그러나 가정이라는 사회적 단위의 불안정성과 차별성은 태평세로 진화하는 데 부정적 영향을 미친다고 본다. 그래서 종국적으로는 가정을 해체하고 사회적 체제로 전환하는 것이 최선의 방안이라고 주장한다.[37]

그 구체적인 방안으로 임신과 육아 및 유아교육을 공교육 제도를 통해 실현한다. 이후 성인기에 진입할 때까지의 양육과 교육 역시 공교육을 통해 실행한다. 그리고 의료와 양로 및 임종까지도 공적 제도를 통해서 사회화할 것을 주장한다.[38]

또 강유위는 농업, 공업과 다양한 산업에서 나타난 사유재산 제도의 폐해를 언급하면서 종국적으로는 사유재산 제도를 폐지하고 전산업에 공영제를 도입하자고 주장한다.[39]

안중근의 『동양평화론』에서도 동아시아 삼국의 경제 협력의 모델이 등장한다. 안중근은 여순에 평화회의를 설치하는 데서 나아가 동아시아 공동은행을 설립할 것을 제안하였다. 또 삼국의 자본을 축적하는 방안으로 삼국 공동화폐를 제정하여 사용함으로써 한·중·일 삼국의 자본을 통합하여 각국의 신용을 높이는 한편, 이 축적된 자원을 토대로 삼국의 경제 개발을 앞당길 수 있다고 보았다.

또 각국의 여러 지역에 평화회의 지부를 설치하고, 공동은행 지점도 설치하여 동아시아의 공영의 가치를 경제적으로도 실현한다는 구상을 제안하였다. 그는 현재 여순이 일본의 관할 하에 있는데, 평화회의를 통해서 일본의 기득권을 인정하는 방안을 제시하였다. 그는 여순항에 일본 함대의 일부를 계류하게 하여 평화 수호의 군으로서 위상을 갖게 함으로써 일본의 위신을 세워주고, 그것으로 일본의 기존의 기득권을 대체하는 방안을 제시하였다.[40]

안중근의 『동양평화론』에 나타난 동아시아 경제공동체의 구상은 평화회의가 구성된다는 전제 하에서 현실적인 제안을 담고 있다. 공동은행 설립과 공동화폐의 발행은 현대 국가에서는 낯설지 않은 구체적인 구상이다.

강유위의 대동사회의 사회관과 경제관은 급진적이고 이상적인 측면이 부각되었다. 그는 전통 사회의 해체와 급진적 사회주의 경제체제를 구상하였다. 그러나 세계를 하나의 경제 단위로 놓고 이 광대한 영역을 하나의 통일된 사회로 만든다는 구상은 세계 시민사회공동체

와 세계 시장의 완전한 물리적 통합이 이루어져야 하는 과제를 안고
있다. 세계 경제체제에서 기후와 지역에 따른 생산의 차이와 장거리
물류의 해소 문제 등 장기적 미래에도 해소되기 어려운 과제를 안고
있다고 평가할 수 있다. 강유위의 주장은 공상적 사회주의의 국가 단
위 모형을 세계 단위로 확장하여 보여주었다.

안중근의 저서가 미완으로 끝난 탓에 동아시아의 미래사회의 구상
이 어떤 모습인지 현재로서는 확인할 길이 없다. 그러나 그가 제안한
공동은행과 공동화폐는 순차적으로 실현 가능한 아시아 경제공동체
의 구체적인 주장이라는 점에서 주목할 필요가 있다.

3) 평화사상과 종교

강유위가 공교회 운동을 벌이는 등 종교 문제에 깊은 관심을 보인
것은 주지의 사실이다. 그가 제안한 공교회 운동은 그의 제자에 의해
하나의 종교운동으로 추진되기도 하였고, 한국에서도 그의 영향을
받고 이병헌·송기식 등의 유학자들에 의하여 종교화 운동이 일어나
기도 하였다. 그러나 정작 강유위의 휘하에서는 유교의 종교화 운동
이 중단되기에 이른다.

강유위의 제자이자 정치적 동료인 양계초는 강유위의 의도대로 초
기에는 유교의 종교화 운동에 적극적으로 나섰다. 그러나 무술 변법
개혁이 좌절되고 난 후부터는 공교회 운동에 소극적 태도를 보이기

시작하였다.[41] 특히 1902년이 되면서 그는 공자교를 보전하는 것이 공자를 존숭하는 길이 되지 않는다며 공교회 운동에 대한 비판적 입장을 취하게 된다. 인위적 방법으로 종교를 진흥할 수 없으며 공교회 운동이 타종교와 본질적으로 다르다는 점을 시인하게 된다. 공자는 원래 예수나 붓다와 같은 종교적 인물이 아니며 서양의 기독교 역시 근대화 과정에서 중국의 유교처럼 쇠퇴할 것이라고 예측하였다. 또 신앙과 사상의 자유가 근대성의 특징인데 공교회를 국교로 삼자는 주장도 이러한 시대 정신과 어긋난다고 보았다.[42]

이러한 양계초의 태도는 한국의 박은식과 같은 개신 유학자에게 영향을 주었다. 박은식도 초기에는 공자교의 부흥을 시도하였다. 그러나 대표적인 애국계몽운동가였던 박은식은 유교 진흥을 한국 개화와 근대성 확립을 지향하는 방안 중에 하나로 여겼다. 박은식은 그 때문에 유교를 종교화하는 것의 한계를 인식하였다. 박은식은 유교의 제왕 중심적 전통은 근대화를 지향하는 시대에 적절하지 않은 것으로 인식하였다.[43] 또 유교는 본래 기독교나 불교처럼 종교적 구원에 적극적이지도 않았으며, 조선의 유학인 성리학이 심오한 교훈과 덕성 함양의 사상에도 불구하고 철학 체계가 복잡하고 산만하다고 평가하였다. 이러한 전통 주자학의 성격은 근대화가 지향하는 간결하고 논리적인 지식 체계에 부합하지 않는다고 판단하였다.[44] 이처럼 강유위에서 비롯한 유교의 종교화는 전통적 유학자들에게는 의미 있는 체계로 받아들여졌으나 근대 지향의 개신 유학자들에게는 곧 비판의 대상이 되었다.

강유위의 유학 이해도 본질적으로는 중국의 개혁과 근대화라는 큰 흐름에서 이루어졌기 때문에 유교의 종교화를 고집하지는 않았다. 그는 불교나 기독교가 내세운 붓다와 예수의 절대성을 공자에게 부여하지 않았다. 그의 대동사상에 등장하는 종교는 서구의 기독교 문명처럼 문명과 종교의 일치를 전제로 하지 않는다. 그가 상상한 대동 세계에는 절대적 종교가 존재하지 않고 종교보다는 정치와 경제의 역할이 압도적으로 크다.

그는 세상의 생명과 인간이 지고한 상제(上帝)를 닮아 생성되고 종국에는 하늘로 돌아간다는 영혼불멸설을 수용하였지만, 영혼불멸 사상은 대동세계를 위한 인간 존엄의 사상적 토대의 역할을 할 뿐이다.[45] 강유위의 종교관의 기본 바탕을 이루는 원기론(元氣論)은 본질적으로 유교의 생사관에 근거한 것이다.[46] 그의 종교관은 불교와 유교가 적절하게 혼합된 것으로 대동 사회를 지향하는 실용적 관점에서 전개되었다.

안중근은 천주교 신앙은 개인적 신앙이었다. 그는 천주교회의 제도에 따라 성직 계급의 결정에 참여할 수 없었다. 그는 천주교회가 조선에서 행한 선교 정책의 한계나 이탈리아에서 교황청의 역할 등에 관하여 그가 국제정치를 이해하는 수준의 객관적 이해를 하지 못하였다. 주축국 동맹이 형성되면 독일과 이탈리아와 일본의 정치·군사 동맹이 결성되고 이에 종속되어 천주교회도 국제정치에 종속된다는 것을 인식하지 못한 것이다. 실제로 1930년대가 되면서 일본 천주교 교구의 압박으로 조선 천주교회의 독자성은 훼손되고 한국 천주교회의 정책은 주축국 동맹의 하위구조로서 작동하게 되었다.

안중근의 사상과 활동에서 천주교 신앙은 그의 세계관을 형성하는 데 결정적 역할을 하였다. 그는 교황청을 보편적 기구로 인식하였고 따라서 천주교회의 역할에 대한 기대는 매우 컸다. 그의 천주교 신앙은 그의 세계관 그의 행동과 깊이 연관되어 있었다.

5. 강유위와 안중근의 담론과 동아시아 평화

강유위의 『대동서』는 동아시아의 근대적 이상향을 담고 있는 대표적 저술이다. '대동' 개념은 동아시아의 정치사회적 이상을 대표한다. 임진왜란 이후 수행된 개혁 법안의 이름이 대동법인 것은 우연이 아니라 대동사상이 포괄하는 개혁과 유토피아 개념을 동아시아가 공유함을 상징한다. 강유위의 『대동서』의 구상은 방대한 자료와 사유의 결실로서 토마스 모어의 『유토피아』와 대응하는 동양적 근대 유토피아 구상의 절정을 이룬다.

한편 그의 전망에는 많은 질문이 뒤따른다. 우선 유토피아적 상상력을 구현하기 위해서는 방법론의 내재적 갈등을 해소해야 할 것이다. 강유위의 대동사회로의 전개의 세 단계 모델의 가장 큰 맹점은 공의정부에서 자발적 정부의 해체와 아나키(무정부)로의 전환 과정이다. 그의 주장에 따르면 동서고금 국가의 지배와 횡포에서 벗어나기 위해서 궁극적으로는 아나키즘을 제시하고 아나키로 이행하는 과정에 공의정부가 과도적 정부로 등장하여 세계 정부의 역할을 하는 체제를 상정한다. 아나키로 진화하기 위해서 세계 정부라는 거대한 정부를 꾸려야 하는 역설이 발생하는 것이다.

여기서 생기는 의문은 인류 역사에 실존한 다양한 형태의 정부들의 한계가 공의정부라는 세계 정부에서 어떻게 해소될 수 있는가 하는 근본적인 질문이다. 강유위는 이러한 의문을 해소할 수 있는 근거로 독일의 연방제과 미국의 연방제를 들었다. 연방제가 권력 분할을 통해 전제 정치의 출현을 합리적으로 제어할 수 있다는 것은 이론적으로 타당성이 있다. 그러나 그 이후 독일은 제3 제국과 파시즘이 결합하면서 전대미문의 폭력을 인류 전체가 경험하기도 하였다. 어떤 체제와 현실도 이상적인 구도로 진화하지 않을 수 있다는 점을 간과한 낙관론이 『대동서』를 지배하고 있는 것처럼 보인다.

유럽의 파시즘 경험 이후 현대 유럽이 선택한 유럽연합의 모형은 자국 정부를 해체하지 않고 구성된 국가연합 형태를 띠게 되었다. 유럽연합은 강유위가 제안한 공의정부의 단계를 거치지 않았다. 대신 유럽연합 내의 개별 국가의 주권을 철저하게 보장하며 연합의 형식을 민주적 절차를 통해 확립하였다. 협의체라는 형식 면에서 강유위가 예견한 3단계 태평세의 모델에 해당한다. 그러나 유럽연합에서 주권 국가가 해체되지 않았다는 점은 강유위의 예견과 달랐다. 현대 유럽연합의 정치적 실험은 민주주의 성숙이 공의정부의 과도기나 국가 해체 없이도 유토피아적 가능성을 열어 준다는 것을 보여준 셈이다.

유럽연합의 모형은 강유위 것보다는 안중근의 모델에 가깝다. 안중근은 그의 동양평화 담론을 통해 국가 간의 평화회의와 평화도시의 지정 그리고 공동방위, 공동화폐, 공동교육과 문화적 교류를 제안한 바 있는데 유럽연합의 모델이 이루어진 과정과 흡사하다는 점에 주목할 필요가 있다. 벨기에의 브뤼셀은 평화도시가 되었고, 나토의 공동방위체제와 유로라는 공동화폐와 유럽중앙은행을 통한 경제통합 그리고 에라스무스와 소크라테스 제도라는 교육의 교류는 안중근의 동양평화론 구상과 상당히 일치한다.

강유위와 안중근은 19세기에서 20세기로 나아가는 전환기에 근대적 사상을 제시하며 활동하였다. 이 두 사람의 활동의 범주는 완전하게 독립적이다. 상호 영향 없이 자신에게 주어진 역사적 궤적을 따라갔다. 강유위와 안중근은 동아시아의 근대사 속에서 유토피아 담론과 평화를 위해 고투한 이들이다. 그들 모두 자신의 개인적 전망이 성취되는 것을 목격하지 못하였다.

그러나 강유위의 사상은 중국의 근대 공화정이 세계주의적 성격으로 진화하는 데 깊은 영향을 주었다.[47] 안중근의 평화사상도 동아시아의 역사적 맥락에서 의미 있는 평가가 이루어지고 있다.[48] 강유위와 안중근은 제국주의 폭력과 준동에 대항하는 평화 담론을 공통적으로 제시하였다. 그리고 강유위는 세계주의라는 보편적 세계관 속에서 시대의 과제를 해소하려 하였고, 안중근은 역시 협소한 민족주의가 아닌 동아시아 세 민족국가의 평화적 공존의 논리를 제시하여 보편성의 토대를 확립하였다. 이는 답보 상태에 있는 동아시아 국가들의 평화적 관계 구성에 심오한 단서를 제공해 준다. 19세기와 20세기 초 강유위와 안중근의 활동과 담론은 현대 동아시아 평화 담론에 상상력과 영감을 제공하고 있다. 이런 점에서 강유위와 안중근은 동아시아의 중요한 평화 지향 전통의 유산으로 남아 있다.

05

한국인의 '토인(土人)' 개념과 평화

− 구미와 일본의 제국적 근대성과 자타인식

홍 이 표

(야마나시에이와대학(山梨英和大学) 인간문화학부 준교수)

1. 들어가며

2016년 10월 18일, 오키나와현(沖繩県)의 미군 북부 훈련장의 헬기 기지 이전 공사에 항의하던 시민들을 향해 현장의 경찰 기동대원이 "어딜 잡는 거야, 이 바보 같은 토인이!(どこつかんどるんじゃ, ぼけ, 土人が!)"라고 발언한 것이 영상으로 전파되어 사회적 파문을 일으켰다. 아사히신문(朝日新聞)은 사설에서 "귀를 의심하게 되는 폭언이다. … 메이지 시대 이후, 정부(국가)는 오키나와에 차별과 고난의 역사를 강요해 왔다"[1]라고 지적했다. '토인(土人)'이라는 말은 어째서 오늘날에도 일본 및 동아시아 사회에서 문제를 일으키고 있는 것일까.

이 단어는, 일본 제국에 의한 식민지 지배의 역사에서, 이른바 '문명화'나 '동화(同化, 혹은 內地化)'의 대상이었던 '식민지(植民地)' 그 자체가 아니라, 그 땅에 살고 있던 '식민지민(植民地民)', 즉 식민지에서의 '사람들(人々)'에 대한 자세를 규명하기 위한 하나의 키워드가 된다. 알버트 멤미(Albert Memmi)의 책『식민자와 식민지민』[2]에서도 명확한 용어로서 제시되고 있듯이, '식민자(the Colonizer)'였던 일본의 지도자들과, 조선, 대만, 사할린, 만주 등에 살고 있던 '식민지민(the Colonized)' 상호간의 인식 구조를 규명하는 것은 이 문제, 즉 '토인'이라는 말이 일본과 동아시아 사회에서 어떤 의미가 있는지를 살피는 데 도움이 될 것이다.

특별히 이 글에서는 서양의 정신적 유산인 그리스도교를 적극적으로 수용한 사람들의 태도를 집중해서 고찰할 것이다. 우선 일본 측에서는 후쿠자와 유키치(福沢諭吉), 이노우에 테츠지로(井上哲次郎), 에비나 단조(海老名弾正) 등 대표적 지식인들이 당시의 식민지민을 어떻게 이해하고 평가하였는지를 '토인'이라는 키워드에 주목하여 규명해 본다. 그리고 한국 측은 다수의 그리스도인이 남긴 문헌들 가운데 '토인'이라는 개념이 어떻게 인식되고 소개되었는지를 분석한다. 한국과 일본은 물론, 아시아와 세계의 여러 국가와 민족 상호간의 차별 의식이 상호 대립과 반목을 야기하고, 결국 평화를 위협하고 있다. 따라서 이러한 고찰은 문명인이라는 우월의식이 얼마나 폭력적이며 평화에 역행하는 것인지를 성찰하는 데 도움을 줄 것이다.

2. 근대 일본에서의 '토인' 개념의 탄생과 식민지민 이해

먼저 일본에서 근대적 '토인(土人)' 개념이 어떻게 탄생하였는지 고찰할 필요가 있다.[3] 원래 고대에서 근대에 이르기까지 '토인'이라는 말은 '그 지역의 사람들'을 가리키기 위해 사용되던 일반(보통)명사였다.[4] 하지만 메이지 시기가 되면서 여러 구미의 말들을 번역하는 과정에서 'natives'라는 용어가 문제로 떠올랐다. 우선 1889년에, 당대의 영향력이 있던 지식인 후쿠자와 유키치(福澤諭吉)는 「문명교육론(文明敎育論)」이라는 논설에서 "아프리카(亞非利加)의 토인에게는 지식이 적기 때문에 아직도 문명의 영역에 이르지 못하고 있다. 하지만 구미인(歐米人)의 지식은 풍부하므로 그 인민은 문명의 백성들이다"[5]라고 표현하여, '토인'이라는 말에 새로이 부가된 차별적 의미를 확산하는 데에 기여했으며, 이노우에 테츠지로(井上哲次郎)도 일본인의 유전적 배경에 '토인'적 요소가 섞여 있다는 외국 학자의 견해에 부정적 입장을 표시했다.[6] 이러한 '토인' 개념에 대한 부정적 태도는, 청일전쟁(1895)과 러일전쟁(1904)을 거치면서, 근대국가를 건설한 문명인으로서의 아이덴티티가 강화되는 가운데 '미개'(未開)의 아프리카·남미나 일본이 점령한 홋카이도, 사할린, 대만, 조선 등의 식민지 사람들을 구별해 가리키는 말로 정착되어 간다.

『학창회잡지(学窓会雑誌)』(1890)에는 「조선국(朝鮮國) 토인(土人)의 모습(朝鮮国土人の『ありさま』)」이라는 제목의 글을 통해, 조선인을 '토인'으로 부르고 있다.

조선국(朝鮮國)에 도선(渡船)하여 그 내지(內地, 여기서는 일반명사이므로 조선 국내를 의미-필자 주)를 발섭(跋涉)하여 … 잘 아시듯이 이 나라는 실로 미개국(未開國)이었는데, 근경(近頃, 요즘) 들어 조금씩 문명(文明)의 신공기(新空氣)를 호흡하고 있는 듯한 용체(容體)가 있습니다. … 이에 조선국 토인의 '모습'이라는 제목으로, 속속 게재하고자 합니다.[7]

『농업보습학교독본』(農業補習学校読本, 1898)의 '홋카이도 토인(北海道ノ土人)'이라는 장에서는 "홋카이도의 토인은, 그 인종 전체가 내지(內地)의 인종과 달라, 개화(開化)의 정도가 실로 낮다"라고 소개한 후, '조선정벌(朝鮮征伐)'에 대한 설명이 이어져, 그 당시 널리 퍼져 있던 '정한론(征韓論)'을 그러한 교과서 속에서도 가르치고 있었음을 확인시켜준다.[8]

이 흐름 가운데, 메이지 말기인 1899년(메이지32)에는 '홋카이도 구토인 보호법'(北海道旧土人保護法)을 제정하여, 홋카이도나 사할린 등지의 아이누 민족을 공식적으로 '구 토인(旧土人)'이라 부르기 시작했다. 이전부터도 아이누를 '북방 토인(北方土人)'이라고 칭했지만, 새롭게 등장한 '구 토인'이라는 표현은, 근세까지 내지에서도 일반명사로서 사용된 '토인'으로부터 '신(新) 토인(내지인)'과 '구 토인(아이누)'을 분명히 구분하는 과정에 의해서 파생되어 갔다. 하지만 그 후 홋카이도로 이주해 온 내지인을 '신 토인'이라고는 부르지 않았기 때문에 '구 토인'과 '토인'은 식민지민을 내지인과 구별하는 관청의 공식 용어로 채용되어 실제로는 차별어로서 새로이 정착되어 갔다.

　일본어 사전의 경우, 1900년경까지는 대부분 '토인'에 대해 '토착인'(土着の人)이라고 소개했지만, 1920년경부터 30년대에 걸쳐 제2 어의로서 '야만의 백성(野蠻の民)', '토착인으로서 아직 개화되지 않은 사람(土着のものでまだ開化せない人)', '원시적 생활을 영위하는 토착 인종(原始的生活ヲ榮メル土着ノ人種)' 등의 설명을 추가해 그 차별적 의미가 일반화해 갔다.[9]

　『식민지정책요강(植民地政策要綱)』(1929)에 의하면 '제12장: 식민지 토인 교육 문제'라는 장이 나오는데, 다음과 같이 식민지민을 일본 제국의 경영에 효과적으로 활용하기 위하여 궁리하고 있다.

　토인의 교육은 식민지 통치 상 가장 중대한 난문제(難問題)이다. 식민국(植民國)이 식민지 토인(土人)에 대하여, 문명국인(文明國人)이 가장 중대시하는 학문의 혜택을 향유케 함과 같은 일은, … 식민지 토인(土人)으로 하여금 야만미개(野蠻未開)를 그대로 방치케 함은, … 경제적 활동을 완만케 하여, 모국(母國) 경제에 이바지하게 되는 것이 실로 미흡케 됨을 보게 된다. … 미개(未開)의 토인(土人)에 대해서는 우선 제일로서 그들의 미신(迷信)을 제거함으로써 문명국인(文明國人)의 책무를 다해 나가지 않으면 안 되는 바, 미신을 타파하는 것은 교육의 힘에 기대를 걸 수밖에 없다."[10]

이처럼 메이지 중기까지도 일본에서 일반(보통) 명사로서 사용된 '토인'이란 말이, 내지는 물론 식민지에서도 널리 사용되어 갔다. 하지만 구미 열강이 자국 시민과 식민지의 유색 인종을 구분하여 '선주민(natives)'으로 지칭하는 것을 모방하는 가운데, 노예화된 식민지민의 피폐함이나 비문명화를 야만성이나 미개성으로 착각하여 뿌리 깊은 편견과 고정 관념을 낳은 결과, 근대 일본에서의 새로운 '토인'이라는 용어가 정착되었던 것이다.

이처럼 '토인'이라는 말이 메이지 말기부터 갑자기 차별적 용어로 변화한 이유에 대해서는, 남방권연구소(南方圈硏究所) 전무이사로서 식민지, 특히 남양군도 지역을 연구한 다케이 쥬우로(竹井十郎)가 자신의 책 『일본인의 신발전지 남양』(日本人の新發展地南洋, 1929)의 제3장 「토인이란 야만인을 말하는 것이 아니다(土人とは野蠻人の謂ひではない)」라는 글에서 다음과 같이 설명하고 있다.

> 土人이라 말하면, 야만인 식인종, 인간인지 짐승인지 분별하기 힘든 번인(番人)과도 같은 이들을 일본인은 상상하고 있지만, 이것은 대단히 잘못 생각하고 있는 것이다. 이런 현상은 土人이라는 말에 대한 착각으로부터 발생하고 있다. 여러 잘못된 생각이나 오해는 이러한 환각(幻覺)으로부터 발생하는 것이 적지 않다. 필경(畢竟) 일본인의 해외 지식이 너무 천박하기 때문이다. 토인이라는 말은, 그 토지의 선주민,

토착민이라는 의미뿐인 고로, 결코 야만인이라든지 식인종이라든가 하는 뜻이 아니다. 영어의 Native, 불란서어의 Autochthone, 즉 토착인(土着人), 그 토지에 예로부터 살고 있고, 그 토지에서 태어난 인간을 가리키는 말에 지나지 않는 것이다. 영국의 土人, 독일의 土人, 지나(支那)의 土人, 일본의 土人 등으로는 불리는 것은 없는데, 남양의 土人, 인도의 土人, 아프리카의 土人이라고 말하는 풍으로, 주로 열대의 토착민이 土人으로 불리는 것은, 영국이나 독일이나 지나나 일본은 모두 독립국이지만, 남양, 인도, 아프리카는 모두가 식민지이자 피정복지이다. 그래서 정복자는 피정복자를 자신들이나, 다른 외국인과 구별하기 위해 土人이라고 부르고 있는 것이다. 구미인은 백인이 인류 최고 등의 인종이라며 자화자찬적 자홀심(自惚心)이 강하기 때문에, 백인 이외의 인종을 특히 열등시(劣等視)하는 악벽(惡癖)이 있다.[11]

『고찰순례』(古寺巡札)나 『풍토』(風土) 등을 저술한 와츠지 테츠로(和辻哲郎)도 「아프리카의 문화」(1937)라는 논설에서, 식민지민으로서의 아프리카인을 야만시하고 토인(土人)으로 차별해서 지칭하게 된 경위를 다음과 같이 설명한다.

「야만적 니그로」(野蠻な=グロ)라는 생각은 유럽이 꾸며낸 것이다. 이것이 또한 반대로 유럽에 영향을 주어 20세기의 초까지, 상당히 높은

수준의 교양인조차도, 아프리카의 토인은 반수적(半獸的) 야만인이며, 노예 종족이며, 주물숭배(呪物崇拜) 외에는 아무것도 산출할 수 없던 미개민족(未開民族)이라는 등의 생각을 하고 있었다.[12]

즉, 유럽인이 '꾸며낸 것'으로서, 식민지민에 대한 새로운 부정적 이미지의 날조가, 또 다시 식민자의 본거지(유럽)에서 확대 재생산되어 그 낮은 평가와 편견이 더욱 더 심각해져 갔다는 설명이다. 앞에서 언급한 다케이는 남양 지역을 방문한 '무책임한' 일본인 '여행자'가 귀국하고 나서 그곳 식민지민에 관한 왜곡된 정보를 전하는 것을 비판하며, 식민지민도 일본인과 다름없는 '개화의 백성(開化の民)', '토착민(土着民)', '토민(土民)'임을 강조했다.

오늘날에는 온량(溫良)한 개화의 백성(開化の民)이다. … 허술한 일본인보다 훨씬 훌륭한 토민(土民)이 매우 많다. 무책임한 여행자 등의 필화(筆花)에 오르내리는 것 … 그것은 조선에는 범이 있다고 말하면서, 범을 실제로 본 적은 거의 없는 것과 마찬가지 말이다. 마래인(馬來人, 말레이족)과 같은 이들은, 일본 민족보다 진화(進化)의 역사가 구구하며, … 인도 문명의 흡수에 있어서는 일본인보다 한 걸음 더 앞서 있다. 토인(土人)이란 야만영맹(野蠻獰猛)한 인간이라고 착각하는 것은 정답으로부터 괴리되어, 문필(文筆)을 의심하게 되는 결과를 초래하기 때문에, 토인(土人)이라는 문자에 결코 구니(拘抳, 구애)되어서는 안 된다. 즉 그것은 토착민(土着民)의 뜻이며, 문화의 정도가 아직 낮은 종족이라고 해석하면 좋은 것인데, 하지만 나는 아주 조금이라도 동포의 착각을 엷게 하고자 하는 용의(用意)에서 늘 '토민'(土民)이라고 쓰고 있다.[13]

다케이는 식민지민에 대한 '동포의 착각'을 줄이기 위해 의도적으로 '토인(土人)'이 아닌 '토민(土民)'이라는 용어를 채용하고 있음을 강조하였다. 이처럼 메이지 시기에 새롭게 등장하고 확산·정착하였던 '토인'(土人)이라는 말은, 일부 지식인에 의해서 '토민'(土民)이라는 말로 바꿔야 한다는 저항을 받았다. 그리스도교 측에서는 '조선전도론'을 제창한 에비나 단조(海老名弾正)가 조선, 대만, 아이누, 오키나와 등의 식민지민을 '토인'이라고 지칭했다.[14] 하지만 에비나의 제자인 요시노 사쿠조(吉野作造)와 이시카와 산시로(石川三四郎)는 다케이처럼 '토민(土民)'이라는 용어를 채용하여 에비나와 대립하기도 하였다.[15]

이와 같이 '토인'으로 불린 일본 제국 하의 식민지민들에 대해서, 오구마 에이지(小熊英二)는 그의 책 『'일본인'의 경계』(1998)에서 "'일본인'이지만 '일본인'이 아닌 존재"[16]로서 경계선상에 놓여 있던 식민지민의 입장을 설명했다. 이것은 스테판 다나카(ステファン·田中)나 강상중이 제시한 '일본형 오리엔탈리즘'[17]과도 연결이 된다. 즉, 일본 제

국은 '탈아와 흥아(脫亞と興亞)'라는 상반된 두 개념 모두를 식민지 지배의 논리로서 활용했지만, 이러한 양의성(兩義性)이야말로 구미 제국주의 및 식민지 지배와의 명확한 구분을 나타냈다고 말한다.[18] 오구마는 이것을 '배제와 포섭'이라는 개념으로 설명한다. '배제'는 문화적으로도 정치 단위로서도 주변지역을 일본과는 다른 별개의 식민지(「非日本」)로서 평가한다. 즉 식민지민을 야만시·멸시하면서 차별적인 취급도 용인하는 '배제'는, 에비나가 채용한 비문명·미개의 '토인' 개념으로 연결된다. 한편 '포섭'이란, 편입된 주변지역을 식민지는 아니고 일본의 일부라고 평가하는 것으로서, 그곳 주민을 일본인, 즉 국민통합의 대상으로 삼는다. 식민지민의 권리와 평등을 강조하는 '포섭'은, 그 공민성을 포함한 요시노 사쿠조 류의 '토민(土民)'이라는 말과도 연결되지만, 이것은 결국 1930-40년대의 동화 정책, 즉, 신사참배나 창씨개명 강요, 징용·징병 등에 논리적 기반으로 작용한다.[19] 일본 제국의 식민지민 관리는, 이처럼 모순되는 '양의성'에 근거해 행해졌으므로 '토인·토민' 모든 개념이 결국 '일본형 오리엔탈리즘'에 근거하는 제국 경영에서의 문제와 한계를 내포하고 있다는 점은 명백하다.

전후에는 과거에 대한 반성적 분위기의 고조로 인해서, 『광사원(広辭苑)』(1955)이나 『광사림(広辭林)』(1973) 등의 사전이 '토인'을 "원시적 생활을 하고 있는 야만인(原始的生活をしている蛮人)"이라고 설명하는 등, 이 용어는 완전한 차별어로 분류되어 신문·방송 등에서도 그 사용이 금지되고 있다. 비교적 최근까지도 '홋카이도 구토인보호법(北海道旧土人保護法)', '구토인급여지(旧土人給与地)' 등의 법률 용어에서 '토인'(土人)이라는 말은 뿌리 깊게 남아 있었지만, 1997년 '아이누 문화진흥법(アイヌ文化振興法)' 등의 제정과 함께 기존 법률은 폐지되었다. 여기까지 고찰한 것처럼, 후카자와, 에비나 등 근대 일본인들이 채택한 '토인'이라는 용어는, 그들이 '식민지민'을 어떻게 인식했는지를 규명하기 위해 중요한 개념이 아닐 수 없다.

3. 한국인의 '토인' 개념의 내면화 과정
　―기독교인의 사례들을 중심으로

1) 보통명사로서의 '토인' 개념의 변화
　―서양 선교사들의 오리엔탈리즘적 관점의 유입

'내지(內地)'라는 말은 중국, 한국 등 모든 한자 문화권에서 '국내' 혹은 '오지' 등을 의미하는 '보통명사'로서 사용되었지만, 강제병합 이후 '일본'만을 의미하는 '고유명사'로 강요되기 시작했다. '토인'이라는 말도 원래는 특정 '지역민, 토착민' 개념으로서의 보통명사로서 사용되고 있었다.[20] 조선 후기에도 주민들을 학대한 경기도 남양 지역의 유지들을 "토인 홍희일(洪熙逸)·홍희적(洪熙績) 등"[21]이라고 표현하고 있음을 보면, '토인'은 특별한 차별적·멸시적 의미를 담지 않은 채 특정한 지역민들을 통칭해 부르던 '보통명사'의 성격이 강했음을 알 수 있다.

이러한 용례는, 19세기-20세기 초의 기독교 신문 등에서도 자주 발견된다. 예를 들어, 1897년 감리교회 아펜젤러 선교사가 펴낸 『죠선 크리스도인회보』에서는 러시아의 해삼위(海參崴, 블라디보스토크)의 사람들을 '본토인' 혹은 '토인'이라 부르며 기존의 '보통명사'적 성격을 채용하고 있다.[22] H. G. 언더우드가 발행한 《그리스도신문》에서도 한 인물을 소개하며 지역민으로서의 '토인' 용어를 사용하는 걸 보면,[23] 19세기까지도 전통적 '토인' 개념(지역민)이 적잖이 사용되었음을 확인할 수 있다.

하지만 급변하는 국제정세 속에서 소위 발달된 근대 문명을 통해 진출해 오던 서양 제국과 달리 여전히 지체된 세계 각 지역의 민족이나 인종에 대해서 조선에서도 '토인'이라고 부르기 시작하면서 새로운 근대적 의미를 지니게 된다. 특히 그러한 '토인' 개념을 적극 사용·전파하기 시작한 이들 중에는 기독교인이 특히 많았다. 예를 들어, 대표적인 개화파 인사였지만 갑신정변 실패 후 미국에 망명하여 유학한 뒤 귀국한 서재필은, 《독립신문》(1897)을 통해 서양인의 오리엔탈리즘(orientalism) 시각에서 동양인과 아프리카인 등을 토인으로 묘사하고 있다. 한 예로, 일본 정부가 용병으로 데려온 대만인들을 '토인'으로 서술하고 있으며,[24] 아프리카의 이집트인에 대해서도 '토인'으로 멸시적으로 표현한 반면, 영국인 군인에 대해서는 실명까지 거론하며 그 안위를 걱정하는 논조를 펼친다.

> 이급 선봉들이 토인의 선봉을 돈골나 북쪽 빅여리 밧쎄셔 ㅁ나 토인의 군수를 쫏ᄎ 버렷ᄂ디 이급 군수 즁에 죽고 상ᄒᄌ가 이십 명이요 이급에 쥬찰ᄒ 영국 긔병 졍위 페이튼 씨가 즁히 상ᄒ엿ᄂ디 엇더 ᄒ면 죽지ᄂ 아니 ᄒ겟다더라.[25]

1898년 9월 5일, 초기 남감리회 신자였던 남궁억(南宮檍)을 사장으로 하여 발행되기 시작한 《황성신문》도 1899년 신문들에서 "아불리가토인(阿弗利加土人)"[26]이나 "토인의 조의이해(造意貽害)"[27], "남아토인불온(南阿土人不穩)"[28]과 같이, 아프리카인들을 '토인'으로 규정하며 부정적으로 묘사하기 시작한다. 이처럼 기독교계의 근대 매체에서 아프리카나 동남아, 중남미 등의 원주민들을 야만으로서의 '토인'으로 묘사하게 된 것은, 19세기에 확산된 서양인들의 세계 각국에서의 선교 활동과 그 체험과 목격담이 하나의 근거로 작용한 결과였다. 이러한 관점과 체험담은 1940년대까지도 꾸준하게 기독교 신문과 잡지에 등장한다.[29]

한국 최초의 감리교 내한 선교사인 H. G. 아펜젤러가 발행한 『대한크리스도인회보』(The Korean Christian Advocate)의 기사도 이처럼 아프리카 회고담을 근거로 근대적 '토인' 개념을 전파하고 있다.

> 아프리까 닉디(內地)에 유람ᄒ고 온 유명ᄒ 사름의 말이 우리가 아프리
> 까 토인 즁에셔 원슈를 만이 만나스되 뎨일 간악ᄒ 토인은 킈젹은 난
> 쟝이라 이 난쟝이들이 활과 살을 가지고 싱소ᄒ 사름을 보면 쏘되…. [30]

미감리회의 조원시(趙元時, G. H. Jones) 선교사가 최병헌(崔炳憲) 전
도사의 도움으로 1900년 12월에 발행한 『신학월보』에서도 이러한 관
점에서 아프리카인을 비하하는 표현이 등장한다.

> 아푸리가쥬 흑인들은 죵낙이심다 ᄒ야 기즁 별구아나 죵유ᄂ 흉악
> 픠례 ᄒ야 싸호기를 죠와ᄒ고 살인으로 락을 삼아 원인에 유력ᄒᄂ
> 쟈—미양 샹히ᄒᄂᄇᆡ 되고 쏘 악습과 츄힝을 다 형언ᄒᆞᆯ 수 업ᄉ며 력
> 디 이릭로 교화를 아지 못ᄒ고 즘승과 ᄀᆞ치 사ᄂ 무리의게 모법이라
> ᄒᄂ 목ᄉ가 간신이 목숨을 보젼ᄒ야 토민들의게 젼도ᄒ니 토민들이
> 듯지 안타가 ᄒ로ᄂ 모법 목ᄉ가 권연ᄒᄀᆡ를 주엇더니…. [31]

'아푸리카쥬(洲) 흑인들'에 대해서 "싸우기를 좋아하고 살인을 낙으
로 삼으며, 악습과 추행을 다 형언할 수 없는 짐승과 같이 사는 무리"
라고 적고 있다. '비주(飛走) 아프리카 토인(土人)'이라는 말이 자주 통

용되었던 것은, '나는 새와 뛰는 짐승들'을 의미하는 '비금주수(飛禽走獸)'의 준말인 '비주(飛走)'를 차용해 아프리카인 앞에 붙인 데서 유래한 것이다. 위 인용문은 '토민'이라는 말이 사용되었으므로 '토인'과 더불어 이 말도 차별적 의미를 지니긴 마찬가지였다. 이러한 아프리카인의 인상도 결국 '모범 목사'라는 한 서양인의 증언을 토대로 하고 있다. 이러한 『신학월보』의 '토인' 개념은 아프리카뿐만 아니라 중동,[32] 남태평양 군도,[33] 인도, 남북극, 적도, 남양군도 지역까지 포괄하며 언급된다. 그리고 존 웨슬리의 미국 원주민 전도를 소개하는 글에서도 "미국 토민"[34]과 같은 표현을 쓰고 있다.

이런 관점에서 H. G. 언더우드 및 게일(奇義男, James S. Gale)이 발행한 『그리스도회보』(Korea Christian Advocate)도 인도네시아 수마트라의 토인(土人)을 선교한 독일 선교사의 경험담을 소개하면서 "여러 번 죽을 뻔했으나" 하나님의 보호로 50년간 선교활동을 이어갔고, 인도네시아를 점령 중이던 화란국 황후로부터 받은 훈장은 '천국 영생 면류관'이라고 표현하고 있다.[35] 또한 아프리카 개척 선교사로서 유명한 리빙스턴이 "사름을 잡어먹는 아불리가 토인의게 전도ᄒ야 구미각국 선교ᄉ의 선봉이 되"[36]었다며 그 모습을 영웅담처럼 소개하고 있다. 식인종(食人種)으로서의 아프리카 토인의 부정적 이미지는, 게일 선교사를 통해 수년 뒤 아프리카에 서식하는 '식인초(食人草)' 식물의 소개로까지 이어진다.[37]

이처럼 19세기 말-20세기 초 시기의 '토인' 개념은 철저히 서양인 선교사의 오리엔탈리즘적 관점을 경유한 것으로서, 문명으로서의 일본 제국의 시각이 반영된 것은 아니었다. 특히 한국의 기독교인들은 서양의 종교(기독교)와 더불어 근대문명의 선도적 수용자로서, 청국, 일본, 한국을 모두 기독교를 통한 근대화의 대상으로 설정하고 있다. 아래의 한 서양인 목사를 소개하는 글에서, 『신학월보』의 필자는 극도, 적도, 인도, 아프리카, 태평양 남방 토인 등에 대한 전도 활동이 이윽고 청국과 일본, 대한(大韓)에까지 이르렀다고 서술하고 있다.

> 조곰도 겁닉지 안코 남병양건처 극흔쟈와 적도 밋 혹열흔 곳에도 가
> 며 인도국이며 아프러가쥬 남방 토인의게도 가며 또 태평양 즁 셔인
> 도에 잇는 흑인들은 다우완 무례ㅎ고 픠악무도ㅎ야 사롬을 히ㅎ는 무
> 지흔 쟈의게도 가셔 전도ㅎ며 청국과 일본과 대한에도 이르러 전도ㅎ
> 며….[38]

이는 한국의 기독교인이 보기에 한·중·일 3국은 모두 기독교 문명을 통해 변화되어야 한다는 의식을 담아내고 있다. 감리교 전도사 문경호[39]는 『신학월보』(1903)에 게재한 논설에서 세계 각국의 미개한 풍속과 악습들을 소개하면서, 미국 본토인종, 아프리카 흑인, 인도를 소개하고 일본, 러시아, 청국, 그리고 한국까지도 그 부정적 사례들을

언급하고 있다.[40] 이는 아직 문명으로서의 '제국일본'에 대한 의식이 강하게 뿌리내리지는 않았고, 서양인의 오리엔탈리즘에 입각한 '토인' 의식만이 소개되는 가운데, 한·중·일 등의 동양 3국은 기독교를 수용함으로써 그러한 야만성으로부터 탈피되어야 함을 주장한 것이다. 따라서 1908년 『신학월보』의 '성경의 효력'이라는 글에서는 "구미제국(歐美諸國)과 비쥬토민(飛走土民)과 태평양 야만(太平洋野蠻)"까지 모두 문명계로 이끌 수 있는 것은 기독교의 성경이 지닌 감화력이라고 주장하고 있다. 여기서 한·중·일 3국은 언급되지 않지만, 서구 기독교를 수용한 입장에서 '구미제국'(歐美諸國)에 편입되고자 하는 후쿠자와 유키치의 '탈아입구'적 기대감이 읽혀진다.

> 결국 그런즉 예수교 성경은 원릭 하느님의 목시호심으로 사름을 온전케 하며 영성을 엇게 하며 하느님의 아들이 되게 하시느니 그 효력이 크고 만하이로다. …구미제국과 비쥬토민과 태평양 야만서지 다 문명계에 나아가 구원을 엇게 된거슨 모도 우리 성경의 감화력으로 된 거시라….[41]

자연스럽게 이러한 서양 선교사들의 제국주의적, 오리엔탈리즘적 관점에 의한 '토인' 개념 확산은, 동남아시아나 아프리카의 식민지민들에 대한 부정적 묘사로 이어졌고, 그것은 폭력적이고 야만적이며,

악습으로 가득 찬 이미지였다. 영국, 프랑스, 독일, 스페인 등의 유럽 제국은 야만 세계와 투쟁하는 선한 이미지로 묘사되었고, 그것은 기독교가 선(善)이므로 이교도 지역의 식민지들은 자연스럽게 악(惡), 즉 토벌(討伐)의 대상으로 규정되는 방식이었다.

이러한 한국 기독교인들의 관점은 미국 남감리회 동양연회를 관리하던 램버스(W. R. Lambuth) 감독의 아프리카 선교 경력을 소개하던 『신한민보(新韓民報)』의 1916년 기사에서도 그대로 반영되고 있다.

> 람버트 감독의 싸움 성공, 람버트 감독은, 년 전에 아프리카에 전도 가던 일을 보면 가히 증거할지라. 당시 비쥬 흑인은 인육을 먹으며 더욱 외국인을 구시하야 무수한 백인의 혈육을 그 입에 빨은 고로 모든 친구가 손을 잡아, 가지 말기를 권하니 람버트 감독은 개언히 길에 오르며 가라사대, "나는 파리한 사람이라. 흑인이 엇지 뼈만 남은 나의 몸에 침을 흘리리오. 나는 상제(하나님)의 사명을 받은 사람이라. 십자가를 들은 때에 나의 몸은 벌써 잊은 지 오래다." 하고 깊히 비쥬 중심에 들어 4년 간 금풍철우 중에서 야성이 길들지 않은 검은 양의 무리를 팔레스틴 울타리 안으로 몰아들이고 대승첩의 월계관을 가져 도라 왔다더라.[42]

램버스를 찬양하는 한국의 그리스도인들은, 아프리카 흑인들을 대부분 '식인종'으로 단정하며, "야성이 길들지 않은 검은 양의 무리"라고 표현하는가 하면, 그들을 대상으로 한 선교 활동은 '싸움'이며, 그 성과는 '대승첩의 월계관'이라는 등 전투적으로 묘사하고 있다. 이는 당시 백인 중심의 기독교 선교가 흑인을 얼마나 미개한 야만적 존재로 평가했는지 잘 보여준다. 그런데 한국인들은 그들의 인종차별적 시선을 그대로 수용하며 백인의 시선에 편승해 흑인을 함께 멸시하고 있다. 아래는 1907-1909년《예수교신보》와《황성신문》의 보도 내용인데, 모두 동일한 서술 방식과 결론임을 확인할 수 있다.

아푸리가 남방에 영국 령토 수울누가 잇는되 그 디방 토인들이 한 삼천 명이 니러나서 영국 사름과 깃치 싸호는 즁인되 아직 평화가 되지 못ᄒ엿더라. 이 디방 사름은 흑인 즁인되 비록 흑인이라 지혜 만혼 사름도 잇스며 신심이 만혼 사름도 잇스며 용병(用兵)을 잘ᄒ는 사름도 잇느니라.[43]

지난들 二十五일에 법국 군되가 모락가 토인 흔 三千명으로 더브러 여섯시 동안을 대젼ᄒ엿는되 피츠에 스싱이 만ᄒ엿고 방금 법국에 큰 걱정이 된다더라. 모락가 왕을 슐단이라 칭ᄒ는되 전졔(專制) 정치ᄒ는 나라히오 나라 지정을 다 님군이 쥬관ᄒ며 모든 벼슬을 다 팔며 완고의 풍쇽이 심히 만타더라.[44]

摩洛哥 릿푸에서 서반아 노동자 4인이 피살함으로 서반아의 토벌대는 전지 토인과 격전하야 40명의 사상이 출한 후, ○○○를 점령하얏다더라.[45]

이러한 서양 선교사들의 관점은 영국인 베델과 기독교인 양기탁 등이 발간한 《대한매일신보》가 필리핀인들을 토인(土人)으로 기술하면서 식민지 지배를 이어가던 미국인들에 대해서는 '국민(國民)'으로 기술[46]하는 데서도 극명하게 대조되어 드러나고 있다.

2) 미개인·야만인으로서의 '토인' 개념에 포함된 조선인(1910년 이후)

한국의 기독교인들은 서양 선교사의 눈을 통하여 '문명과 야만', '선과 악', '복음(진리)과 구습(거짓)'을 구분하면서 '토인'이라는 개념에 눈을 떴다. 특정 지역의 '토호' 혹은 '지역민'을 지칭하던 보통명사로서의 '토인'은 복음 전도와 문명 교화의 대상으로 새롭게 설정되었다.

하지만 청일·러일전쟁을 겪으면서 급부상한 일본 제국의 식민지로 바뀌어 가면서, '문명으로서의 일본 제국' 안에서 '야만으로서의 식민지 조선'으로 전락해 간 조선인들은 그 스스로가 '토인'이 되고 말았다. 일본 정부는 이미 1896년 의병들에 대해서도 일본 영사가 '토인'이라 지칭하며 멸시하였다.[47] 1905년 함경도 북부 간도 지역 사람들이 일본의 북진에 반발하며 마찰이 있을 때에도 '일본인에 대한 토인

의 감정(日本人ニ對スル土人ノ感情)[48]과 같은 보고서 제목에서도 잘 알 수 있듯이, 그들을 '토인'이라 지칭하며 차별적으로 표현하였다.[49]

실제로 '토인'으로 취급된 사건도 발생했다. 1903년 오사카에서 개최된 제5회 오사카 내국 권업박람회(大阪內国勧業博覧会)에서는, 제4회 때와 달리 '학술인류관' 형태의 전시관이 등장하였고, 내지와 가까운 이인종(異人種)을 모아, 그 풍속, 생활의 모습 등을 보여줄 취지로 홋카이도의 아이누 5명, 타이완 생번 4명, 류큐(오키나와)인 2명, 조선인 2명, 지나(중국)인 3명, 인도인 3명, 인도의 기린 인종 7명, 자바인 3명, 방글라데시인 1명, 터키인 1명, 아프리카인 1명 도합 32명의 남녀가 각 나라를 표시한 일정한 구역 내에 생활케 하여, 일상적 기거 동작을 보이게 했다. 이는 파리 만국박람회와 미국 박람회에서 원주민 촌락과 같은 차별주의적 시선의 장치가 연출된 것을 보고 따라한 것이었다.[50]

이 사실이 알려지자, 중국은 감히 대국(大國)의 중국인을 '야만인들' 틈에 나란히 세워 놓았다고 격분하면서 항의했다.[51] 류큐(오키나와)에서도 "류큐를 생번이나 아이누, 그리고 조선인과 동일하게 취급한 것"에 분노하며 항의했다. 오키나와는 이른바 '내지'에 속한 '내지인'이거늘, '외지'의 조선인과 대만인(생번) 따위의 하급 인종과 함께 취급당할 수 없다는 항변이었다.

이처럼, 극동의 주변국 일본이 급속히 근대국가로 변신하는 과정에서, 일본은 새로운 '서구 근대'와 동급으로 자리매김해 갔고, 그 주변의 아시아인들은 서로가 서로를 평가절하하며 '중층적 차별 구조'를 새롭게 구축하였다. 조선인 전시에 대해서도 항의가 이어졌지만, 러일전쟁의 암운 가운데 거의 기능을 상실하고 형해화된 유령국가로서의 대한제국의 외침은 위력이 없었다.

러일전쟁 이후 을사늑약으로 국권이 상실되자, 1907년 3월에 메이지 천황 재위 40주년을 기념해 동경 권업박람회가 우에노 공원에서 열렸다. 이때 대관람차가 일본 최초로 설치되었고, 마침 방일 중이었던 도산 안창호(安昌浩)도 이 박람회에 참석했을 정도로 화제가 되었다. 하지만 이 박람회에서도 대만인, 아이누인, 류큐(오키나와)인과 함께 2명의 조선인 남녀가 전시되었다. 인산인해를 이룬 이 박람회에 대해《대한매일신보》나 『태극학보』 등에는 한 유학생의 방문기가 소개되어 있다. 행사장 한쪽에는 한국통감지예(韓國統監之隸)라는 간판이 걸린 '조선관'도 있었는데, 타 전시관에 비해 비좁고 조악하기 이를 데 없어 유학생들은 비참한 기분에 휩싸였다고 전한다. 유학생은, 일본인 몇 명이 "제1관 안에 조선 동물 2개(마리)가 있는데 대단히 우습더라"[52]라는 수근거림을 들었다고 보고하였다. '수정관'이라는 소규모 전시실에는 대구에서 왔다는 김 씨라는 남성과 한 여성이 비통하게 앉아 있었다고 한다.

일본인들의 조롱어린 태도를 목격한 기고자는 "우리나라 사람이 일본인에게 무슨 빚이 있어, 같은 황인종으로 금전을 받아 관람케 하는가. 목이 메어 말이 막히고, 두 눈에 눈물이 흐른다."[53]라고 읍소했다. 유학생들은 "일본이 유신한 지 수십 년 만에 서구 열강과 어깨를 나란히 하고 동양의 선구자 되었으니 그 아니 위대한가"[54]라고 칭송하였으나, 그 전시관을 본 뒤에는, 분개하여 다음과 같이 적었다.

귀국인(貴國人, 일본인)이 동필(動必, 쓰기를) 한국(韓國)은 동문동종(同文同種)이라 운(云)하고 여차(如此)혼 부인도행위(不人道行爲)를 위이불탄(爲而不憚, 꺼리지 않음) 흐니 시(是)는 아한국민족(我韓國民族)을 모멸(侮蔑)홈에 불지(不止)흐고 인류(人類)가 되야 인류를 능욕(凌辱)흐니 시(是)는 오제(吾儕)가 일방(一方)으로 한인(韓人)이 되야 한인(韓人)의 모욕(侮辱)을 묵간(黙看)홀 슈 무(無)흐고 … 그(其) 죄(罪)를 오정(鳴正)이라 흐대….[55]

앞서 서양인 선교사들의 관점으로, 아프리카 흑인을 '식인종 야만인'으로 단정 짓고 멸시하던 조선인은, '망국'의 설움과 함께 일본인들에게 야만인 취급을 받게 되었다. 그것은 백인 세력으로부터 동양 세계가 함께 받던 멸시의 시선보다도 더욱 충격적인 사건이었다. 이때부터 조선인들 내면세계에는 '자아분열'과 '모순'이 형성되기 시작한다. 일본에서의 조선인 전시 소식을 전하는《대한매일신보》는 '차별하다 차별받는 신세'를 다음과 같이 한탄하고 있다.

오호통재라(嗚呼痛哉)라 아동포(我同胞)여 석자(昔者, 과거)에 오인(吾人)이 아프리카 토인종(阿弗利加土人種)을 애련(哀憐, 불쌍히 여김)ᄒᆞ얏더니 엇지 금일(今日)에 아프리카 토인(阿弗利加土人)이 오인(吾人)을 중련(重憐, 심히 불싸히 여김)ᄒᆞᆯ 지(知)하얏스리오.[56]

이(此) 사건(事件)에 아한국(我韓國)에 중대(重大)ᄒᆞᆫ 모욕(侮辱)됨을 명명가지(明明可知)라.··· 이(此) 건(件)이 한국(韓國)에 치욕(恥辱)되지 아니ᄒᆞ면 여하(如何)ᄒᆞᆫ 사건(事件)이 국치민욕(國恥民辱)이 되겟ᄂᆞ뇨. 경년(頃年) 대판박람회(大阪博覽會)에서 간상배(奸商輩)가 한국부인(韓國婦人) 이명(二名)을 야만인류관(野蠻人類館)에 치(置)ᄒᆞ고 관람료(觀覽料)를 취(取)ᄒᆞᆫ 역사(歷事)가 유(有)ᄒᆞᆫ데···.[57]

한국강제병합을 1년 앞둔 시점이었던 1909년 9월 5일자《대한매일신보》1면에는 '일본 북해도의 토인'이라는 기사가 실렸는데, 당시의 복잡한 심정을 잘 보여준다. 일본의 식민지민으로 전락한 아이누인을 향해 '토인'이라고 부르면서 그들도 원래는 일본에 저항하던 독립적인 민족이었으나, 굴복한 순간부터 저항적 정체성을 상실, 망각하여 지금과 같이 무기력한 민족이 되었다는 내용이다. 글의 마지막에 필자 한천생(恨天生)은 "슯호다. 패흔 나라에 잇는 군자는 멋천 년의 문명을 자랑치 말며, … 분발ᄒ여 노례의 셩품과 노례의 습관이 인민의 뇌슈에 침입홈을 경계ᄒ고 날마다 독립의 ᄆ음을 양셩홀지니라"[58] 라면서, 망국의 풍전등화 앞에서 아이누 민족처럼 될 수 있음을 경고하고 있다. 여기서 조선인은 '문명인'이지만, 혹여 야만과 미개의 '토인'으로 전락할 수 있다는 위기감을 드러내고 있다.

미국 샌프란시스코의 조선인 기독교도들이 중심이 되어 조직된 국민회(國民會)의 기관지였던 『신한민보』(1909년 창간)는 바로 이 시기에 순종이 이토 히로부미와 함께 홋카이도(북해도)를 방문한 기사 「토인의 경례」[59]를 게재하였다. 이 기사에서 아이누 '토인'들이 순종 황제(대한제국)를 향해 최상위의 경례를 행한 것을 소개하고 있다. 이는 조선인이 '토인'으로서의 '아이누 민족'보다는 우위에 있다는 점을 애써 확인하고 싶은 모습이다. 이러한 한국인들의 '토인' 개념의 내면화 과정은, 식민지민으로 전락 중인 스스로는 '토인'에 속하지 않으며 '문명인'에 포함되어 있음을 애써 강조하려는 심리에서 비롯된 반응이다.

실제로 일본 제국은 대만에 이어 한국을 병합(1905-1910)하면서, '일본' 제국의 팽창이 본격화되자, 기존의 일본, 즉 혼슈, 시코쿠, 큐슈 등의 '야마토' 지역을 '내지(內地)'로 규정하고, 기존의 일본인을 '내지인(內地人)'으로 고유명사화했다. 자연스럽게 미개와 야만으로서의 '외지' 및 '외지인' 취급을 받게 된 한국인은 '토인'이라는 근대적 개념에 대한 거부감을 갖게 되었고, 특히 기독교인들은 대표적인 서구 종교를 수용하였다는 점에서 '문명인'이라는 자각과 함께 '토인' 개념을 객체화해 나갔다.

3) 3.1운동 이후 '문명인·근대인'으로서의 조선인 개념 확대

1956년 2월, YMCA의 전택부 총무는 기미독립선언서의 작성자인 최남선을 인터뷰하며 "선언문을 읽어 보더라도 거기에서 종교적 요소를 발견하게 되는데 선생님의 당시 종교의 경향은 어떠하셨습니까?"라고 질문하였고, 그에 대해 최남선은 다음과 같이 대답했다.

> 당시 나는 의식적인 기독교 신자는 아니었습니다. 천도교 신자도 물론 아니요 불교 신자도 아니었습니다. 허나 나는 대체로 어려서부터 기독교 서적을 읽었고, 당시의 애국지사들은 대개가 기독교 교인들인 만큼 그들과 무시로 상종하는 동안 자연 기독교적인 사상을 가지게 된 것이 사실입니다. 그리고 나는 본래부터 자유사상이 농후한 사람인데다가 독립이니 자유니 평등이니 정의니 하는 말이 다 기독교에서 나온 것인 만큼 나의 사상에서 기독교적 영향을 빼면 도저히 이해할 수가 없다고 봅니다.[60]

이러한 증언을 토대로 일본 제국의 지배가 10년 경과했을 때 발생한 3.1독립운동의 사상적 배경의 중심에는 '기독교'가 자리했음을 알수 있다. 여기서 본 논문의 주제인 '토인' 문제로 선언서의 아래 대목을 새롭게 주목해 볼까 한다.

> 아문화민족(我文化民族)을 토매인우(土昧人遇)하야, 한갓 정복자(征服者)의 쾌(快)를 탐(貪)할 뿐이오, 아(我)의 구원(久遠)한 사회기초(社會基礎)와 탁락(卓犖)한 민족심리(民族心理)를 무시(無視)한다 하야 일본(日本)의 소의(少義)함을 책(責)하려 안이 하노라.[61]

3.1독립선언서에 등장하는 '토매인우(土昧人遇)'라는 말은 곧 '야만적인 토인 취급을 한다'는 뜻이다. 따라서 '우리 문화민족(我文化民族)'이라는 바로 앞의 표현에서 알 수 있듯이, 조선인, 특히 3.1운동에 적극 참여한 조선의 기독교인들은 스스로를 '문명인'으로 전제하고 있으므로 '토인(土人)'으로 취급받고 있던 조선총독부의 무단통치의 현실에 대해 강하게 저항한 것이다. 하지만 3.1독립운동 직후 이완용(李完用)의 형인 이윤용(李允用)[62]은, '소요사건에 관한 도장관 보고철'(騷擾事件=關スル道長官報告綴 七册ノ內七)을 통해 다음과 같이 조선인들을 '토인'이라고 규정짓고 있다.

> 코가 높은(거만한) 서양인에 의한 것과 다름없는, 혹여 서양인에 의한

것(지배)이 될 때엔, 그들(서양인)은 이종별족(異種別族)으로서 촌분(寸分)의 동정(同情)을 주지도 않을 것이며, 혹은 우리 조선인(我我鮮人)은 토인(土人)으로서 제주도(濟洲島) 같은 장소로 구축되어 자연히 멸망(滅亡)해 버릴 것임을 알지 못하고 있습니다.[63]

이윤용은 조선이 일본에서 독립하여 서양인들의 손아귀에 넘어가면, 결국 그들로부터 '토인' 취급을 받으며 자멸(自滅)할 수밖에 없다고 강조하고 있다. 결국 일본 제국에 의한 지배를 받는 것이 훨씬 더 바람직하다는 결론을 내리기 위해 이렇게 표현한 것이다.

3.1운동은 결국 정치적 의미에서는 실패로 끝나고 말았다. 하지만 독립선언서에 명시된 '아문화민족(我文化民族)' 즉 '문명인'으로서의 정체성은, 이후 조선보다 열등한 '타자'에 대한 멸시와 차별을 통해 자위하며 유지해 갈 수 있었다. 그 결과 1920-30년대에도 조선인들, 특히 조선의 기독교인들은 동남아시아,[64] 만주,[65] 아프리카,[66] 남양군도[67] 및 오세아니아[68], 하와이,[69] 미국 원주민[70] 등에 대한 '토인'으로서의 타자화를 더욱 강화해 나간다.

특히 아프리카인에 대한 멸시적 타자화는 가장 극심했다. 기독교인이기도 한 안창호(安昌浩)와 주요한(朱耀翰) 등이 중심이 된 흥사단(興士團)과 1926년 1월에 조직된 '수양동우회(修養同友會)'의 기관지로서 1926년 5월에 창간된 『동광(東光)』의 기사 하나가 주목된다. 1932

년 5월호에 게재된 '아푸리카 토인의 살인제(殺人祭)[71]라는 기사이다. 살아 있는 여성을 제물로 바쳐 죽음에 이르게 하는 문화를 소개한다고 하지만, 아프리카인에 대한 지나친 편견과 선입관을 심어주는 기사가 아닐 수 없다. 이 시기(1932년 이후)의 『동광』은 이탈리아의 파시즘에 깊은 관심을 보이고 있었으며, 이 아프리카 기사가 실린 제33호에는 홍효민이 「독일의 위기와 국수사회노동당」이라는 글을 통해 독일의 나치즘에 대해 소개하기도 하였다. 당시 조선인 청년들은 민족주의에 기반한 독일의 부흥을 조선이 배워야 할 하나의 모델로 삼는 유행이 일기도 했는데, 이는 유럽에서의 정세 변화에 민감한 만큼, 아시아, 아프리카, 오세아니아 등에 대해서는 멸시와 차별의 시선을 유지하던 것과 이어진다.

4) 1930-40년대 내선일체 내면화의 바탕 인식으로서 '토인' 멸시

3.1독립운동 직후인 1920년에 발간된 『반도시론(半島時論)』의 논설을 보면, 왜 조선인이 '외지인(식민지민)'으로 전락하고 일본이 세계의 중심으로서 '내지'가 되었는지 설명하고 있다.

> 조선인 중 항상(恒常) 최하급(最下級) 인종이 내지인(內地人)과 직접 관계흐는 일(事) 다(多)한즉, … 내지인(內地人) 소견(所見)에서 조선인은 거개(擧皆) 여차(如此)흔 미개인종(未開人種)으로 오해흠으로 … 조선인

이 만약 내지인과 교유(交遊)키를 호(好)ᄒ야 선진자(先進者)의 지식(智識)을 교환(交換)ᄒ며 지도자의 교유(敎諭)를 청종(聽從)홀지면 상호간 온의(慍意)를 이해ᄒ야 융화의 목적을 부지중 가달(可達)이어늘….[72]

조선인은 미개한 인종이며, 절도와 비윤리적 상거래, 폭력 등의 표현으로 묘사되는 반면, 내지인은 지도자, 선진자, 교육자, 모범자 등의 표현으로 등장한다. 결국 내지야말로 문명사회이므로 내선인(內鮮人)의 융화와 조선인의 진화를 도모키 위해서는 반드시 내지를 존앙하는 태도가 요구된다는 것이었다. 데라우치 초대 총독도 '동화'(내지화)를 전제로 한 임시적 '내지-외지'의 분리정책을 강조했지만, 10년이 지나도 '동화'는커녕 오히려 차별에 분개한 민중들의 항일 인식만 고양되어 갔고, 그 결과 3.1독립운동으로 이어졌다. 하지만 그 운동도 결국 무질서한 야만적 소요로 치부될 뿐이었다.

이후 1937년 중일전쟁이 발발하자 전시 동원의 효율성 확보가 극대화되었고, 이는 외지 제민족의 문화와 습관, 언어 등의 완벽한 '말살'과 철저한 '일본화'의 획책으로 이어졌다. '내선일체(內鮮一體, 조선)', '일지만일체(日支滿一體, 중국)', '내태일체(內台一體, 대만)', '오족협화(五族協和, 만주국)' 등의 구호도 이때 가장 많이 선전되었는데, 이는 사실상 여전히 외지인(대만, 조선, 만주 등)에 대한 차별을 전제로 주장되는 수단적 '동화'였다. '일체(一體)'라는 말은 그저 관념뿐인 실현 불가능한 '모순' 그 자체였다. 그런데도 윤치호를 비롯한 수많은 기독교인은 '내선일체' 구호를 신봉했다. 눈앞에 여전히 실재하고 목도되는 '차별'이 있음에도 '내선일체'가 실현될 수 있다며 수많은 선량한 조선 민중을 호도하였다.

> 반도인이 내지인같이 되면 차별대우라는 것은 자연 철폐될 것이라고 확신한다. 그러므로 반도인은 차별 대우를 철폐하여 달라고 하기 전에 먼저 … 책임감과 공덕심을 함양하여 내지인의 수준에 달할 것이 반도인의 역할이라고 생각한다. … 내지인은 반도인에 대하여 차별 대우를 할 것이라고는 믿지 않는다. … 내선이 일체되지 않으면 안 될 것이다. … 정신적으로 일체가 되어야 한다.[73]

내지로서의 일본은 여러 외지들 안에 또다시 '중층적 차별구조'를 재생산하며, 충성 경쟁을 유도하였다. 즉 1931년 만주사변 이후 세운 괴뢰정부인 만주국이 급부상하자, '외지' 중에서 수위를 구가하던 조선이 바짝 긴장하게 만든 것이다. 그 결과 일본 제국 내 식민지들 가운데 우위를 유지하기 위해서는 내지인과 동일한 성명을 갖는 창씨개명을 적극 주장하기에까지 이른다. 그 대표적인 인물인 이광수(李光洙)[74]도 향산광랑(香山光郎)이라고 창씨개명을 한 뒤, 이 문제를 차별 혁파를 위한 '내선일체'의 본령이라고 강조했다.

내선일체 운동을 할 자는 기실 조선인이다. 朝鮮人이 內地人과 차별 없이 될 것밖에 바랄 것이 무엇이 있는가. 따라서 차별을 제거하기 위하여서 온갖 노력을 할 것밖에 더 중대한 긴급한 일이 어디 또 있겠는가.[75]

성명까지 일본인과 똑같이 할 때, 차별은 사라지고, 진정한 '대동아 공영권'을 건설할 수 있다고 주장하며 한국의 대다수 기독교인들도 너나 할 것 없이 창씨개명에 동참한 뒤 황도적 기독교의 창도와 신사참배에 앞장섰다. 조선, 대만, 만주 등에 대한 이른바 '일체화'의 강조는, 전쟁 수행의 효율성 극대화를 위해 급하게 채용된 선전 문구로서, 표면적으로는 내지와 일체가 되어 불평등(차별)이 사라진다는 식으로 말하였지만, 실상은 전쟁에 동원하여 조작된 충성심을 도출하기 위한 전략이며, 차별을 전제로 한 허구적 구호에 불과했다.

4. 나가면서: 차별받으며 차별하는 존재

'토인'이라는 한자 문화권에서의 보통명사는, 서구 제국이 식민지민을 가리키기 위해 고안한 'natives'라는 말을 번역하는 가운데, 새로운 근대적·차별적 개념으로 자리매김하였다. 일본과 대등하다고 믿어 온 조선인들은 제국 일본의 '토인' 개념에 충격을 받았다. 특히 조선의 그리스도인들은 누구보다도 먼저 서양의 정신 유산인 기독교를 수용했다는 문명인으로서의 자각이 있었기 때문에, 미개, 비문명의 '토인'으로 취급되는 것을 받아들일 수 없었다. 이미 19세기부터 조선의 기독교인들은 아프리카, 동남아시아, 오세아니아 등의 사람들에 대한 차별적인 시선을 가지고 있었다. 그것은 서양 선교사의 시선을 경유한 오리엔탈리즘적인 시각이었다. 따라서 그러한 '문명인'으로서의 아이덴티티를 유지하기 위해 '토인'을 타자화하고 객체화하는 자의식은 식민지민이 된 이후도 유지되었다.

한국병합 이후 10년간의 '무단통치기'는 '토인'으로서의 모욕감을 여실히 경험한 시기였다. 그 결과, '문명인으로서의 조선'을 강조하기 위해서 '3.1독립운동'을 일으켰으며, 그때 발표한 선언문에서는 '토인'의 타자화를 명문화했다. 제국 일본으로부터의 '독립'을 쟁취하기 위해 '토인'의 타자화와 그들에 대한 멸시·차별이 무의식적으로 반영된 것이다. 하지만 3.1독립운동은 정치적으로 실패로 끝났다. 마찬가지로 에비나 단조의 조선전도론 등, 한국에서의 일본조합교회의 포교도 실패했다.

그러나 그 후 1920-30년대의 '문화통치기'가 지나고, 조선인은 '문명인'으로서 편입되고 싶다는 의식을 일본 제국의 논리에 영합하면서 구체화해 간다. 즉 에비나 단조가 말한 "토인 근성의 탈각"을 통해 진정한 '제국 신민'으로 다시 태어나, '문명인'이 되는 길을 다수의 기독교인 등, 종교인들이 주도했다. 그것은 신사참배, 창씨개명, 일본어 전용, 징용·징병, 전쟁 협력 등, 완전한 내지인이 되기 위한 기독교계 등 종교계의 노력으로부터도 잘 드러난다. 거기에는 에비나가 강조한 '토인'의 범주 가운데서 탈피하기 위한 조선 기독교인들의 무의식적인 동조가 중심에 있었다. 그것은 '토인'으로부터 탈각하여 '문명인' 즉 '내지인'이 되려고 한 시도이며, 그것을 이루기 위해서 일본의 황도적 기독교 및 국가신도와 타협했다.

식민지화로 인해 '토인'이 된 한국인 특히 구미 기독교 문명의 수용에 의해 '문명인'으로서의 자아를 확립하고 있었던 한국의 기독교인들은, 아프리카, 동남아시아 등의 '토인'을 멸시하면서도, '토인'으로 다루어지고 있는 '인지 부조화'의 현실을 스스로 납득할 수 있도록 해석해야 했다. 그 결과, 한국인 특히 기독교인들은 에비나가 주장한 "토인 근성의 탈각론"을 수용하였고, 일본 제국과 영합의 길을 선택해 갔다. "차별을 받으면서 차별하다", 소위 "중층적인 차별 구조"에 철저하게 편입되어 갔지만, 그 중심으로 근대의 제국 일본이 새로운 범주로서 설정한 '토인' 개념이 있다. 그런 한국인의 '토인' 개념의 내면화 과정은, 구미 및 일본의 기독교가 공통되게 제공한 제국주의적 근대성이, 한국 기독교인들과 그 밖의 종교인들 사이에서 착종된 결과로 진행되었다.

'토인' 개념은, 구미 제국주의와 기독교가 낳은 것이며, 일본 제국주의와 일본의 기독교를 통해 좀 더 차별적인 말로 정착, 확산되어 갔다. 현재까지도 뿌리 깊이 남아 있는 '토인' 개념의 차별 의식을 해소해 가는 일은, 여전히 차별과 증오, 대립과 분쟁이 해소되지 않은 아시아 지역에서, 그것을 뛰어 넘어 평화를 실현하기 위한 중요한 극복 과제가 아닐 수 없다.

06

아시아의
평화구축과
불교사상

기타지마 기신(北島義信)
(욧카이치대학(四日市大学) 명예교수)

1. 들어가며

누구나 평화를 바란다. 핵무기와 평화는 분명 모순되는 표현이지만, 평화를 실현하려면 강력한 핵무기로 상대의 전의를 원천봉쇄해야 한다고 생각하는 사람도 있을 것이다. 그런 이유에서인지는 몰라도 핵무기 보유국은 자국의 핵무기만 인정할 뿐 핵무기가 없는 나라가 핵무기를 소유하고자 하면 소리 높여 반대하기 일쑤이다.

일본은 원폭 투하로 많은 생명을 잃었다. 그 점에서 일본인은 '희생자'이다. 하지만, '메이지유신'(1868) 이래 일본은 아시아·태평양 지역에 걸쳐 침략 전쟁을 일으킨 '가해자'이기도 하다. 일본인은 '피해자'인 동시에 '가해자'라는 점, 결코 잊어서는 안되는 사실이다. 일본이 스스로를 '가해자'로 받아들이기 어려워하는 태도는 오늘날 평화로운 관계 구축에 큰 장해물로 자리하고 있다. 그 원인으로 종교성 결여가 있다고 생각된다.

『열반경』에 적혀 있듯이, 아사세왕은 부친을 살해한 스스로의 죄를 '회개'함으로써 평화를 위해 어떠한 고통도 기쁘게 받아들이는 왕으로 새로이 태어났다. 이처럼, 전범국의 책임을 스스로 인정하는 것은 평화를 주체적으로 실현하기 위해 반드시 필요한 자세라 할 수 있겠다.

평화를 구상하려면 우선 역사나 사상, 문화, 국제관계론 등 여러 학문을 배워야 한다. 평화를 명분 삼아 전쟁을 일으키자는 주장은 배움을 통해 어느 정도 논파할 수 있을 것이다. 오늘날 핵전쟁이 벌어진다면 그 끝에는 인류가 멸망하는 미래만 선명하다. 전쟁을 반대하는 신념은 더없이 소중하고, 서로 양보할 것은 양보하며 전쟁을 일으키지 않으려는 노력 또한 소중하다. 하지만 이 글에서 말하고 싶은 것은, 경제 · 법률 · 도덕적 관점이나 전쟁에 대한 공포심만으로는 평화공동체를 구축하기 어렵다는 사실이다.

그렇기에 '마음에서 우러나오는 주체적인 추진 정신(鈴木大拙, 스즈키 다이세츠)'이 필요하다. 평화를 위해서는 물론 정치도 중요하지만 정치만으로 자연스레 실현될 수 없고, 과학을 비롯한 학문을 통해서만 이뤄지는 것 또한 아니다. 고대 인도의 산스크리트어로 '알다'라는 말은 '바깥을 향하는 앎'과 '안쪽을 향하는 앎' 두 종류가 있으며, 이 두 가지가 합쳐져야 '안다는 것'이 성립한다고 한다. 빗대어 말하자면 전자는 '학문(science)'이며 후자는 '지혜(wisdom) · 종교'를 의미한다고 할 수 있다.

반면 미국 중심의 근대적 관점에서는 두 가지로 나뉘는 앎, 즉 '학문·과학'과 '지혜·종교' 중에서 나뉘어 후자는 배제된 채 전자만 비대해진 경향이 있다. 물론 '후자' 자체가 부정당하는 일은 없지만, 그 범위는 개인의 내면에만 한정될 뿐 전자와 같은 커다란 변혁의 가능성은 거절되거나 격하되곤 한다. 평화를 가로막는 것은 이 이분법이며, 그렇게 학문과 과학은 에고이즘과 결합하고 마는 것이다. 이분법적인 사고방식을 극복하는 길은 진정한 의미에서의 종교에서 찾을 수 있다.

종교에는 상호관계성, 차이와 평등의 공존, 상생, 비폭력 등 중요한 개념이 뿌리내려 왔다. 종교에서 가장 중요한 것은 '정체되어서는 안 된다'고 우리를 재촉하는 영성의 작용이다. 힘없고 고통받는 사람들의 말에서 절대자의 목소리가 들려올 때, 나를 보는 또 하나의 내가 태어나고 우리는 비로소 주체적 인간으로 성장한다. 이 성장이야말로 평화를 실현하는 원동력이라고 할 수 있을 것이다.

평화는 개인 한 사람만의 노력이 아닌 공동체가 협력해야 실현 가능해진다. 유럽연합 또한 그 뿌리를 반전(反戰)에 두고 있었다. 가지고 있는 이론이 아무리 훌륭해도, 현실로 이루어 낼 힘이 없다면 의미가 없다. 그렇기에 우리는 동료를 만들어야 한다. 동료를 만든다는 것은, 타자와 관계를 맺는 것을 뜻한다. 자신과 다른 타자는 자신을 성장시키는 원천이며 다름 안의 보편성, 자르려고 해도 자를 수 없는 연결고리를 발견했을 때 우리는 성장한다. 심장, 폐, 기관지, 위 등 각

각 기능이 다른 기관이 서로의 역할을 존중하며 이어졌을 때 드디어 하나의 육체가 만들어지는 것처럼, 평화공동체 또한 서로를 존중할 때 성립된다. 신체기관이 자신의 필요성만 강조하며 다른 기관과 연결되기를 거부한다면 스스로 무너지는 꼴이다.

바람직한 형태의 공동체를 형성하려면, 우리를 재촉하는 영성의 '작용'이 필요하다. 이 글에서는 그 '작용됨'의 역할을 불교사상에서 풀어 가고자 한다.

2. 불교 · 힌두교의 공통 개념과 그 보편성

1) 인도사상의 공통개념

불교가 태어난 인도 · 네팔의 사람들 사이에서 아직까지도 남아 있는 사상이 있다. 바로 요가(yoga, 깨달음을 향한 실천)의 세 가지 길로, ① 카르마 요가(karma yoga, 무아 · 무욕의 행위), ② 박티 요가(bhakti yoga, 상호관계성을 파악하는 일. 항상 공감의 마음을 가지고 신을 경배하는 일), ③ 즈냐나 요가(jnana yoga, 지혜롭게 해방을 길을 찾는 것)이다. 이 중 즈냐나 요가의 길을 걷는 사람이 가장 훌륭한 사람이라고 전해지지만, 세 가지는 상호 관계성을 가지고 결합되어 있다. 이 관계성을 받아들이는 것이 힌두교와 불교의 공통점이다. 여기서 볼 수 있는 '일체성 · 상호관계성'은 식민지주의를 뒷받침하는 근대 영국 · 미국의 주류사상인 '이

분법·자기중심주의'와는 완전히 다르다고 볼 수 있다.

2) 불교의 공통 개념

불교에서는 위에서 언급한 세 가지 개념을 '지혜의 길'이라 칭하며, '즈냐나 마르가(힌두교의 '즈냐나 요가'를 의미)'를 특히 중시한다. 『법구경』 제 40게송에서 석존은 다음과 같이 말한다.

이 몸은 약하여 질그릇처럼 깨어지기 쉬우니 마음을 튼튼한 성곽처럼 굳게 세우며, 지혜를 무기로 마왕과 맞서라. 그렇게 얻어낸 것을 지키되 집착이 없도록 하라.

석존은 지혜를 통해 '생·로·병·사'에서 벗어날 방법을 탐구했으며, 마침내 길을 열었다. 이를 가능하게 하는 지혜는 대체 무엇일까? '지혜'라는 말은 산스크리트어 '프라즈냐(prajnaa)'의 중국어 번역이다. 팔리어로는 '판냐(pannaa)'로 불리며, '반야(般若)'로 음역된다. '프라즈냐'란 '내면을 보는 것' 그리고 '내면을 아는 것'을 의미한다.

대의어로 '비즈냐냐(vijnana)'라는 표현이 있지만 이는 '나에게서 떨어진(vi)' 것을 '아는 일(jna)', 즉 객관적으로 사물을 보고 내재된 법칙을 파악하는 일을 의미한다. '내면을 보고 아는 것'은 종교적이며 '나에게서 떨어진 객관적 실재를 아는 것'은 학문적·과학적이다. 따라서 '앎(jna)'에는 자신의 내면을 아는 것과 객관적으로 세계를 보는 두 가지 면이 공존하며, 서로는 떼어놓을 수 없다.

3) 불교도의 삶

자기를 객관적으로 보는 것이 진정으로 가능하기 위해서는 자기초월적 존재자(자신을 보는 또 다른 나 자신, 종교적으로는 자신을 초월한 절대자를 의미)와 '유한적·자기중심주의적' 자신 사이의 상호관계성이 필요하다. 이때 나의 존재는 타자와의 상호관계성(bhakti) 없이는 성립할 수 없다. 객관적 세계를 주시함으로써 자연스레 사회·자연의 법칙을 추구하고 과학에 근거한 시각을 갖추게 되면, 객관적으로 현실을 인식할 수 있다. 이를 주체적으로 진행하기 위해서 우선 자기인식의 결합이 필요하다. 그렇게 비로소 '무엇을 이뤄야 하는가'를 깨닫고, 보상을 요구하지 않는 사회적·인간적 행동인 '카르마 요가'의 길이 열리는 것이다. 즉, 지혜에서 출발하여 상호관계성(bhakti)과 바깥을 향하는 '지(智)'로서의 과학의 결합을 통해 보상을 요구하지 않는 사회적·인간적 행동을 향한 욕구, '카르마 요가'가 탄생한다.

'가능적 인간(인간 후보자)'은 이 세 가지 개념을 주체적으로 파악함으로써 진정한 인간으로 거듭난다는 사고방식에서 힌두교 또한 불교와 공통점을 가진다고 볼 수 있다.

3. 불교와 평화구축: 공 · 연기사상의 의의

평화운동에서 상호관계성은 매우 중요하다. 불교뿐 아니라 평등성 · 차이성 · 상호관계성이 융합된 이슬람교의 '타우히드' 개념, 성서의 「고린도서」에서 볼 수 있는 인체 모든 부분의 유기적 결합을 서술한 '하나의 몸, 많은 지체'라는 표현에서 밝혀져 있듯이, 종교의 근간에는 비분리성, 상호관계성, 차이와 평등의 공존이 자리잡고 있다. 불교에서는 이를 '공(空) · 연기관(緣起觀)' 사상으로 규명한다.

1) 대승불교의 공(空) · 연기(緣起)사상

인도에서는 기원전 1세기경부터 출가자, 승원 중심의 기존 부파불교(특히 설일체유부와 상좌부), 특히 '출가자 독선의 자세'에 반발한 일반 재가신자와 지도부가 이른바 초기 '대승불교'를 탄생시켰다. 당시 부파불교 대부분은 귀의한 왕족 · 대상인 등 지배계급에게 경제적 원조를 받고 있었으며, 그와 별개로 승원을 지어 속세와 떨어진 곳에서 교리를 연구했다고 한다. 따라서 이론적으로는 정교할 수 있어도 사회와 밀접하게 연관된 타자 구제 문제는 소홀히 했던 것이다.

반면 새로운 불교운동은 '타자의 구제에 철저해야 스스로 구원받는다'는 '이타행(利他行, 타자구제의 실천)을 교리의 근간에 두고 적극적으로 설파하는 것'과, '수행중인 석존'의 진의를 '깨달음을 추구하는 중생'

에게까지 널리 개방하여 석존의 원점에 회귀할 것을 주장하였다. 이러한 불교개혁운동 안에서 태어난 것이 바로 '대승불교'이다. 대승불교는 만사를 분리할 수 없고 상호관계성을 띤 것으로 받아들였다. 제2의 석가로 불리는 용수(龍樹, Nagarjuna, 150-250년경)는 상호의존·상호관계성의 개념으로 공·연기사상을 다음과 같이 제언한 바 있다.

> 모든 존재가 타자로 말미암는다는 것이 공성(空性)이라고 우리는 말한다. 타자로 말미암는 존재에게 본체(자성)는 존재하지 아니한다.(「화쟁론」 22)
> 연기(緣起)는 공성(空性)이라고 당신(붓다)은 설하셨습니다. 사물에 독존성은 없다는 사실이 당신의 사자후(강력한 말)입니다.(「출세간찬」 20)

세상만물은 '인(因, 직접원인)'과 '연(緣, 간접원인)'으로 이루어지는데, 이를 현대적으로 말하면 상호관계성에 따라 성립한다고 할 수 있으며 그 자체가 오롯이 독립된 존재로서 자리하는 것이 아니다. 따라서 세속적 국가의 신처럼 그 자체를 절대화하는 것은 불교에 반하는 사고방식이다. 또한 '남'과 '여'는 독립된 존재로서 상하관계로 나눌 것이 아니라 같은 '인간'의 두 면을 표현한다고 봐야 마땅하다.

하지만 '공·연기관'을 맹목적으로 받아들인다면 이번에는 '공·연기관' 자체를 하나의 독립된 실체로 만들거나, 사물을 평면적으로 받아들일 수 있으며 '현실을 외면하는 원인'이 되곤 한다. '공'이란 반드시 지켜야 할 것도 아니거니와 고정적인 형태 또한 아니다. 진실을 외면하지 않고 항상 직면하여 나아가야만 한다. '공'에 대해 알게 된 인간이 곧잘 현실에 안주하고자 하지만, 13세기 일본의 승려이자 정토진종의 개조인 신란(親鸞)은 다음과 같이 말한다.

> 진실을 추구하는 수행승(보살)이 10단계의 수행 중 7단계에 이르면, 모든 것이 공허하다는 깨달음만 얻고 부처의 가르침이나 구제해야 할 사람들의 존재나 모든 것이 무상하다는 생각에 빠져든다. 그리하여 더 이상의 불도 수행을 포기한 뒤 당장의 경지에 안주하고 만다. 만일 모든 세계의 부처(諸佛, 제불)들이 뛰어난 힘으로 격려해주지 않는다면, 그대로 자신의 깨달음에 … 갇혀 버린다. 진실을 추구하는 수행승이 정토에 왕생하여 아미타불을 만난다면 그러한 일은 일어나지 않을 것이다. (『현정토진실교행증문류(顯淨土真実教行証文類)』「증문류(証文類)」)

여기서 신란은 '공(空)에 안주하는 삶'에서 벗어나려면 현실에 존재하는 사람들, 사회에서 고통받는 사람들, 덧없이 생명을 잃어가는 사람들의 목소리에서 부처의 목소리(진실의 목소리)를 듣고, 모든 감각을 기울여야 한다고 말한다. 즉, 타자와의 관계성과 사회적 실천의 매개체 없이는 '공 또한 뛰어넘어야 하는 존재'로 받아들이지도 못하고, '공·연기관을 실천'하는 일도 불가능하다.

2) '공·연기관' 사상에서 멀어진 일본의 근대불교

필자가 소속된 정토진종 교단은 메이지유신 이후 불교 및 신란의 기본사상, '공·연기관'과 '국왕불례(國王不禮, 국왕 및 국가를 절대시하지 않는 것)'를 내던지고 '절대적'인 천황제 국가와 천황에 의존했으며, 식민지주의 침략 전쟁에 앞장섰다. 아미타불과 천황을 동일시한 나머지 완전히 '야스쿠니 불교'로 변모하고 만 것이다. 이러한 전쟁 협력 성향은 비단 정토진종뿐만 아니라 다른 불교 교단이나 기독교 교단에서도 발견된다. 전쟁 반대 의사를 명확히 밝힌 교단은 '천리교(天理本道, 덴리혼미치, 1950년 '혼미치'로 개명함)나 '오모토(大本)' 등 극히 일부였다.

종교계에서 스스로를 돌아보며 의문을 품게 된 것은 그 후 어느 날의 일이다. 바로 1969년 자유민주당에서 '야스쿠니 신사'를 일본 정부의 관리하에 두는 법안을 국회에 제출한 것이다.

3) 종교 교단의 반(反) 야스쿠니 운동

야스쿠니 신사 국가수호 법안이 제출되기 전인 1968년, 전일본불교회, 신일본종교자단체연합회는 법안 반대 성명을 냈다. 더불어 정토진종본원사종회에서 1969년 2월 만장일치로 야스쿠니 신사 국가수호 반대결의문을 발표했고, 3월에는 본원사파 총장과 진종 오타니

파 총장이 함께 반대의사를 정부에 표명하였다. 이 법안은 1969년 8월에 폐기되는 듯 했으나 그 후로도 1970년, 1971년, 1972년, 1973년 총 다섯 번에 걸쳐 집요하게 제안되었다. 그러다가 자민당은 점차 강해지는 국민의 비판 속에서 1975년, 결국 야스쿠니 법안 법제화를 단념하였습니다. 이러한 '반(反) 야스쿠니 운동'의 근본에는 일본국 헌법의 '정교분리', '신앙의 자유' 원칙이 자리잡고 있다.

그럼에도 불구하고 야스쿠니 신사 국가수호 법안 찬성파는 '공식참배'를 계속하며 어떻게든 법안을 통과시키려 하고 있다. 첫 시도는 1985년 8월 15일 나카소네 야스히로(中曾根 康弘) 수상의 '공식 참배'이다. 나카소네 수상은 '수상 자격으로 참배하는 것'이니 '공물이나 헌화에 들어간 비용은 국비에서 지출했다'고 기자단에게 말한 바 있다. 나카소네 수상의 '공식 참배'는 결국 식민지 지배와 침략 전쟁을 긍정적으로 바라보는 정치적·사상적 배경에 따라 진행된 것이다. 이 참배는 아시아권 국가만이 아니라 일본 국내에서까지 큰 비판을 불러 일으켰다.

자민당을 제외한 모든 정당이 나카소네 수상의 '공식참배'에 대해 항의 및 유감 성명을 발표했고, 종교계에서는 전일본불교회·진종교단연합·일본기독교협의회·일본가톨릭사교협의회·일본침례교연맹·일본신종교교단연합회 등의 종교단체가 반대 의사를 표명했다.

그 내용은 다양했으나, "공식참배"는 일본국 헌법에 위반하기에 반대

한다는 취지는 일치했다.'(고이즈미수상 야스쿠니참배 위헌 규슈 · 야마구치

소송단 편,『참배하면 위헌』, 明石서점, 197쪽, 2004)

이렇듯 반(反) 야스쿠니운동은 일본국 헌법을 근거로 일본 대부분

의 교단이 힘을 합쳐 처음으로 국가권력의 전쟁 의사를 저지한 획기

적인 운동이다. 1960년대 말부터 종교단체가 지속적으로 반(反) 야스

쿠니운동을 전개했기에 종교계에는 식민지 지배, 침략 전쟁에 가담해

온 스스로의 책임을 묻고 참회하는 흐름이 만들어졌다고 할 수 있다.

4. 불교 교단의 전쟁 책임: 참회, 고백과 아시아 내의 평화 상생

모든 종교의 상생(공생) 개념을 지탱하는 '상호의존성 · 관계성'을

중심으로 인간의 존재를 생각하는 것은 거대한 힘이 되어 현실로 나

타난다. 전후(戰後) 종교단체는 서로 연대하여 여러 차례 평화운동을

벌였고, 지금까지도 끈기 있게 활동을 이어가고 있다. 1962년 불교,

기독교, 교파신토의 종교인이 모여 '일본종교인평화협의회'를 결성하

였다. 이 기관의 기관지『종교와 평화』 창간호에는 다음과 같이 적혀

있다.

우리 일본의 종교인, … 마음 속 평화는 바깥 현실세계의 평화와 이어

져야만 한다는 사실을 확인했습니다. 더욱이 우리는 마음속에 있는 전쟁에 대한 무관심이나 타협을 종교적 양심에 기반하여 깊이 반성하고, 바깥 현실세계의 평화를 방해하는 모든 세력에 반대하는 동시에 그것에 맞서고자 노력하려 합니다.(『종교와 평화』제500호, 2010)

여기서 우리는 종파와 종교의 차이를 뛰어넘은 평화운동의 본질, 즉 '비분리성·상호관계성'을 기본으로 하는 자세를 볼 수 있다. 종교인은 이에 따라 사고하며 연대하여 행동할 때 비로소 사람들의 신뢰를 얻는 것이다.

일본 내 종교교단은 지속적인 반(反) 야스쿠니 운동으로 인해 '전후 50년'이 지나기 전에 자국의 전쟁 책임을 고백하고 참회할 수 있었다. 1967년 일본 기독교 교단을 시작으로, 그로부터 20여 년 후 정토진종 본원사파, 진종대곡파, 조동종(曹洞宗) 측에서 자국이 전쟁에 협력한 사실을 참회하였다. 나아가 1991년 2월 27일, 정토진종 본원사파는 종파 최고회의에서 다음 결의문(「본 종문의 평화를 향한 강한 바람을 전국, 전 세계에 알리고자 하는 결의」)을 발표했다.

(중략) 3년 후, 헤이세이 6년(1994)이면 중국대륙·조선반도·동남아시아를 중심으로 한 여러 나라를 전쟁에 말려들게 하여 막대한 피해를 입힌 세계대전 중에서도 가장 많은 희생자를 낸 쇼와 20년(1945년)

의 전몰자 50주기를 맞이하게 된다.(중략) 전전·전중을 걸쳐 군부를 중심으로 하는 국가의 압력이 있었다고는 해도, 결과적으로 전쟁에 협력했다는 사실, 또한 교리에서도 진속이제론(真俗二諦論)을 교묘하게 이용하여 정토진종의 본질을 흐렸던 사실까지도 불조(佛祖) 앞에 참회해야만 한다. 위 취지에 따라 다음 사항을 요구하는 바이다.

1. 총국은 과거 전쟁에 협력한 사실에 대해 깊은 반성을 표명하고, '안온한 세상, 퍼지는 부처의 법'을 희망했던 개조의 유의를 따라 불도는 전국, 전 세계에 평화를 기원하는 행동을 표한다.(후략)(일본종교자평화협의회, 『종교자의 전쟁책임 참회·고백자료집』, 白石서점, 38-39쪽, 1994)

정토진종 본원사 교단은 '진속이제론'을 이용하여 침략 전쟁에 협력한 사실을 참회하였다. 전쟁에 가담한 사상적 근거인 '진속이제론'이란 정신적·종교적 세계와 사회적·정치적 세계(근대천황제)를 분리하여 전자는 후자에 무조건 복종을 요구하는 사고방식이다. 이 결의는 전쟁에 협력한 사실을 참회하고 나아가 평화를 위해 행동하자는 맹세라고 할 수 있다. 좀 더 구체적인 종교 교단의 참회는 조동종의 「참사문(懺謝文)」(1992.11)에서 볼 수 있다. 조동종 종무총장 오오다케 아키히코(大竹明彦)는 전쟁 가담 사실에 대한 참회를 다음과 같이 서술한다.

　(중략) 우리는 과거의 해외 전도 역사상 저질러 온 중대한 과오를 진

솔하게 고백하여, 아시아 세계의 사람들에게 마음 깊이 사죄하며 참회하려 한다. 이는 과거 해외 전도에 종사하던 이들만의 책임이 아니다. 일본의 해외 침략에 갈채를 보내고 줄곧 정당화해 온 종문 전체의 책임이라는 사실은 말할 필요도 없다.(중략) 우리는 1945년의 패전 직후부터 지금까지, 마땅히 짊어져야 했을 전쟁에 대한 책임은 물론 스스로에 대한 성찰마저 줄곧 외면해 온 것이다.

이에 조동종은, 비록 오랜 시간이 지나버렸다고는 하나 그 태만을 통감하며, 전쟁 협력 사실을 인정하고, 사죄하고자 한다. (중략) 특히 한국·조선반도에서 일본이 자행했던 왕비 암살이라는 폭거와 더불어, 이조조선을 속국화하며 종래에는 한일합병으로 하나의 나라와 민족을 말소해 버렸으나, 우리 종문은 앞장서서 조선의 국민을 자국에 이끌기를 꾀하며 신민화정책을 꾀했다. (중략) 불교를 국책에 종속시키고, 나아가 다른 민족의 존엄성과 아이덴티티를 박탈하는 두 가지 과오를 저질렀던 것이다. (중략)

더불어, 국가와 민족은 그 자체만으로 독립된 존재로서 타의 침범을 거부할 수 있음에도, 그 자체만으로 독립하여 홀로 존재할 수는 없다. 사람도 국가도 상호의존관계에서만 존재할 수 있는 것이다. (중략)

불교에서 타(他)와의 공생은 필연이다. 타와의 공존이야말로 스스로 살아가는 근거인 것이다. 스스로를 응시하고 자발적으로 행동하여, 타와 함께 살아가고 함께 배우는 삶이야말로 불교의 평화사상이다.

우리는 일찍이 이 자세를 잊어버리고, 불교와 멀리 떨어진 생을 보냈다. (중략)

반복하여 우리는 맹세한다. 다시는 같은 과오를 저지르지 않으리라. 그리고 과거 일본의 폭정에 고통받던 아시아 사람들에게 깊게 사죄하며, 권력에 빌붙어 가해자 편에 서서 개교를 꾀한 조동종 해외 전도의 과오를 사죄하는 바이다. (앞의 책, 49-53쪽)

5. 나가면서

일본의 종교교단 및 종교인은 야스쿠니 문제를 통해 '피해자인 동시에 가해자'인 스스로를 받아들이고, 식민지 지배・침략 전쟁 책임을 참회하며 고백할 수 있었다. 저지른 죄의 참회와 고백 없이 화해는 성립되지 않는다. 평화공동체 건설은 참회에서 비롯된 화해가 전제되어야 하는 것이다. 남아프리카의 넬슨 만델라 대통령, 데즈먼드 투투 대주교의 주도로 설립된 진실화해위원회(1996-1998)는 아파르트헤이트(apartheid, 유색인종 격리 정책. 1991년에 폐지) 시대가 낳은 증오, 혐오, 대립을 화해로 이끌기 위한 등불을 밝혔다. 그들의 노력은 감비아(아프리카 서해안의 공화국)에서도 계승되고 있다. 그 바탕에는 남아프리카의 토착사상 '우분투'가 자리한다. '우분투'란 '사람은 타자를 통해 인간이 된다'는 격언에 담긴 것처럼, 상호관계성과 비분리성을 의미하는 표현이며, 불교의 '공·연기관'과도 궤를 같이 한다. 이러한 개념을 일정 지역에 퍼뜨릴 때 평화공동체의 기초가 형성되는 것이다.

더불어 야스쿠니 문제는 고이즈미 수상의 야스쿠니 참배를 발단으로 아시아 공통의 과제로 대두되었다.

2002년 9월까지 재일외국인과 재한·재미 전몰자 유족을 포함한 약 2,000명의 사람이 나라와 고이즈미 수상, 야스쿠니 신사를 피고로 전국 6곳의 재판소에서 "고이즈미 수상 야스쿠니 참배 위헌 소송"을 걸었다. "야스쿠니 문제"에서 민중이 "국민"의 경계를 넘어 공동 원고로서, 위헌소송을 진행한 것은 극히 이례적이다.(『야스쿠니 전후사(戰後史)』, 岩波新書출판, 199쪽)

현재 일본의 정치 흐름은 한일 대립을 부채질하고 있다. 하지만, 한일 양국이 서로의 문화를 교류해 온 역사가 쌓이고 쌓여 굳건한 버팀목으로 자리한다. 더불어 식민지 지배와 침략 전쟁을 깊게 참회함으로써 한일의 상생(공생)을 위해 노력하는 사상과 실천이 있다. 그 사상 중 하나가 불교의 '공·연기관' 개념이라고 볼 수 있다. 조동종의 '참회문' 기념비는 한국 군산시의 동국사 경내에 설치되었고, 그 앞에는 물가에 선 소녀상이 세워져 있다. 이 또한 한일 간 연대를 상징한다.

동학의 창시자 최제우는 일본에 의해 한일 식민지화가 전개되기도 전에, '후천개벽(後天開闢)' 사상을 주장하였다. 그는 미래를 내다보았던 것이다. 최제우에게 힘입어 함께 동아시아 평화공동체를 위해 한국과 교류를 깊이 하며 나아가고자 한다. 그것이 후천개벽을 이루어가는 길이라 믿기 때문이다. 〈번역: 이서현〉

07

일본 기독교 여성의 평화운동

— 한일 프로테스탄트 기독교 관계사의 한 단면을 중심으로

07

일본 기독교
여성의 평화운동

— 한일 프로테스탄트 기독교 관계사의
한 단면을 중심으로

가미야마 미나코(神山美奈子)
(나고야가쿠인대학(名古屋学院大学) 상학부 준교수)

1. 들어가며

일본의 기독교인에게 '평화'란 무엇일까? 일본에서 발간된 『기독교 평화학 사전』을 보면, 구약성서 출애굽기에서는 평화를 "이스라엘 백성이 신에 의해 이집트에서 노예 상태로부터 해방된 것"으로, 신약성서에서는 평화를 "구약의 포로기 이후 메시아적 평화가 도래한다는 희망과 예수 그리스도의 십자가 사건과 부활로부터 오는 희망의 성취"라고 정의한다.[2]

하지만 원래 '평화'라는 개념의 의미는, 성경 안에서도 다방면에 걸쳐 등장하므로 한마디로 쉽게 정의할 수는 없다. 확실히 성경에 나오는 말 그 자체가 "그 당시의 전쟁이나 불안정한 사회 정세, 부정의(不正義)에 대한 대처 과정에서 산출된 것이며, 성경 안에서 언급되는 평화 개념도 각각의 시대나 사회 상황 속에서 변화되고 있는 것"[3]이라고 할수 있다. 변화하는 '평화'의 개념이, 일본의 프로테스탄트 기독교, 그 안에서도 여성 기독교인 사이에서는 어떻게 언급되고 전해 왔을까?

이 글은 일본의 프로테스탄트 기독교사 가운데서 여성 기독교인들이 언급해 온 '평화'를 한일기독교관계사의 관점에서 고찰한다. 이 작업을 통해 이웃나라를 식민지화한 일이 '평화'의 개념과 어떻게 연결되는지를 명확히 하고, 일본의 기독교가 말해 온 '평화' 사상의 변천을 밝히고자 한다. 여성에 초점을 맞추면서 남성 기독교인들의 '평화' 사상과의 공통점 및 차이점을 발견하고, 여성 스스로가 '평화'의 주체로서 무엇을 생각해 왔으며, 어떤 실천이 필요하다고 생각해 왔는지를 규명해 볼 것이다. 그리고 다시 '평화란 무엇인가'라는 질문에 대한 현재적 응답을 시도해 보려 한다.

2. 일본 여성 기독교 단체의 기관지에 나타난 '평화'

프로테스탄트 기독교 여성을 대상으로 한 잡지로서 가장 먼저 손꼽을 수 있는 것이 1885년에 창간된 『여학잡지』(女學雜誌, 조가쿠잣시)이다. 이 잡지는 메이지여학교(明治女学校)를 설립한 기독교인인 이와모토 요시하루(巌本善治)를 중심으로 발간되었으나, 메이지여학교의 폐교와 때를 맞추어서 1904년에 폐간되었다. 다음으로는 1888년에 창간된 뒤 현재까지도 계속 출간되고 있는 일본기독교부인교풍회(日本キリスト教婦人矯風会, 이하, 교풍회)의 기관지인 『부인신보』(婦人新報, 후진신포우, 창간 당시에는 『東京婦人矯風雜誌』, 그 후 명칭이 변경되어 현재는 『k-peace』)를 들 수 있다. 이 잡지의 창간호가 발행될 당시에는 여성이

발행인이나 인쇄인으로서 그 일원이 될 수 없었기 때문에, 이보다 먼저 발행되고 있던 『여학잡지』의 주간 겸 발행인 이와모토와 후쿠하라 유시로(福原祐四郎)의 명의로 발간되었다. 『부인신보』는 여성 기독교인을 대상으로 한 기관지로서 130년이 넘는 역사를 기록하고 있다. 또한 일본 YWCA의 기관지 『YWCA』도 1904년 이후 계속 발간되고 있는 여성 기독교인 단체 잡지로서 언급해 두어야 할 것이다.

1) 러일전쟁 시기(1904년~)

그들 완미(頑迷)한 노국(露國, 러시아)은 실로 평화를 무시하고, 타국의 독립을 유린하여 아국(我國, 일본)의 존립을 위험케 하는 이상, 아국(일본)이 동양의 평화를 위해 나아가고 또한 자위(自衛)를 위해 칼을 들고 일어섬은 멈출 수 없는 일이 되었다.[4]

이번 전쟁은 단지 노국(露國, 러시아)과의 싸움을 멈출 수 없다는 것이며, 이들의 불의(不義)를 정벌(征討)하는 것이며, 탐람(貪婪)을 징벌하는 것이 되며, 일본의 권리이기 때문에 동양의 평화를 위해 세계환시(世界環視) 안에서 존경을 얻을지, 굴욕을 느낄지의 경계에 서 있는 것이며, 이는 실로 국가 존망의 때가 아닐 수 없다고 말하는 목소리가 적지 않다.[5]

한반도를 탐내던 러시아와 일본은 1904년에 개전한 뒤, 결국 일본의 승리로 전쟁은 끝났다. 위의 인용문으로 잘 알 수 있듯이, 이 당시의 여성 기독교인들이 기사로 남긴 평화의 범주는 확실히 '동양의 평화'였으며, 그것을 위해서 싸우는 일본의 모습이야말로 진정한 평화를 실현하는 주체라고 믿고 있었다. 러시아는 조선의 독립을 막으며, 일본의 존립(存立)마저 위협하는 세력으로 이해하고 있었다. 이때 일본은 러시아라는 '불의'를 '정벌'해야 한다는 명분을 내세웠고, 이 전쟁의 승리는 일본을 위해서만이 아니라 '동양의 평화'를 위해서 꼭 필요한 일이라고 믿었다. 즉 전쟁 자체에 대한 근본적 질문이나 의문은 이 단계에서는 찾아 볼 수 없으며, 전쟁을 전제로 한 일본의 승리야말로 '평화'에 이르는 길이라고 이해하고 있었다.

2) 한국병합 시기(1910년~)

러일전쟁에 승리한 일본은 한반도의 식민지화를 서둘러 진행했다. 이 무렵의 『부인신보』에는 조선을 일본의 식민지(보호국)로 삼는 것에 대해 특별한 이의를 주장하지 않고 있다. 오히려 식민지 지배를 함으로써 '동양의 평화'가 유지된다는 견해를 나타내고 있다. 이에 대해 한국병합이 강제로 실행되는 1910년을 앞두고, 1906년 1월에 발행된 『부인 신보』에 게재된 「한국과 교풍 사업」(韓國と矯風事業)이라는 글에는 다음과 같은 내용이 실려 있다.

러일전쟁의 결과, 한국은 우리의 보호국(保護国)이 되어 이미 통감부는 설치되었고, 착착 그곳의 내치(內治)와 외교(外交)에 착수하고 있습니다만, 물질에 관한 일들에 치우쳐, 정신 상의 일에 관해서는 정말 모자란 감이 있습니다.

학교설립도 했으며 전도사업(傳道事業)도 시작은 했지만, 얼마 안 된 시간인지라 여전히 잘해 왔다고 느낄 만한 실적을 보이지는 못하였습니다. 그리고 토인(土人, 조선인-필자 주) 및 아국(我國, 우리나라)에서 건너 간 사람들의 상태를 보고, 또 한민(韓民)에 대하는 동작(행동)을 헤아리면, 우리가 유감스럽게 여길 수밖에 없는 일이 적지 않으며, 특히 풍교상(風敎上)의 문제에 있어서 그렇다고 생각이 됩니다.

그러므로 우리는 기독교 신도로 하여금 특히 교풍 사업에 열심인 부인들이 동국(同國)에 건너가서, 저 나라의 인민을 위해서 크게 운동을 벌이기를 간절히 바랍니다. 만약 우리 부인교풍회가 사람을 파견한다면,

1. 적임이라고 인정할 만한 부인을 적어도 2명 선택하여 그곳으로 파견하고, 운동 방법은 그 부인들에게 일임하는 것.

2. 이 일에 필요한 비용은, 전국 각 교풍회가 담당하여 또는 일반 국민들에게 격문하고 원조하게 하는 것.

3. 한국 각지에 있는 기독교인들을 각성(覺醒)시켜, 교풍적 단체를 조직하게 하며, 그 지방 교풍 운동의 중심이 되게 할 것.

4. 한편에서는 일본 금주회(禁酒會)와 연합하여 금주운동을 일으켜 죄원(罪源)을 단절시키는 것.

5. 한국을 개발함에 있어서, 단지 물질적으로만 움직여서는 성공할 수 없음을 깊이 알게 하기 위하여 글과 연설로 크게 칭도(稱道)할 것.[6]

또한 한국병합 다음 해에 교풍회 초대회장 야지마 가지코(矢島楫子)는 '평화'에 대한 다음의 글을 발표한다.

평화를 표방하는 일 … 나는 마음을 평온이 하여, 흥분하지도, 화내지 않고 평화의 깃발을 바꿔 나가야 할 때라고 생각하고 있습니다, 깊은 잠에 빠져, 제대로 활동하지 않는다면 평화라 할 수 없습니다, 폭풍우 앞의 해수면처럼 계속 일렁이는 평화도 아니며, 바닥까지 맑게 보이는 조용한 물결에 조용히 바람 가득 받은 흰 돛을 띄워 보내는 거울처럼, 게다가 흐트러짐 없는 물결에 한없이 떠도는 것처럼, 끊임없는 활동으로, 평화의 사회, 평화의 인생을 기뻐하기 위하여 일하고자 합니다.[7]

여기서 야지마가 말한 '평화의 깃발'이란 무엇을 의미하는 것일까? 그것은 '활동하지 않는 평화'도 아니며 '계속 일렁이는 평화'도 아니다. 야지마가 언급하는 평화는 '끊임없는 활동으로' 만들어지는 평화라고 말한다. 하지만 이 글에 나타난 야지마의 평화사상은, 공창(公娼) 제도를 폐지하는 운동이나 금주·금연 운동과 같은 교풍회의 활동에 시종 집중하고 있으며, 거기서 이웃나라가 일본 지배하에 놓인 상황에 대해서는 '동양의 평화'라는 말로 덮어 가려 버린다. 이 점이 좀 더 면밀히 분석되지 않는 한, 일본 기독교인들이 과거에 외친 '동양의 평화'를 또 다시 이상화(理想化)할 때가 올 우려가 있다.

또한 1919년에 조선에서 거족적으로 일어난 3.1독립만세운동에 관하여 일본 기독교인들은 기본적으로 유감의 뜻을 나타내고 있으며, 여성 기독교인들도 그 예외가 아니었다. 단지 이에 대해서 교풍회의 대표적 인사였던 구부시로 오치미(久布白落実)는, 조선의 독립운동에 관한 정보가 일본 국내에는 부족하다는 문제점을 지적하고 있다.[8] 구부시로는 1930년대 후반에 들어오면, 한국병합 때문에 '조선 민족의 발전과 융합'이 촉구받는다면서 다음과 같이 논하고 있다.

다섯 번째는, 조선 민족의 발전과 융합이다. 7년을 돌아보니 조선의 산은 푸르러졌고, 논은 잘 경작되어 일하는 사람들이 현저히 늘어나 여행자의 눈에도 참 멋지게 보인다. 그런데 이번에는 한 걸음 더 나아가 그 땅의 가장 보수적인 가정의 부인들이 일어나 일본 부인들과 함께 일하기를 자발적으로 실천하기 시작한 것, 또 아이들까지도 장병(군인)의 송영에 당연한 듯 그 마음을 열고 동참하고 있다는 사실이다.

이러한 일들을 종합해 볼 때, 우리 일본 민족은, 이런 때일수록 실로 정신적으로 일대 발전을 이루지 않으면 안 됨을 통감한다. 국가는 군사적, 정치적으로, 또 산업적으로 척척 전진되어 가고 있다. 하지만 만약 이것에 문화와 교화의 힘이 동반되지 않으면 일본은 결코 동양에 은화(恩化)를 베푸는 일을 할 수 없다. 우리의 오늘날은 실로 아국(我國, 일본)이 동양에 있어서의 형이자 언니로서 충분할 수 있을지의 여부가 걸린 때라고 생각한다. 만약 우리가 진정 이 사명을 실천하고 우뚝 선다면, 이를 위한 희생도 세계에 '하나님 나라(神の國)'를 건설할 뿐만 아니라 하나의 의의를 가지는 도상에 도달하리라 믿는다.[9]

여기서 구부시로는 조선과의 관계만 응시하고 있지 않다. 이 기사가 1937년에 쓰인 것을 생각하면, 중일관계, 한일관계를 전제로 적어도 동북아시아 전체를 시야에 넣은 표현이었던 것이다. 그리고 "동양에서의 형이자 언니로서 충분할 수 있다"는 것이 일본의 사명이며, 중일전쟁의 희생도 "세계에 하나님 나라(신국)를 건설할 뿐만 아니라 하나의 의의를 가진다"고 강조한다. 이는 기독교사상사에서 나타난 '하나님 나라(신국)' 개념과 '대일본 제국'에 주어진 사명을 교묘하게 겹쳐서 설명하는 것이다. 일본 제국을 중심으로 한 이러한 '하나님 나라(신국)'의 건설이야말로 '동양의 평화'로 이어진다는 사상이, 당시 교풍회를 대표하는 여성 그리스도인들의 신념이 된 것은, 다음의 하야시

우타코(林歌子)가 쓴 기사에서 잘 드러난다.

> 과거의 일이 된 쇼와 13년(1938)을 돌아볼 때, 우리는 진중(陣中)에서
> 살아온 것처럼 생각된다. 바깥에서는 충용(忠勇)스런 육해군 장병이,
> 동양 평화의 확립을 목표로 한 성전(聖戰)에, 고귀한 피를 흘려 연전연
> 승의 쾌보를 전하며 국위를 선양하였고, 안쪽에서는 총후의 국민(銃
> 後の國民)이 거국일치(擧國一致)의 열매를 거두면서, 야마토 민족(大和
> 民族)으로서의 자신(自信)이 깊어져, 그 책임을 지기 위해 분기해 나가
> 고 있었다. 지난 1년여 동안에 우리는 지금껏 알지 못했던 많은 것을
> 배웠다.
> 이는 모두 상어일인(上御一人)의 어능위(御稜威: 천황의 위세)에 의한 것
> 임은 물론이요, 또한 '보이지 않는 천지 신의 심연한 섭리'(見えざる天
> 地の神の深淵なる攝理)인 것을 잊어서는 안 된다. 지난번 만주(滿州)를
> 거친 북지(北支, 북중국)로의 여행을 마친 뒤 귀조(歸朝, 조선에 돌아옴)한
> 나는, 다음 노래에 나의 감상을 담아 보았다.
> 일만(日滿)과 일지(日支)는 하나의 조선(朝鮮)을 사랑하는 품속, 야마토
> 민족(大和民族)이여, … 지금이야말로 극기, 자숙, 신에 대한 경외, 황실
> (皇室) 존경, 각자 국민으로서의 본분을 지켜나가야 할 때 아닌가.[10]

하야시는 중일전쟁이 "동양 평화의 확립을 목표로 한 성전(聖戰)"이

었다고 돌아보면서 이 기사를 쓰고 있지만, 앞의 구부시로와 마찬가지로 이 표현에서 그는 그리스도인으로서 이 전쟁이 '하나님 나라'(신국)를 성취하기 위한 '신의 싸움'이라는 점을 포함한 '성전'(聖戰)이면서, 그와 동시에 "야마토 민족으로서의 자신이 깊어"지는 싸움이고, "상어일인(上御一人)의 어능위(御稜威)에 의한 것임은 물론이요, 보이지 않는 천지 신의 심연한 섭리라는 것을 잊어서는 안 된다"면서 천황과 기독교의 신 존재가 동렬에 놓여 있음을 강조한다. 여기에 당시 일본의 남성 그리스도인들뿐만 아니라, 여성 그리스도인들의 신 개념이나 '하나님 나라' 사상, '평화' 사상 등이 모두 천황을 중심으로 놓은 대일본 제국의 확대와 관련돼 있었음을 부정할 수 없다.

3) 패전 후 시기(1945년~)

이제는 패전(1945) 이후 일본 기독교계에서의 '평화' 사상이 어떤 변화를 보였는지 고찰해 보려 한다. 특히 패전 후의 여성 그리스도인들은 패전의 충격과 그 후의 사상적 재정비에 지금까지 힘써 왔다. 그것은 전시체제 하의 평화 개념을 폐기하는 데에 머물지 않고, 여성 특유의 인권 문제로까지 첫발을 내디딘 새로운 평화 개념의 구축을 추구하는 과정이었다.

패전 후의 연표를 살펴보면, 이웃 나라 한반도에서는 1950년에 한국전쟁이 발발하여 남북 분단이 고착화되었다. 이에 대해 일본의 여성 그리스도인들은, 패전 후 순식간에 발발한 한국전쟁에 대해서 '비보(悲報)', '불법월경사건(不法越境事件)', '심각한 비극' 등의 말로 조선에 닥친 심각한 상황을 표현하며, 다음과 같이 무엇을 해야 할지를 모색하는 모습을 보인다.

년월	호·쪽수	기자·제호	내용
1950년 7월	602호 2쪽	다케가미 마사코(竹上正子) 「세계의 평화를 기도하며」	갑자기 전해 온, 북조선과 남조선 사이의 38도선 돌파 사건은, 비보(悲報)로서 우리 일본인들을 아연실색하게 만들고 있습니다.
1950년 8월	603호 1쪽	간트레트 츠네코(ガントレット恒子) 「평화의 길은 足許로」	대동아전쟁(大東亜戦争)을 기억하며 여전히 새삼스러운 기분이 드는 오늘날, 우리 이웃 나라(隣國)에 전화(戦火)가 일어나고 있다. 우리는 냉정하고자 애쓸수록 마음의 동요를 억누를 수 없다.… 지금 전화는 이웃 나라를 휩쓸고 있는데, … 우리는 강 건너 불구경하고 있는 것은 아닐까?
1950년 10월	605호 8쪽	Xyz 「창립5주년의 국제연합」	최근 조선에서 북조선 인민군의 38도선 불법 월경 사건이 일어났을 때, 지금까지 불가능하다고 생각한 국제연합(유엔)군이 신속히 조직되어 용감한 군사 행동을 취하였고, 유엔이 기도하는 집단안전 보장을 가능하게 하였습니다.
1951년 1월	608호 5쪽	다케가미 마사코(竹上正子) 「신춘소감」	2. 평화라는 것 조선의 동란은 하루하루 참화가 더해 가고 있으며, 심각한 비극은 우리의 생각을 뛰어 넘는 수준의 참극이라는 점이다. 그리고 세계의 형세는 또 다시 악마의 손에 들어가, 제3차 대전이 일촉즉발할지 모르는 위기에 내몰리고 있다.
1951년 8월	614호 7쪽	다케가미 마사코(竹上正子) 「광야의 문」	지금 일본 국민은, 대망의 강화조약을 목전에 두고 있고, 이웃나라 조선에서 일어난 전화(戦禍)도, 상호의 정전 교섭(停戦交渉)을 개시하게 되었고, 우리는 과거의 암운을 걷어내어 동양에 여명이 찾아 옴을 느낀다.

1951년 8월	614호 9쪽	수옥동(守屋東)	조선사변(朝鮮事變)이 일어난 후부터 우리의 일 또한 늘 어났다. 전쟁과 관련하여 구제 사업은 금전뿐만 아니 라, 감정의 불안을 누그러뜨리는 일에 진력하고 있다. 예를 들면, 물건 사러 밖에 나가는 것도 무서워하는 사 람들을 위로해 주거나….(후략)

또한 1960년대에 들어오면, 기독교계의 '평화' 사상에 한층 변화가
나타난다. 예를 들면 1963년 『부인신보』에 게재된 히라야마 테루지
(平山照次) 목사(일본기독교단 도쿄야마테교회(東京山手教会) 창립자)의 기사
를 들 수 있다. 이 글을 보면, 교풍회가 기존의 천황 중심의 '대일본 제
국' 확대에 의해 성취되는 '동양의 평화' 사상으로부터 탈각해 가는 과
정을 보여준다.

그리스도인에게는 그리스도인 각자의 고유 모티프가 없으면 안 된
다. 그것이 그리스도교 윤리의 과제로서의 평화운동이다. … 교풍회
의 발상법은, 메이지 시대의 근대적 개인주의 윤리의 특색에서 발생
해 온 것이 어쩔 수 없는 배경이었을 것이다. 따라서 교풍회에서 '평
화'라고 말해도, 가정의 평화, 대인 관계의 평화, 마음의 평화 등에만
통하는 개인 윤리로서의 평화, 그 이상으로는 나아가지 못했다. … 교
풍회는, 풍속, 풍기, 풍습을 교정한다는 개인윤리적 금주운동의 단계
로부터, 당연히 사회윤리적 평화운동과 민주(民主) 운동의 단계로까
지 비약해야만 했다.

그렇게 하지 않으면, 메이지적 발상법에 고착된 노부인(老婦人)의 청교도적 개인 윤리 운동의 자기만족에서 끝나 버려, 실로 인간의 생명과 인권과 자유와 평등을 존중하는 사회 질서, 국제 관계를 수립하는 데는 도움이 되지 못한다. 하지만 청년부를 중심으로 이러한 새로운 시대의 이해와 감각을 가진 사람이 증가하여, 사회적 책임을 자각하고, 교풍회를 통해 '사회적, 정치적 교풍의 모임(社会的政治的矯風の会)'으로까지 성장시키려는 시도는 기쁜 일이 아닐 수 없다.[11]

소위 "메이지적 발상법에 고착하고 있는 노부인의 청교도적 개인 윤리운동의 자기만족"으로부터 "사회적 정치적 교풍의 모임"으로 서서히 사회와의 관계 쪽에 그 비중을 확대해 가는 변화를 이룬 여성 그리스도인 단체인 교풍회의 모습을 확인하게 된다. 이어서 히라야마 목사는 교풍회 회원들에게 "평화를 만들어내는 사람이야말로, 하나님의 자녀라고 불리며, 주가 가르쳐준 기도대로, 평화를 위한 기능을 수반하지 않는 전도는, 올바른 전도라고 말할 수 없다. 단지 감정적이고 한순간 기분의 도취를 안겨 주는 것만으로는 전도가 아니다. 신과의 관계 속에서의 평화, 사람과의 평화를, 마태복음 22장 37-39절에 나오는 그리스도의 2대 계명에 응답하고 실현하는 노력 속에서, 진정한 전도는 태어나는 것이다. 앞서 서술한 바와 같이, 제국주의 침략의 도구가 되어 버린 전도나 교회의 모습은, 신의 뜻에 가장 반대되는 일임을 명심해야 한다"라고 강조한다. 그의 말처럼, 과거의 '평화' 사상이 '제국주의 침략의 도구'였다는 자각과 진정한 '평화'란 무언가를 재고하는 기회가 전후에 교풍회에게 주어진 것은, 이후 전개되는 활동의 방향성에도 큰 영향을 미쳤다.

그 하나의 사례로서 교풍회는 1970년대부터 본격적으로 '일본군 위안부 문제'에 깊은 관심을 갖고 관여하기 시작한다. 이것은 진정한 '평화'를 추구하는 여성 기독교 단체로서 높게 평가받아야 할 대목이 아닐 수 없다. 1970년대에 '일본군 위안부 문제'를 취급한 대표적인 기사들을 나열해 보면 다음과 같다.

□ 1973년 5월(872호): 『부인신보』 특집 주제 「조선 문제와 나」

□ 伊集院和子, 「서울을 방문하여, 부끄러운 일본인 남성 관광객의 한밤 유흥」(『婦人新報』 제876호, 婦人新報社, 1973, 26-27.) 「기생관광 메모」 (『婦人新報』 제882호, 婦人新報社, 1974, 14) 분석 자료를 제시해 가며 기생관광에 대해 설명

□ 1973년에 제1회 한일교회협의회가 서울에서 개최되어, 한국교회여성연합회가 "일본 남성은 경제적 우월성에 기대어 한국 여성의 성을 노예화하고 있다"라고 강조.

□ 1976년 10월 발행의 『부인신보』(제913호)에 高崎宗司, 「한국에 있어서의 종군위안부 연구」가 게재된 이후, 일본군 「위안부」 문제에 관하여

깊은 관심을 보이며, 2019년 현재도 문제 해결을 위해 분투하고 있다.

□ 1980년대에는 일본의 기독교인의 전쟁 책임에 대해 재고되기 시작함은 물론, 加藤実紀代, 「부인단체의 전쟁 책임」에서 여성의 관점에서 일본의 전쟁 책임을 물음과 동시에 "교풍회(矯風会)의 활동, 교풍회에 국한되지 않고 여러 부인단체의 활동을 살펴보면, 전쟁반대의 활동을 펼치기보다는 전쟁을 계속해 나가기 위한 활동밖에 없다"라는 엄격한 평가를 내리고 있다.(加藤実紀代, 「婦人団体の戦争責任」, 『婦人新報』제1024호, 婦人新報社, 1986, 8-11.)

계속해서, 1990년대에 들어오면 '일본군 위안부 문제'에 관련해 일본의 전후 보상을 요구하는 활동도 다음과 같이 활발해지고 있다.[12]

□ 1990년 10월 17일: 한국교회여성연합회 등의 여성 단체가 가이후 도시키(海部俊樹) 내각총리대신 앞으로 위안부에 대한 강제 연행 사실을 인정하고, 그 만행을 규명해 위령비를 건립하고, 공식 사죄와 보상, 역사 교육을 통해 계속 언급하는 것을 요구하는 「공개서한」 제출.(「公開書簡」, 『婦人新報』제1084호, 婦人新報社, 1991, 21-22.)

□ 1991년 11월 14일: 미야자와 기이치(宮沢喜一) 총리 앞으로 파벌 인사에 대한 「항의서」 제출.(「抗議書」, 『婦人新報』제1097호, 婦人新報社, 1992, 27.)

□ 1992년 1월 13일: 미야자와 수상(宮沢首相)의 방한에 기하여, 국회가 전쟁 책임을 아시아인들에게 사죄하고, 끼친 손해에 대한 보상 결의를 내릴 것을, 주권자로서 요청하는 「성명」 발표.(「声明」, 『婦人新報』제1097호, 婦人新報社, 1992, 27.)

□ 1992년 1월 28일: 미야자와 수상 앞으로 식민지 지배·전시 하의 악행을 사죄하고 보상 등의 실천의지를 표명할 것을 요구하는 「요청서」 제출. 한국교회여성연합회(7단체), 한국여성단체연합회(24단체), 두레방, 대한YWCA연합회, 서울지역 여자대생대표자협의회, 아시아여성신학교육원, 이화여자대학교여성학연구회, 정신대(挺身隊)연구회.(「要請書」, 『婦人新報』제1099호, 婦人新報社, 1992, 25.)

3. 21세기의 새로운 출발

2000년 이후, 일본의 여성 기독교 단체는 지금까지 한일 연대의 길을 누구보다 앞장서 모색해 왔다. 그것은 '평화'란 무언가를 자문자답하면서, 여성 기독교인 단체로서 하나의 응답을 실천이라는 형태로 나타낸 결과였다. 그중에서도 특히 '일본군 위안부 문제'에 대해서는, 일본 정부를 향해서도 다음과 같은 요청문을 제출하는 등, 정보 수집 등의 노력과 연대를 계속 유지하는 방식으로 자신들의 의지를 사회에 표출했다.

〈일본 정부에 대한 요청문〉

내각총리대신 모리 요시로(森喜朗) 님께

… 일본 정부에 부탁드립니다. 일본 정부는 제2차 세계대전 시기의 '위안부 문제'에 있어서, 그 피해자들에게 신속히 사죄하고, 배상하며, 전쟁 보상을 실시해 주십시오. 특히 조선민주주의인민공화국(북조선) 과의 정부 간 교섭으로, 피해자의 개인 보상이 매몰되지 않도록 배려 해 주십시오. 일본 정부가 일찍이 일본이 범한 전쟁 범죄 가운데서도 여성의 인권 억압의 가장 심각한 사례로서 '위안부 문제'를, 공정하게 해결하고, 국제사회의 신뢰를 받는 나라가 되도록 해 줄 것을, 간절히 요청하겠습니다.[13]

한일의 여성을 대상으로 한 활동의 큰 주제는 대체로 '일본군 위안 부 문제'와 관련되어 있다. 그리고 그 외에도 '재 한국 피폭자'[14]의 지 원 활동 등에도 힘써오고 있다. 이것은 히라야마 목사가 말한 "사회윤 리적 평화운동, 민주 운동의 단계로까지 비약해야 한다"는 말에 충실 한 가운데, 평화운동을 전개하는 '사회적, 정치적 교풍의 모임'으로 새 로이 거듭난 결과였다.

이처럼 전후의 여성 기독교 단체는, 한일 관계만을 보아도 알 수 있 듯이, 교류와 연대를 강화해 가는 길을 새로이 모색하면서 현재에 이 르고 있다. 전쟁에 반대하는 평화의 희구뿐만 아니라, 주로 여성의 인권 문제를 취급하면서, 사회 변혁을 일으키는 힘을 발휘하고 있다. 이런 식으로 평화를 위한 변화를 이루어왔다. 지금, 여성 기독교 단체에서의 '평화'는 주로 "인간의 내적인 평안과 함께 평화를 파괴하는 매우 무서운 적은 폭력"[15]이라는 말에 집중하며 구체화시키고 있다. '일본군 위안부'나 '재 한국 피폭자'를 대상으로 하는 일본의 폭력에 대한 반성과 그들을 향한 사죄 및 배상을 과제로 삼아, 진정한 '평화'의 실현을 추구하고 있는 것이다.

4. 나가면서: 여성 기독교인의 '평화'

1945년 이전에는 일본 여성들은 '후방의 역할'에 충실한 것이야말로 '신의 나라'(=일본)에 도움이 되는 일이며 '동양 평화'를 도래시키는 열쇠라고 믿었다. 그 때문에 여성들은 전쟁터에 나가는 남성의 뒤에서 그들을 격려하고 돕는 역할을 자처했다. 하지만 1945년에 맞이한 패전으로 자신들이 추구해 온 '평화'가 "제국주의 침략의 도구에 불과하였다는 왜곡된 전도와 교회의 모습"을 겸허히 수용한 결과, 기존의 '평화' 개념이 기독교 선교의 본래적 목적과 충돌된다는 모순을 깨닫게 되었다. 그러한 비판적 성찰 가운데서 '새로운 하나님 나라의 건설'(=그리스도의 평화)의 필요성을 실감하게 되었다.

한국 등 이웃국가들을 천황제 중심의 일본 제국에 동화시키는 것이야말로 행복과 평화를 향유할 수 있다고 믿은 나머지, 전쟁 승리를 기원하였던 '평화'의 실현 방법도 근본적으로 재고하였다. 그 결과, 개인적 윤리에 머물던 여성으로서의 문제의식을 전복시켜 사회적 윤리로의 각성을 촉구한 결과, '평화' 개념도 새롭게 구축되어 갔다. 예를 들어 교풍회의 경우, '순결'과 같은 여성 개인 윤리에 국한되던 주제가, 여성단체들의 전쟁 책임, '일본군 위안부' 문제 등에 관한 논의 등으로 새롭게 개편되어 갔다.

한편 패전 이전까지 '제국주의 침략의 도구'였던 일본 기독교인들의 '평화' 사상에 대해서, 그것을 "일방적으로 단죄할 수는 없다. 아니 오히려, 그러한 활동들을 신께서 사용하시고, 현재 혹은 앞으로의 긍정적 연대의 양식으로 살려 가심을 믿는다"[16]라는 견해도 있는 상황이라, 아직도 토론의 과제가 많이 남아 있다. 과거에 일본의 기독교인들이 이웃나라에 행한 일들에 대해 "신께서 사용하시고, 현재 혹은 앞으로의 긍정적 연대의 양식으로 살려 가심"이라는 결론을 내리는 것은, 전쟁 시기에 일본의 기독교인들이 내 건 '일본=하나님 나라'라는 도식적 감각이 현재의 기독교인들 가운데에도 여전히 남아 있다고 말하지 않을 수 없다. 이러한 손쉬운 결론이 이웃 나라와의 관계에서 진정한 사죄와 배상의 실현에 돌을 던지는 행위라는 것을 그런 생각에 머물러 있는 일부 기독교인들도 깨닫지 않는다면, 또 다시 '제국주의 침략의 도구'가 될 수 있는 날도 가깝다고 할 수 있다.

08

동아시아 평화에
미국은 어떻게
기여하는가

– 고립주의와 명백한 운명의 흥망

벤자민 앵글(Benjamin A. Engel)
(서울대학교 국제대학원 박사과정 수료)

1. 들어가며

미국이 동아시아 평화에 기여하고 있다는 것은 명백하다. 1945년 이후 동아시아 지역 차원에서의 팽창주의적 전쟁은 발발하지 않았지만 이 팽창주의적 전쟁이 그동안 없었던 이유는 미국과 소련의 냉전적 국제질서, 그리고 소련이 붕괴한 이후 패권국가로서 미국이 지배하는 국제질서 아래 전쟁이 쉽게 일어나지 못했던 점 때문이다. 그러나 최근 몇몇 국제학 학자들은 중국이 부상하면서 미국의 힘이 약화되고 있기 때문에 미국과 중국 사이에 전쟁이 발발될 가능성은 점점 커지고 있다며 경고하고 있다. 따라서 이러한 지역적 평화가 어떻게 이루어졌는지와 오늘날 지역적 평화를 앞으로 어떻게 지켜 나갈 수 있는지에 대해 검토할 필요가 있다.

무엇보다 중요한 점은 75년 동안 존재해 온 동아시아의 지역적 평화의 본질을 이해하는 것이다. 그동안 동아시아에서 일어난 전쟁이 태평양전쟁처럼 대규모의 인명피해를 일으키거나 핵무기를 사용하지는 않았지만 국가 간 또는 국가 내에서의 폭력은 지속적으로 만연해 왔다. 국가 차원에서 본다면 베트남과 중국, 그리고 베트남과 캄보디아 사이의 전쟁이 발발하였고, 동아시아의 내전으로 본다면 더 잔혹한 전쟁들이 일어났다. 특히 식민주의와 냉전 국제 질서를 일으켰던, 미국이 참전했던 한국전쟁과 베트남전쟁은 세계사에 가장 끔찍한 전쟁 중 하나일 것이다. 그러나 이 전쟁들은 냉전시대 동아시아의 공포스런 폭력의 전부는 아니다. 미국과 소련에 각각 의지하는 여러 동아시아 권위주의적 정권들은 권력을 유지하기 위해 반대세력을 잔인하게 탄압하였다. 중국, 대만, 북한, 한국, 인도네시아, 필리핀, 캄보디아, 태국, 그리고 다른 동아시아 나라에서의 이러한 폭력의 규모는 지역적 평화가 정말 "평화"라고 불릴 수 없을 정도로 어마어마하였다. 많은 동아시아의 국민들에게는 냉전시대와 오늘날의 상황도 평화가 아닌 지옥이나 다름없다.

냉전시대와 탈냉전시대를 살펴보면 미국은 평화만이 아닌 폭력에도 기여했다는 사실이 드러나고 있다. 미국은 동아시아 국제정치에 적극적으로 참여했기 때문에 팽창주의적 전쟁이 발발하지는 않았다. 다만 지난 75년 동안 동아시아에서 일어났던 많은 국가 차원의 폭력 사태에 미국은 직접·간접적으로나마 연루되어 있다. 이 글에서는 짧은 역사에도 불구하고 미국이 어떻게 동아시아의 평화에 기여하고 다른 한편 갈등의 빌미를 제공했는지를 살펴보고자 한다. 미국의 대외정책과 관련된 미국의 근본적인 동향과 가치에 대한 검토를 시작으로 그다음 절에서는 19세기 및 20세기 초, 전간기, 냉전시대, 그리고 탈냉전시대로 시기를 나누어 미국과 동아시아의 상호 작용을 살펴볼 것이다. 마지막으로 평화 촉진에 대한 미국의 성공과 실패를 분석하면서 미국은 민주주의와 인권에 대한 가치를 대외정책에 진지하게 적용해야 동아시아 평화에 긍정적으로 기여할 수 있다고 주장하려 한다.

2. 미국 외교 정책의 전통

역사적으로 미국의 외교 정책을 살펴보면 몇 가지 동향과 전통을 확인할 수 있다. 미국의 정치적 정체성을 근간으로 민주주의와 인권은 항상 대외정책에 중요한 위치를 차지하였다. 그러나 두 가지 다른 전통인 고립주의와 명백한 운명은 민주주의와 인권이 어떻게 추구될 것인가를 규정하게 된다. 본 절에서는 미국의 가치, 고립주의, 그리고 명백한 운명이라는 개념을 정의하고 이러한 개념을 바탕으로 미국의 정치적 정체성의 토대를 설명한다.

1) 미국의 가치: 민주주의와 인권

미국은 영국으로부터 독립을 쟁취하기 전부터 민주주의와 인권을 특별하게 존중해 왔다. 더 정확하게 말하면 미국의 가치는 공화주의와 개인주의를 의미한다. 이렇게 미국이 가장 많이 강조하는 인권은 개인주의를 지키는 정치 인권과 미국 헌법에 설명되어 있는 종교의 자유와 언론의 자유를 비롯한 권리다.[1] 미국인들의 정치적 정체성은 독립선언서에 기술된 바와 같이 "모든 인간은 평등하게 태어났고, 그들의 창조주로부터 특정한 불가분의 권리를 부여받으며, 이들 가운데 생명, 자유, 그리고 행복 추구"라는 정서에 얽매여 있다. 미국인들은 "자유가 아니면 죽음을 달라!"[2] 그리고 "지금으로부터 87년 전, 우리 조상들은 자유가 실현됨과 동시에 모든 인간은 천부적으로 평등하다는 원리가 충실하게 지켜지는 새로운 나라를 이 대륙에서 탄생시켰습니다"라는[3] 말을 외우면서 역사와 시민교육을 통해 자유의 중요성을 깊이 있게 배운다. 안타깝게도 미국이 건국되었을 때 "평등성"은 매우 좁게 정의되었는데, 다양한 민족과 사람들의 자유를 미국 정부로부터 인정받기 위해 그 이후 많은 운동이 필요하였다. 그리고 아직도 이러한 운동은 필요하며 지금까지 계속 진행 중이다. 대체로 미국의 이러한 추세는 보다 더 넓은 자유와 평등성을 향해 나아가려고 하는 데 있다.

미국 역사를 통틀어 평등성의 정의를 확대하려는 국내 움직임이 계속 일어났음에도 불구하고, 외교 정책에서 민주주의와 인권 가치를 적용하는 방법은 훨씬 짧은 역사를 가지고 있다. 냉전시대까지 미국인들은 자기 나라를 세계가 배울 수 있는 자유와 민주주의의 본보기로 생각하였으나, 미국이 직접 나서서 세계 각 나라를 민주화시키려 해서는 안 된다고 판단하였다. 이러한 사고방식을 보여주는 데 가장 많이 인용되는 사례가 존 퀸시 아담스(John Quincy Adams) 대통령의 1821년 연설이다: "미국은 모든 사람의 자유와 모든 나라의 독립을 기원한다. 그러나 미국은 자신만의 챔피언과 보증인이다."[4] 80년 후에도 테오도어 루즈벨트(Theodore Roosevelt) 대통령이 비슷한 말을 하였다: "일반적으로 다른 나라의 상황을 개선하기 위해 노력하는 것보다 국내에서 자신의 도덕적, 물질적 향상을 위해 노력하는 것에 관심을 갖는 것이 우리 자신에게 훨씬 더 현명하고 유용하다."[5] 이렇게 1970년대까지 미국 외교 정책에서 미국의 가치인 민주주의와 인권을 반영하는 운동은 드물었다. 1970년대에는 미국이 베트남전쟁과 국내 시민 평등 운동을 겪으면서 드디어 미의회에 미국의 가치를 외교 정책에 좀 더 진지하게 적용하려는 움직임이 있었으며, 지미 카터(Jimmy Carter) 대통령은 1976년 인권외교를 펼치겠다고 약속하면서 대통령에 당선되었다.

그러나 다음 절에서 설명하는 것과 같이 결국 미국의 외교 정책에 많은 영향을 미치지는 못하였다. 미국 역사에서 대부분 기간 동안, 미국이 민주주의와 인권을 세계에 적극적으로 확대하는 정책보다 미국의 다른 전통인 고립주의가 더 우선시되었기 때문이다.

2) 고립주의

고립주의는 자국의 이익이나 안보에 직접적인 위협이 직면하지 않을 때 외국의 개입이나 전쟁에 관여하지 않고 동맹도 피한다는 것을 의미한다. 미국의 고립주의는 두 가지의 토대가 있다: 하나는 이념적이고 하나는 실용적인 면이다. 이념적인 토대는 미국의 초기 지도자들이 많은 비용이 드는데다 어쩌면 실패할지도 모르는 외국의 개입을 위해 미국의 도덕성을 희생시키는 것에 대한 우려에서 비롯되었다. 위에 언급된 1821년 같은 연설에서 존 퀸시 애덤스 대통령은 미국이 해외에서의 자유를 증진시키기 위해 나서서 칼을 휘두르면 "미국 정책의 근본은 무감각하게 자유에서 무력으로 바뀔 것"이라고 주장하였다.[6] 실제로 미국 혁명은 미국인에 대한 대표성이 부족한 영국 정부에 의해 미국 식민지에 부과된 가혹한 정책에서 비롯되었다. 만일 미국이 주권국가로서 다른 나라의 국내 정치에 간섭하려 한다면 그 자체가 유럽 강대국의 제국주의와 다를 바 없다는 것이다.

좀 더 이해하기 쉽고 실용주의적인 고립주의의 토대는 미국의 유리한 지정학적 위치다. 특히 19세기와 20세기 초에 걸쳐 미국의 힘이 성장함에 따라, 한쪽에 대서양이 있으면서 반대쪽에 태평양이 있기 때문에 다른 세력으로부터 미국이 점령당할 위험은 미미하였다. 따라서 유럽이나 다른 지역의 문제는 미국인들에게 멀게 느껴졌다. 서반구 이외의 나라들에 대한 미국의 관심은 무역의 자유로 한정되어 있었다. 그렇기 때문에 20세기에 들어 미국 지도자들이 유럽에서 일어난 대전에 개입이 필요하다고 미국 시민들을 납득시키는 것은 거의 불가능하였다. 다음 절에서 설명하는 것과 같이 미국은 결국 20세기의 대전에 참전하기로 결정하였는데, 이는 미국이 공격을 당했기 때문이다.

그러나 제2차 세계대전이 끝난 후 미국이 상대적으로 피해를 입지 않고 유럽과 일본이 완전히 파괴되어 있는 상황에서 갑자기 국제무대로 올라갔다는 가정은 틀리다. 그동안 미국의 또다른 전통인 명백한 운명이 미국의 외교 정책에 영향을 미치고 있었고 시간이 갈수록 그 영향은 커지고 있었다.

3) 명백한 운명

미국에서 텍사스 합병에 대한 논의를 하면서 "명백한 운명(manifest destiny)"이라는 말이 처음 나왔다. 미국 언론인 존 루이스 오설리번(John Louis O'Sullivan)은 1845년 미국은 "연간 수백만 명으로 늘어나는 우리 국민이 자유롭게 발전하기 위해서 하늘의 뜻으로 주어진 대륙을 초과할 명백한 운명"이 있다고 말하였다.[7] 다르게 말하자면, 명백한 운명의 원래 뜻은 미국이 대서양부터 태평양까지 뻗어 나가도록 하느님에 의해 정해져 있었다는 것이었다. 이러한 개념은 미국이 서쪽으로 영토를 확대하고 북미 원주민들을 거의 멸하는 것을 정당화했다.

미국의 본토 정복이 완성된 이후 명백한 운명은 미국의 외교 정책에 적용되었다. 이를 위해 명백한 운명은 또다른 뜻을 떠맡았다. 유럽 제국주의가 백인의 책무라는 개념과 같이 명백한 운명에 따라 백인 기독교인들은 미국에서 민주주의적 국가를 설립했기 때문에 다른 민족에게도 민주주의를 어떻게 구현하는지를 가르쳐 줄 의무가 있다는 것이다.[8] 우드로 윌슨(Woodrow Wilson) 대통령은 이러한 철학의 "전형"이었다.[9] 그가 제시한 14개 항이 한국의 3·1운동을 비롯한 세계적 독립운동에 원인을 제공했으나[10] 윌슨 대통령은 미국이 다른 국가에 민주주의 시행 방법을 가르쳐 줄 책임이 있다고 믿었다.[11] 그는 민족 자결권은 다른 민족이 올바른 결심을 할 경우에만 가능하다고 생각하였다. 미국에서의 인종 분리 법칙에 대한 그의 지지가 증명했듯이, 윌슨 대통령은 일부 사람들이 아직 올바른 결심을 내릴 능력이 없고 미국으로부터 교훈을 받을 필요가 있다고 믿었다. 미국을 자비로운 교사로 정의하는 명백한 운명이란 개념은 냉전 이전, 도중, 그리고 이후의 미국에서 전 세계 곳곳으로의 개입과 미국의 제국화를 정당화하였다.

이처럼 고립주의와 '명백한 운명'은 미국의 기본 가치인 민주주의와 인권을 전 세계로 확대하는 두 가지 상반된 접근 태도이다. 고립주의자들은 미국이 세계의 본보기, 즉 로널드 레이건(Ronald Reagan) 대통령의 "언덕 위의 빛나는 도시"가 되어야 한다고 주장한다. 다르게 말하자면, 미국이 직접 다른 나라에 개입하지 않고 좋은 본보기가 되면 다른 나라가 스스로 미국의 가치를 채택할 것이라고 믿는 것이다. 명백한 운명이란 개념은 이와는 다른 제국주의적 접근 방법으로, 미국이 도덕적 권위를 갖고 있기 때문에 세계가 올바르게 운영되도록 미국이 직접 나서서 개입할 의무가 있다는 것이다. 고립주의는 미국 외교정책의 기본이었지만 미국의 힘이 강력해지면서 명백한 운명이 점점 더 많은 영향을 미치게 되었다. 다음 절은 이러한 개념들을 바탕으로 미국의 동아시아 정책과 미국이 동아시아의 평화에 기여하고 한편으로 어떻게 폭력을 가했는지를 살펴본다.

3. 미국과 동아시아의 평화

이 절은 19세기 후반과 20세기 초반, 전간기, 냉전시대, 그리고 탈냉전시대로 시기를 나누어 미국의 동아시아 외교 정책을 분석한다. 이를 위해 미국의 가치, 고립주의, 또한 명백한 운명이라는 개념을 이용해 미국 대외정책의 변화와 미국이 동아시아의 평화에 끼친 영향을 살펴본다. 표면적으로 미국은 고결한 의도를 표방하고 있었으나 동아시아에서 미국의 행동은 많은 동아시아 나라에 치명적인 수준의 폭력을 초래하여 수백만 명의 삶에 매우 부정적인 영향을 끼쳤다.

1) 19세기 후반과 20세기 초반

현재 미국은 '태평양의 국가'라고 생각하지만 미국이 건국되고 나서 백여 년 동안 동아시아와의 교류는 거의 없었다. 미국이 서쪽 지역을 완전히 정복할 때까지 아시아와의 교역이 쉽게 이어질 수 없는 상황이었기 때문이다. 불행히도 미국과 동아시아와의 초기 접촉은 앞으로 다가올 더 파괴적인 관계를 예고하였다.

미국의 첫 번째 동아시아와의 적극적인 접근은 1853-1854년 메튜 페리(Matthew Perry) 제독의 일본 개항이라고 할 수 있다. 유럽의 제국과 똑같이 미국은 산업혁명이 본격화되면서 점점 더 많이 생산되는 상품을 팔기 위해 새로운 시장을 찾고 있었다. 유럽 열강과 미국은 일본, 중국, 그리고 동아시아의 여러 국가가 무역 대상지라고 판단되자 식민지화하거나 억지로 개항하게 하였다. 일본 개항을 위해 미국 정부는 페리 제독을 파견해 미국의 앞선 군사력을 일본에 보여주면서 미국에 이익 되는 협정을 맺었다. 이러한 외교 정책을 포함(砲艦) 외교라고 한다. 1854년 3월 미국과 일본은 가나가와 조약을 체결하여 미국 상선이 일본의 2개 항구를 이용할 수 있게 되었는데, 아이러니하게도, 이 사건은 일본인에게 그들의 기술적 열세를 자각하게 하고 결국 메이지유신과 급속한 산업화로 나아가게 하였다. 이것은 차례로 20세기 초 일본 군국주의를 낳았다.

일본 개항은 미국의 '명백한 운명' 사상의 결과라고 볼 수 있다. 미국의 지속적인 발전을 위해 땅 뿐만 아니라 시장도 필요했기 때문에 북미 원주민 땅을 정복한 것처럼 일본 시장을 억지로 열었다. 필리핀에서도 미국의 명백한 운명 사상 노선이 관철되었다. 스페인-미국 전쟁을 통해 스페인의 식민지인 필리핀이 미국에 넘어갔고 미국은 필리핀을 식민지로 지배하면서 "자애로운 교사"로서 필리핀인들에게 민주주의를 가르쳐 주려고 하였다.[12]

그러나 이 시기에는 미국의 고립주의 성향이 아직도 완고하였다. 고립주의와 명백한 운명 사상이 동시에 미국 외교 정책에 영향을 미치는 것은 태프트-카쓰라 각서를 통해 볼 수 있다. 육군장관인 윌리엄 태프트(William Taft)는 1905년에 일본을 방문하여 일본 총리인 카쓰라 다로와 회담을 가졌다. 회담에서 태프트와 카쓰라가 한 말은 태프트-카쓰라 각서에 요약되어 있으며 그 각서를 보면 세 가지 이슈에 대해 이야기하였다. 첫 번째는 동아시아의 평화를 유지하기 위해 미국, 영국, 그리고 일본이 서로 이해하는 것이 중요하다는 것, 두 번째는 일본이 미국의 식민지인 필리핀에 대한 공격적인 계획이 절대 없다는 것을 확인하였다. 마지막으로 카쓰라는 일본이 한국을 식민지로 만들 수밖에 없다는 주장을 하였는데 태프트는 이에 대해 반대하지 않았다는 것이다.

각서의 내용을 보면 미국이 고립주의적 자세를 유지해 일본이 한국을 통치하는 것을 막지 않겠다고 표현하였다. 그러나 이러한 고립주의적 입장은 한편으로는 명백한 운명 노선에 따라 전쟁을 통해 얻은 필리핀 식민지를 보호하기 위한 것이었다. 역사 학자들 사이에 태프트-카쓰라 각서가 "비밀의 협정"이었는지에 대한 논란이 있다.[13] 각서를 읽어 보면 분명히 태프트가 자기 입장만을 표현하고 있다고 말했으나 태프트-카쓰라 회담 이후 일본이 한국을 통치해도 미국은 개입하지 않겠다는 것을 정확히 확인할 수 있었다. 다르게 보면 미국은 한국의 민족 자결권을 보호할 의도가 없었다. 1910년에 일본이 한국을 강점하여 무단 통치하기 시작했는데 국제사회는 별다른 반응이 없었다. 심지어 한국에 사는 미국 선교사들 대부분은 일본 식민지화가 한국에 좋은 영향을 미칠 것이라고 생각하였다.[14]

그러나 만약 미국이 일본의 한국에 대한 통치를 반대했다고 해도 일본 군국주의의 확장 정책을 멈추기는 어려웠을 것이라고 본다. 결국 1941년 일본과의 전쟁이 발발했는데, 미국이 20세기 초 일본의 팽창주의를 막으려 했다면 전쟁을 더 일찍 시작하는 방법뿐이었을 것이다. 본 사건은 미국의 힘이 얼마나 크든 다른 많은 행위자로 인해 미국 스스로 다른 나라의 평화를 유지할 수 없다는 것을 보여 준다. 결국, 미국이 민족 자결권 원칙을 관념적으로만 지지했기에 태프트-카쓰라 각서는 한미관계사에 안타까운 사건으로 남게 되었다.

2) 전간기(戰間期)

제1차 세계대전은 1914년 여름 오스트리아-헝가리 제국의 프란츠 페르디난트(Franz Ferdinand) 대공이 암살된 후 유럽 동맹의 전쟁 선언이 이어지면서 시작되었다. 유럽의 열강들은 유럽뿐만 아니라 그들의 아시아와 아프리카 식민지에서도 싸웠고, 식민지민도 통치자의 지휘 아래 전쟁에 참가하였다. 그러나 미국 국민들은 고립주의의 큰 틀 안에서 그 전쟁을 먼 유럽의 사건으로 보았다. 그러다가 독일의 무제한 잠수함전과 멕시코와 동맹을 맺으려는 시도 때문에 우드로우 윌슨 대통령은 1917년 4월 드디어 미국 국민들에게 참전할 필요성을 호소하여 동의를 얻어냈고 미의회는 선전포고를 하였다.

미국이 참전하기로 한 이후 전쟁은 빠르게 끝났고 윌슨 대통령은 평화협정을 만드는 과정을 미국의 가치에 따라 국제 사회 질서를 새롭게 구축할 수 있는 기회로 보았다. 국제 연맹 설립에 적극적으로 참여했고 유명한 14개 항에 관한 연설도 하였다. 그러나 윌슨 대통령의 이상주의와 국제사회에의 적극적 참여는 미국 국민들의 입장과 달랐다. 필리핀, 하와이, 그리고 카리브해 지역에서 여러 제국주의적 과제를 실행 중이었지만, 제1차 세계대전이 끝난 후 미국 국민들은 또 다시 고립주의적 외교 정책을 선호하였다. 미의회의 국제연맹 조약 불승인에 따라 미국은 국제연맹에 참가하지 않았다.

국제연맹은 결국 이빨 빠진 조직으로 구성원들 사이의 전쟁 발발을 막는 주요 임무를 수행하지 못하였다. 여러 가지 실패 중 1931년 일본의 만주 침략은 매우 큰 사건이었다. 국제연맹에서 일본군의 만주 철수를 요구하는 42대 1의 표결에 의해 동의안이 통과되었으나 일본은 그냥 국제연맹에서 탈퇴하였다. 일본군은 만주에 계속해서 주둔했고, 1937년에 중국 본토를 침략하였다.

미국은 국제연맹에 참가하지 않기로 했기 때문에 국제연맹의 실패에 직접적인 책임은 없지만 미국의 불참은 국제연맹의 실패에 분명히 영향을 미쳤다. 윌슨 대통령의 14개 항 연설이 약소 식민국가의 독립운동을 격려했지만, 미국 정부는 적극적으로 한국에서 일어난 독립운동을 비롯한 반식민지 운동들을 지원하지 않았다. 그러나 제2차 세계대전의 발발이 미국의 외교정책만의 실패였다고 주장하지는 못한다. 물론 미국의 고립주의적 외교 정책이 도움이 안 되었지만, 미국도 대공황 때문에 세계 문제에 관여할 여유가 없었기 때문이다. 또한 베르사유 조약에서 영국과 프랑스가 독일에 대해 가혹한 형벌을 요구한 결과로 히틀러의 부상을 낳았다. 전간기 미국 고립주의, 그리고 영국과 프랑스의 독일과 히틀러에 대한 유화정책은 제2차 세계대전 이후의 미국 외교 정책에 큰 영향을 미쳤다. 미국은 전간기의 실패를 또 다시 되풀이하지 않겠다고 결심했지만 대신 다른 잘못을 많이 하게 되었다.

3) 냉전시대

미국은 냉전에서 이겼다. 이러한 결론에 반대하는 사람은 거의 없을 것이다. 그러나 냉전을 이기는 대가는 무엇이었는가? 냉전의 부담은 통제할 수 없는 군사·산업 복합체와 총구를 겨누고 민주주의를 확산시키는 정책의 형태로 여전히 미국에서 느껴질 수 있는데, 아시아·유럽·중동 등 냉전의 전선에 사는 사람들에게는 자본주의와 공산주의의 경쟁을 초래하는 결과를 낳았다.

미국과 소련은 동맹을 맺어 독일과 일본에 대한 제2차 세계전쟁에서 함께 승리했지만 그들 사이에 있는 경쟁은 대전을 시작하기 전에도 이미 볼 수 있었다. 자본주의를 혁명으로 극복하려는 공산주의가 미국에서는 자본주의의 반정립이라고 정의되었으며, 제2차 세계대전이 거의 끝나자마자 미국과 소련 사이의 냉전이 시작되었다. 그러나 원자 폭탄, 그리고 몇 년 후 수소 폭탄의 개발에 따라 20세기 초반과 같은 전면 전쟁은 이제 불가능하게 되었다. 미국과 소련은 그들 사이에 전쟁이 발발한다면 문명을 종결시키는 핵무기 전쟁으로 이어질 수 있다는 것을 인정하였다.[15] 따라서 세계적이고 치명적인 전쟁을 피하는 "핵평화"가 이어졌으나 외교학 연구에서는 "저수준 전쟁"이 지속적으로 일어났다는 것을 알 수 있다.[16] 다르게 말하자면 미국과 유럽이 느꼈던 "긴 평화"가 동아시아에서는 존재하지 않았다.[17]

원자 폭탄은 미국과 소련 사이의 전쟁이 발발하지 못하도록 했지만 원자 폭탄이 없는 국가 사이의 전쟁이나 내전을 막을 힘은 하나도 없었다. 따라서 미국은 핵무기를 개발하고 다시 고립주의적 외교 정책을 채택하면서, 당장 미국이 공산주의에 빠지지 않아도 주변국가들이 공산화될 수도 있다고 인식하게 되었다. 따라서 미국의 최우선 과제는 공산주의의 확산을 막는 것일 수밖에 없다고 판단하여, 고립주의적 정책을 버리고 소련과 공산주의를 봉쇄하기 위한 노력이 시작되었다. 이러한 정책은 트루먼 독트린(Truman Doctrine)이라고 부르며, 헤리 트루먼(Harry Truman) 대통령이 1947년 3월 미의회에서 한 연설에 자유민주주의적 국가와 자유민주주의를 추구하는 민족을 지원하는 미국의 의도를 처음으로 발표하게 되었다.

그러나 트루먼 독트린과 공산주의의 봉쇄가 필연적으로 전쟁과 폭력을 통해서만 이루어질 수 있는 것은 아니었다. 봉쇄 정책 제안자인 조지 케넌(George Kennan)은 소련 봉쇄가 주요 경제와 문화적인 압박을 통해 5개 군사-산업 핵심 지역에서만 이뤄질 수 있다고 생각하였다.[18] 따라서 공산주의가 서유럽을 장악하지 못하도록 경제 재건을 위한 마셜 계획(Marshall Plan)을 실행하였다.

그러나 한국전쟁이 발발하면서 미국의 봉쇄 정책도 변화하였다. 케넌의 후임자인 폴 니츠(Paul Nitze)가 쓴 NSC-68라는 정책문서에 의하면 미국은 경제적 및 문화적인 힘뿐만 아니라 군사력을 키워 공산주의의 확산을 막아야 한다고 주장하였다. 이러한 입장은 미국이 한국 전쟁과 베트남 전쟁에 참전하는 것을 정당화하였고 미국의 오래된 고립주의 동향을 몇 년만에 사라지게 만들었다.

그러나 미국의 정책은 잘못된 가정을 전제로 하고 있었다. 역사는 전쟁을 초래한 단일 공산권에 대한 미국 정부의 추측이 거짓임을 보여준다. 베트남에서 미국 정부는 공산주의의 확산과 반식민지 운동의 차이도 인식하지 못하였다. 결과적으로 두 전쟁은 수백만의 한국인과 베트남인뿐만 아니라 수만 명의 미국인과 다른 미국의 동맹국인들의 죽음을 초래하였다. 한국과 베트남은 폐허가 되었다. 한국의 경우 어느 한쪽이 확실한 승리를 거두지 못한 것과 수십만 명의 남북한 군대 징집과 오늘날까지 간간이 일어나는 충돌로 보면 한반도의 전쟁 가능성이 아직 남아 있다는 것을 알 수 있다. 미국은 남한에서 자기에게 의존하는 정부를 보존할 수 있었지만 냉전시대 내내 자국민을 살해하고 억압하는 연속적인 군사 정권을 지원했기 때문에 미국과 같은 자유가 한국에 완전히 실현되는 것은 30년 이상이나 더 걸렸다.

한국뿐만 아니라 미국은 동아시아 우파 독재자를 많이 지원하였다. 따라서 "제1세계"의 자유와 자본주의의 보호자인 미국과 동맹을 맺었음에도 불구하고 많은 동아시아 국가 사람들은 폭력적인 권력에 희생되었고 생활 수준이 많이 향상되지 않았다. 미국은 페르디난드 마르코스(Ferdinand Marcos)가 자기 권력을 유지하기 위해 필리핀

정부를 클라이언트론적 관계의 네트워크로 만들려는 노력을 외면하였다.[19] 아마도 가장 충격적인 사례는 인도네시아의 우파 권위주의적 정부에 대한 미국의 지원일 것이다. 제프리 로빈슨(Geoffrey Robinson)의 연구에 따라 미국 정부는 1960년대 중반 수하르토(Suharto) 장군 휘하의 인도네시아 군대가 수십만 명의 공산주의 동조자와 무고한 사람들을 학살한 사실을 분명히 알고 있었고 심지어 묵인하기까지 하였다.[20]

냉전시대에 미국은 분명히 고립주의를 완전히 버렸다. 미국은 명백한 운명 사상을 포용하면서 미국 가치와 자본주의를 살리면서 공산주의의 위협을 이겨내야 한다는 입장을 지향했다. 이렇게 말하면 미국의 미션을 반대하는 것은 어렵다. 오늘날, 공산주의적 독재자들은 공포와 폭력을 통해 국민을 탄압하며 그들이 실행한 통제경제는 국민의 생활 수준을 결국 개선하지 못했다는 것을 알 수 있다. 그러나 미국이 공산주의를 이겨내기 위한 방법이 평화로웠다고 할 수는 없다. 세계를 위한 모범이 되기보다는 반공산주의라는 명분으로 수백만 명의 동아시아 사람들을 학살하고, 동맹국과의 관계를 유지하기 위해 우파 독재자의 폭력을 비난하지 않았거나 직접 지지하였다. 트루먼 대통령의 국무장관인 딘 애치슨(Dean Acheson)은 유고슬라비아의 독재자인 요시프 브로즈 티토(Josip Broz Tito)에 대해 이렇게 말하였다: "그는 개새끼지만 우리의 개새끼다."[21] 즉, 미국 가치를 보호하기 위해 냉전을 꼭 이겨야 하는 것을 인식했지만, 냉전을 이기는 과정에서 미국은 결국 미국 가치를 버렸다는 것이 분명하다.

그리하여 명백한 운명 사상은 냉전시대에 미국이 공산주의의 확산을 막기 위해 움직이도록 자극하였다. 그러나 19세기 북미 원주민의 학살처럼 20세기의 명백한 운명은 "힘이 권리"라는 이념하에 움직이면서 동아시아에 많은 폭력과 죽음을 초래하였다. 소련의 붕괴는 냉전의 끝을 의미했고 미국은 세계의 유일한 초강대국이 되었다. 하지만 탈냉전시대에는 미국의 힘을 견제할 상대가 없는 상황에서 명백한 운명 사상을 따라가면서 미국은 오히려 더 많은 폭력적인 국제 개입을 하였다.

4) 탈냉전시대

냉전의 종식은 팍스아메리카나(미국의 힘에 의한 평화)의 출현을 의미하는 것이었어야 했다. 그러나 현실은 그렇지 않았다. 9·11 테러 공격을 받은 이후 미국은 평화로운 날이 하나도 없었다. 요즈음 "끝이 보이지 않는 전쟁(endless wars)"이라는 말이 미국에서 자주 쓰이게 되고 미국인들은 미국 군대가 언제 중동아시아 전쟁으로부터 벗어날 것인지 계속 의문을 가지고 있다. 중동에서 열전이 계속 이어지고 있으나, 세계대전이 또 일어난다면 동아시아에서 일어날 가능성이 가장 크다.

동아시아 지역에서 미국의 가장 시급한 위기는 북핵 문제다. 북한은 수십 년 동안 미국이 해결할 수 없는 골칫거리이다. 경제협력에 대한 약속이나 제재와 전쟁 위협도 북한 지도자들이 핵과 전달 수단을 개발하는 것을 흔들리게 할 수 없었다. 이렇게 북한 핵개발은 제2차 세계대전 이후 미국의 외국 개입 정책의 한계를 보여 준다. 불량국가를 민주주의로 변화시키려는 공격적인 방법인 침략과 점령은 이라크와 아프가니스탄에서 성공할지조차도 모르면서 진행 중이고, 이란과 북한에서는 이미 완전히 실패하였다. 따라서 세계를 자신의 이미지로 변모시키려는 명백한 운명에 의한 미국의 미션은 세계를 더욱 위험하게 만들고 있다. 게다가 미국의 민주주의 확산에 대한 공격적, 일방적인 접근은 유럽과 다른 지역의 동맹국들로부터 비난을 초래하고 있다. 북한이 미국, 중국, 그리고 러시아의 교차로에 위치해 있기 때문에, 미국은 이 나라를 점령하고 민주화시키는 전략을 쓸 수 없고 오바마 행정부에 이어 이제 트럼프 행정부가 진행하고 있는 "전략적 인내" 정책도 아무것도 이루지 못하고 있다. 따라서 미국은 민주주의적 평화를 실현하려면 또다른 방법을 찾아야 할 것이다.

북한을 넘어 미국이 중국과 전쟁하는 것을 피할 수 있다고 해도 경쟁은 피할 수 없다.[22] 미국과 중국의 경쟁이 심각해지는 변수 중 미국 냉전시대의 동맹 제도가 있다. 유럽에서 설립한 북대서양조약기구(나토)와 달리 미국의 아시아에서 동맹 제도는 핵심 축과 바퀴살(hub-

and-spokes)이라는 것이다. 즉, 미국이 핵심이고 일본, 한국, 필리핀 등이 바퀴살이다. 집단안전보장기구인 나토와 달리 바퀴살 사이에 안전보장조약이 따로 없고 미국과 바퀴살 국가 사이에만 안전보장조약이 있다. 그래서 한국을 예로 보면 한국과 북한 사이의 전쟁이 발발하면 미국은 전쟁에 참전해도 일본이나 필리핀의 참전은 불확실한 것이다. 동아시아에 집단안전보장기구가 없기 때문에 미국과 중국은 각각 동아시아 국가가 누구의 편을 들 것인지에 대해 경쟁하고 미국은 한국이나 필리핀이 중국 편으로 기울고 있는지에 대해 깊은 관심을 보이고 논의를 많이 한다. 또한 집단안전보장기구가 없을 뿐만 아니라 동아시아 국가 사이의 안전보장에 대해 협력할 의지도 없어 보인다. 예를 들어 일본과 한국의 안전보장만을 고려하면 둘다 민주주의적 국가로서 협력할 이유가 있으나 역사적 문제 때문에 안전보장에 대한 협조를 안 하려고 한다. 한국과 일본 사이의 역사적 문제를 풀기 위해 미국의 중재가 필수적이지는 않지만 중재하려는 노력도 보이지 않는다. 집단안전보장기구가 없는 결과로 동아시아를 완전히 무질서 상황으로 만들고 전략적 경쟁과 군비 경쟁을 심화시켜 위기나 전쟁으로 이어질 수 있는 가능성이 상존하고 있다.

최근 들어 부분적으로 악화되고 있는 동아시아의 안전 상황 때문에 미국에서 고립주의가 부활하고 있다. 트럼프 행정부의 미국 우선주의 정책이 미국의 일본 및 한국과의 오랜 동맹의 미래를 흐리게 하고 있다. 미국의 "끝이 보이지 않는 전쟁" 때문에 소득 불평등 증가와 더불어 국내 기반시설이 붕괴되면서 미국 국민들은 외국에 대한 개입 또는 방위에 아낌없이 비용을 지출하는 것에 싫증을 느끼고 있다. 게다가 우익의 포퓰리즘 지도자들이 전 세계의 권력을 장악함에 따라, 제2차 세계대전의 파시즘과 냉전시대의 공산주의를 물리치려는 엄청난 노력이 민주주의를 위해 세계를 안전하게 만들었다고 주장하기도 어렵다. 따라서 명백한 운명의 미션으로 전쟁과 강요를 통해 민주주의를 확산시키는 것의 실효성에 대한 의문이 일어나고 있다.

4. 나가면서

동아시아와 미국 관계의 역사는 고립주의와 명백한 운명이라는 미국의 서로 경쟁하는 대외 정책의 기조가 미국 국경 밖에서 민주주의와 인권이라는 미국의 가치에 대해 견고한 기초를 확보하지 못했다는 것을 보여준다. 한국과 일본 등 눈에 띄는 성공 사례가 몇 가지 있으나 동시에 더 이상 존재하지 않는 남베트남이나 오늘날의 이라크와 아프가니스탄과 같은 실패도 많다. 미국의 개입이 덜 투명한 나라들에서 역사가들은 미국이 인도네시아와 필리핀에서와 같이 끔찍한 폭력에 기여했다는 것을 보여주고 있다.

그렇다면 미국은 무엇을 해야 하는가? 다시 고립주의에 빠지는 것은 정답이 아니다. 미국이 많은 실패를 했음에도 불구하고 아직 많은 힘을 가지고 있고 많은 국가와 사람들이 미국이 도덕적 지도자가 될 것이라 기대한다. 그러나 도덕적 지도자가 되려면 미국은 먼저 명백한 운명 사상과 그에 기초한 미국의 예외주의를 버려야 한다. 미국이 세계의 유일한 자유민주주의 국가도 아니고, 거버넌스나 경제 등 여러 분야에서 미국보다 더 우수한 나라들이 많다. 미국이 힘을 독점하고 있는 것도 아니다. 단국 질서보다 다국적인 국제질서로 변화하고 있는 세계 질서의 큰 흐름 속에서 미국은 냉전시대에 실패한 개입주의를 버려야 한다.

미국은 고립주의도 명백한 운명도 아닌 제3의 길을 찾아야 한다. 세계를 바라보기만 하는 고립주의도 세계를 통치하려는 명백한 운명도 아닌, 도덕적 다자간 행동주의를 개발해야 한다. 이것은 미국의 가치를 확산하려는 전략뿐만 아니라 미국 가치에 기초한 행동주의다. 외교 정책뿐만 아니라 국내 정책도 미국 가치에 기반해야 한다. 국내의 경제적 불평등, 성별과 인종적 차별, 그리고 환경 파괴를 해결하도록 해야 미국은 세계를 위한 본보기가 될 수 있다. 동시에 미국은 국제사회를 이끌어갈 의무가 있다는 것을 인정하면서 일방적으로 움직이려 하는 행동 방식을 포기해야 한다. 인도적 개입이 필요한 상황에서 다국적 지원을 구한 다음 행동해야 한다. 지도국가로서 다른 국가 사이뿐만 아니라 미국과 다른 나라, 즉 미국과 이란, 미국과 북한 사이에 갈등 해소를 추구해야 한다. 세계적으로 가장 군사적인 힘을 가진 미국은 다른 나라의 공격을 무서워할 이유가 없고 대신 힘이 센 나라로서 가장 쉽게 평화를 추구할 수 있다. 고립주의나 명백한 운명 말고 미국 가치에 기초한 외교가 시급하게 요구되며 서둘러 도덕적인 다자간 행동주의적 외교 정책을 안출하도록 해야 한다.

09

우분투,
아시아의
평화를 위한
아프리카의 정신

고돈 무앙기(Gordon C. Mwangi)
(시코쿠학원대학(四国學院大学) 평화학과 명예교수)

1. 우분투는 인간성을 의미한다

'우분투(Ubuntu)'라는 말은 인간성(humanity)을 의미한다. 적도 북위 5도 정도인 아프리카 지도를 가로질러 서쪽의 카메룬에서 동쪽의 케냐까지 선을 그으면 남아프리카 공화국까지 해당되는 반투어 구사 지역(Bantu speaking zone)이 있다. 반투어에서 '-ntu' 또는 '-ndu', '-tu'와 같은 변형어는 정신(spirit)을 의미하며, 이 어간에 'm-' 또는 'mu-'를 더하면 '문투', 즉 '사람(person)'이 된다. 여기에 '우부(ubu)'를 더하면 '우분투', 즉 '인간됨(human-ness)' 또는 '인간성(humanity)'이 된다. 그렇다면 아프리카적 인간성이란 구체적으로 무엇을 의미할까.

남아프리카 성공회 케이프타운 대주교였다가 현재는 은퇴한 데스몬드 투투(Desmond Tutu)는 이렇게 말한다.

우분투(Ubuntu)는 서양어로 표현하기 매우 어렵다. 그것은 인간의 본질에 대해 말하고 있다. 우리가 누군가에게 찬사를 보내고 싶을 때, "유, 유 노분투(Yu, u nobuntu)"라고 말한다. '이봐, 그이(he/she)는 우분투를 가지고 있어'라는 뜻이다. 이것은 그들이 관대하고, 친절하고, 자상하고, 동정심이 많다는 것을 의미한다. 그들은 가진 것을 공유한다. 그것은 내 인간성이 그들의 인간성과 뗄 수 없이 연결되어 있고 또 묶여 있다는 것을 의미한다. 우리는 인생이라는 한 묶음에 속해 있다. 우리는 '사람은 다른 사람을 통하기에 사람(a person is a person through other people)'이라고 말한다. '나는 생각한다 그러므로 존재한다'가 아니다. 그보다는 '나는 속해 있기 때문에 인간이다'라는 뜻이다. 나는 참여하고, 공유한다. 우분투를 가진 사람은 다른 사람에게 개방적이고 쓸모 있으며, 타자 긍정적이고, 다른 사람들이 유능하고 선하다는 사실에 위협을 느끼지 않는다. 그에게는 더 큰 전체에 속해 있다는 것을 아는 데서 오는 적절한 자기 확신이 있기에, 다른 사람들이 모욕을 당하거나 폄훼 당할 때, 다른 사람들이 고문을 당하거나 억압을 받을 때, 다른 사람들이 그들 자신의 가치 이하로 취급당할 때, 그이도 같이 겪는다.[1]

우분투 개념은 일찌기 19세기 중반 남아프리카에서 시작했다. 그러다가 '나는 생각한다 그러므로 나는 존재한다'는 데카르트적 유산에 반대하는 세계관이 특히 요르단의 쿠시 누바네(Jordan Kush Ngubane)의 글을 중심으로 확대되면서 1950년대에 대중화되었다.

특히 남아프리카 지역에서, 좀 더 구체적으로는 다수결 정치로 이

행해 가던 짐바브웨와 남아프리카의 정치적 환경에서 1960년대 들어 탈식민지화를 겪으면서 우분투의 개념을 '아프리카 휴머니즘'이라는 특별한 이념으로 키워낼 수 있었다. 그중에서도 1984년 노벨평화상 수상자이자 전 성공회 대주교였던 투투가 정치적이면서 정신적인 해방을 위한 투쟁에 우분투라는 개념을 과감하게 드러내면서 더 많은 이들이 사용할 수 있게 되었다. 나아가 1995년 넬슨 만델라 대통령이 투투를 남아프리카공화국 진실화해위원회(TRC)의 위원장으로 임명하자, 투투는 용서의 정신으로 '응보적 정의'를 '회복적 정의'로 바꾸는 작업에 우분투를 구체적으로 적용한 바 있다.

2. 우분투의 보편성

세계인권선언(The Universal Declaration of Human Reghts)은 첫 항에서부터 문화나 인종에 관계없이 모든 인간은 평등하다는 사실을 우리에게 상기시키고 있다. 하지만 1948년 12월 10일 이러한 내용이 받아들여지고 채택되기 전까지 오랜 기간 동안 끌어온 다툼이 있었는데, 그것은 '보편주의자들'이 문화적 특수성을 가장 중시해야 한다고 주장하는 '문화상대론자들'에 맞서 싸운 다툼이었다.

이찬수 교수가 아프리카의 개념인 우분투(Ubuntu)를 아시아의 평화 추구에 적용할 수 있고 또 그래야 한다고 제안했던 것이 중요한 이

유도 이런 맥락이다. 우리가 인류에 대한 위협에 직면하고 있다면 그것은 그저 서구적이거나 아프리카적이거나 아시아적인 것이 아니다. 투투가 말했듯이 우분투라는 단어 자체는 서양어로 표현하기 어려울 수도 있지만, 개념 자체는 존 던(John Donne)이 한 유명한 말과 상통한다: "어떤 사람도 섬이 아니다, 그 자체로 전체이다. 모든 사람은 대륙의 일부분이고, 본연의 일부분이다… 어떤 사람의 죽음은 나도 축소시킨다. 나는 인류에 포함되어 있기 때문이다. 그러니 종소리가 누구를 위해 울리는지 알려고 하지 마라. 그것은 너를 위해 울린다."[2]

3. 반둥회의, 아프리카-아시아 연대: 공통의 목적을 위해 함께

1955년 1월, 프랑스에 망명중인 아프리카계 미국인 작가 리차드 라이트(Richard Wright)는 다음과 같은 신문 기사에 흥미를 느꼈다: "아시아와 아프리카의 29개 자유 독립국들이 '인종주의와 식민주의'를 논의하기 위해 인도네시아 반둥에서 만나고 있다."그는 참석국들의 명단을 보며 궁금했다. '중국, 인도, 인도네시아, 일본, 버마, 이집트, 터키, 필리핀, 에티오피아 등'의 공통점은 무엇인가? 그들은 모두 서유럽의 지배를 경험했다. 그것은 인종적 우위에 의해 정당화된 지배였다. 오랫동안 식민지 지배의 혹독함 속에서 자신의 인종과 종교가 괴로우리만치 타파되는 것을 의식했던 흑인과 황인들만이 그러한 만남의 필요성을 느낄 수 있었을 것이다… 나도 그 모임에 가야겠다고 생각했다. 그 상황을 이해할 수 있으리라는 느낌이 들었다."

라이트가 나중에 『컬러 커튼』(Color Curtain)이라는 제목으로 출판한 이 회의 설명서는 그 회의에 대한 기자의 기록이라기보다는 그의 이러한 인식을 반영한 회고록이라고 할 수 있다. 라이트는 29개 참가국 중에 중국 총리인 저우언라이(周恩來), 인도 총리 자와할랄 네루(Jawaharlal Nehru), 주최국인 인도네시아 수카르노(Sukarno) 대통령의 동기와 느낌, 기대치를 특히 더 예민하게 파악했다.

라이트는 저우언라이를 경계했다. 라이트는 12년 동안 미국 공산당의 일원으로 있다가 1942년에 결별했다. 그는 미국 공산당원들이 미국 흑인에 대한 인종차별 문제를 해결하는 데 충분히 헌신적이지 않다고 생각했다. 그런데 그는 회의에서 논쟁을 일으키기 쉬운 이슈들에 대한 저우언라이의 정중한 자제와 세련된 회피에 깊은 인상을 받았다.

저우언라이는 대만의 주권 문제에 관한 함정에 걸려들지 않으려 했다. 그는 지배적인 아시아 대표단들 사이에 국제적인 지지를 구하면서, 그들에게 중국이나 미국 중 하나를 지지할 것인지 어떤지 선택을 강요하기보다는, 그는 대만과 "양안의 섬"이 중국의 영토이기에 그것들을 해방시키는 일은 전적으로 "우리 내부의 문제이자 우리 주권 행사"의 문제라고 주장했다.

저우언라이는 이념 문제로 대의원들의 반감을 사지 않았다. 그러기는커녕 중국도 그들과 마찬가지로 자신들을 억압하고 모욕한 서구 지배 세력의 희생양이라는 점을 모든 사람들에게 납득시키려 했다. 그는 말했다: "중국을 포함해 우리 아시아와 아프리카 국가들은 모두 경제적이고 문화적으로 뒷걸음질치고 있다. 우리 아시아-아프리카 회담은 아무도 배제하지 않는데 왜 우리 자신이 서로를 이해하고 우호적인 협력으로 들어가지 못했을까?"

리차드 라이트는 네루가 반둥 회의의 핵심이라고 진지하게 생각했다. 네루가 참석하면서 저우언라이로 대표되는 중국 면전에서 다른 아시아와 아프리카 대표들도 안심할 수 있었다. 실제로 네루가 저우언라이를 회의에 끌어들이면서 이러한 분위기를 만들 수 있었다. 중국이 참여해야 아프리카와 아시아의 연대가 국제적 신뢰를 얻을 가능성이 더 높았기 때문이다.

네루는 중국이 공산주의를 확산시키기 위해 나섰다는 다른 참가자들의 두려움을 누그러뜨리면서 저우언라이와의 협정을 마무리했다. 그는 다국적 아프리카-아시아 국가들의 집단적 목소리가 두 거대 아시아 국가인 중국과 인도를 포함해야만 서방세계에 대항할 정치적 영향력을 가질 수 있다는 것을 알고 있었다.

그는 공산주의는 대가를 치러야 한다는 서양식 낙인의 위험성을 의식했다. 한국전쟁 이후 냉전이 점점 냉랭해지던 1955년 1월 1일

『뉴스위크』는 "서방에 대항하는 공산주의자들에 의해 아프리카-아시아 결합체가 방향 전환을 모색하고 있다"는 사실에 경계를 표하면서 그 결합을 중단시키려 했다. 그러나 아프리카와 아시아의 연대를 현실적인 명제로 삼겠다는 네루의 결심에 비추어 보면 그러한 위험성은 그만한 가치가 있었다.

네루는 베이징에 추파를 던지는 데서 오는 위험성을 예리하게 인식하고 있었다. 네루에게 인도의 경제적 건설은 달리 선택의 여지가 없었다. 경제적 독립이 없이는 인도가 서구의 종속으로부터 벗어날 수 없었기 때문이다. 아시아와 아프리카는 연대나 협력 속에서 함께 발전해야 했고, 그렇지 않으면 안 되었다. 아프리카와 아시아의 일치라는 요청은 도덕적 개혁이자 권력의 블록을 형성하기 위한 시도였다. 초강대국의 경쟁으로 얼룩진 세계에서 중립국들의 블록은 지금까지 무시되어 온 아시아와 아프리카의 국가들에게 합리적인 선택이었다.

네루는 냉정하고 계산적인 전략가로서, 동서양의 균형을 유지할 필요성에 대해 항상 경각심을 갖고 있었다. 그리고 저우언라이는 서양 식민주의와 인종주의로 인한 희생자들의 감정에 호소할 수 있는 "훈련되고 단련된 볼셰비키주의자"였다. 의장으로 회의를 주재했던 수카르노는 화려한 의식의 대가였다. 그는 개회사에서 포퓰리즘적인 정치인의 문구를 능통하게 구사했다. 리차드 라이트는 수카르노가 "평생 아무 일도 하지 않고 다른 사람의 관심과 충성을 사로잡기 위한 말을 이용한다"며 애석해했을 정도이다. 수카르노는 모임의 길을 닦은 "과거의 희생", 세계를 뒤덮은 두려움, 아시아와 아프리카의 가난하고 힘 없는 사람들의 요구에 대해 이야기했다. 그는 "국가의 도덕적 폭력이라고 부르는 것을 평화를 위해 활용"하려면 그들이 가진 것, 즉 식민지적 억압으로 유도된 영성주의, 종교, 인종 의식과 같은 것을 이용하라고 권했다.

수카르노의 입장은 다소 모호했지만, 그가 수상 자격으로 연설할 때는 그렇게 모호하지 않았다. 그는 각국의 대표들에게 식민주의가 아시아에서는 여전히 고통스러운 현실이며, 아프리카에서는 더욱 그러하다는 것을 상기시켰다. 그는 아시아와 아프리카의 독립 국가들에게 지금도 식민 지배를 당하고 있는 지역이 독립할 수 있도록 최선을 다해 운동을 지원해야 한다고 요구했다. 그 다음으로 상기시켜준 것은 식민주의 이후 인종주의가 식민주의의 다른 측면으로 작용한다는 사실이었다. 인종주의는 지배적인 집단의 우월감에 기초하는 경우가 많았다. 그는 아파르트헤이트 정책을 비판하면서 연설을 끝냈다: "그것은 이 현대 세계보다 암흑시대에 더 잘 어울리는 절대적인 편협함의 한 형태였다."

의장으로 사스트로마이조조(Sastroamidjojo)가 만장일치로 선출되었다. 그는 최종 회의의 공식 성명에 반영된 회의 분위기를 분명하게 부각시켰다. 그 성명서에서는 인종적 불평등과 식민지 착취를 비판하면서도, 공산주의에 찬성하든 반대하든 관계없이, 이념적 당파성은 조심하려고 했다. 그보다는 신흥국 진출과 세계경제에 공평하게 참여하라는 서방의 요구에 귀를 기울이면서 동시에 "서방의 도덕적 양심"에 호소했다. 리차드 라이트는 이러한 호소를 강조하면서, 만일 이러한 호소가 일축된다면 서방은 자신도 모르게 아프리카-아시아 국가들을 공산주의로 인도하게 될 것이라고 경고했다. 성명서는 아시아와 아프리카 국가들 간에 무역, 투자, 일반 경제 협력을 촉진하되, 외국인 투자에 문을 닫지 말라고 촉구했다. 그리고 반둥회의에 참가하던 나라 중에 아프리카-아시아 공동체에서 유일한 비서방 선진국이었던 일본이 결정적인 역할을 할 수 있을 것으로 보았다. 실제로 회의가 시작되기 전에 라이트 목사와 인터뷰를 했던 한 인도네시아인은 러일 전쟁에서 일본이 승리한 것은 비서구 인류에 대한 서구의 우월성 신화를 약화시킨 사례라는 견해를 밝힌 바 있다. 그는 다음과 같이 말했다: "20세기의 가장 큰 사건은 1905년 일본에 의한 러시아의 패배였다. 그것은 아시아 정신의 해방의 시작이었다."

일본이 이렇게 긍정적인 시각으로 비춰진 사실을 일본은 어떻게 받아들였을까. 일본 대표인 다카사키 다쓰노스케(Takasaki Tatsunosuke)는 향후 아시아 이웃 국가들과의 관계는 물론 나아가 아프리카-아시아 공동체의 전반에 대한 역사적 책임과 그 의미를 깊이

의식하고 있었다. 다카사키는 일본 평화 헌법을 배경으로 한 기자회견에서 이렇게 말했다: "제2차 세계대전 당시 일본은 주변국에 피해를 입혔고 말로 표현할 수 없는 재앙을 자초했다. 일본은 막대한 생명과 재산을 희생하고서야 교훈을 얻었고 민주주의를 다시 세웠다. 그 대가로 평화에 전념하는 국가가 되었다. 원자폭탄의 참상을 경험한 유일한 사람들의 눈에는 국제 분쟁을 무력으로 해결하려는 거대한 시도에 어떤 환상도 가질 수 없다. 전술한 성명서의 견지에서 일본 대표단은 국제 평화 유지 제안과 함께 경제 및 문화 협력에 관한 몇 가지 제안을 총회에 제출할 것이다."

라이트는 다카사키의 연설이 회의의 분위기를 이성적인 수준으로 이끌었다고 생각하면서도 그도 고백적인 어조를 채택했으면 좋았겠다는 아쉬움도 표현했다. 그 이전의 발언자들, 그리고 다카사키 이후의 몇몇 연사들은 전쟁, 식민주의, 인종차별의 폐해라는 주제를 강력하게 반복적으로 말하는 경향이 있었지만, 라이트는 무언가 피상적인 느낌이 들었다. 그는 이 실체가 없는 "감정의 분출"을 즐기려 반둥까지 온 것이 아니었기 때문이다. 그는 회의를 기획할 때 네루도 실체가 별로 없는 반복적 언설들을 기대한 것은 아니었다고 생각했다.

반복되는 문제들 외에 더 근본적인 문제는 의견의 불일치가 회의를 위협하면 어떻게 하나 하는 두려움이었다. 만약 어떤 문제가 회의의 범위를 벗어난다고 누군가 주장하면 어떤 참가자도 그 입장에 잘

못이 없는 것으로 여겨지게 되는 것을 경계했다. 그런데 저우언라이는 정확히 대만과 관련하여 그런 식으로 했다. (저우언라이가 대만을 별개 국가로 보는 외부의 입장에 대한 중국 정부의 단호한 반대 목소리를 높이다 보니 다른 참가국들이 더 이상 의견을 개진할 수 없는 경우를 의미한다 - 역자)

더 충격적인 사례는 회담 성명에 "서이리안"(West Irian)에 대한 인도네시아의 주장을 논의의 절차도 지키지 않고 지지해 버린 경우이다. 서이리안(West Irian)은 네덜란드의 식민 지배 하에 있던 뉴기니 섬의 서쪽 절반이다. 네덜란드가 인도네시아를 떠났을 때 네덜란드가 서이리안 – 일부 사람은 서뉴기니로 부르기를 선호했다 - 과 함께 인도네시아를 통치했기 때문에 인도네시아가 그것을 합병하는 것이 옳고 적절하다고 합리화했다. (같은 지역의 다른 이름이기도 했던) 멜라네시아 사람들이 인도네시아의 식민주의에 해당하는 것에 강하게 반대했었는데, 그런 사실은 신경쓰지 않았다.

그런데 공교롭게 지금 섬의 다른 동쪽 절반인 파푸아 뉴기니는 호주의 관할 하에 있는 유엔 신탁 구역이었다. 만약 호주가 법적 의무가 종료된 이후 그 영토를 유지하기로 선택했다면 반둥에서는 엄청나게 비난했을 것이다. 그리고 지리적으로나 역사적으로나 인도네시아와 가까운 호주는 인도네시아가 자국 지도자들의 도덕적 청렴을 문제시하지 않을 것이라는 사실을 알고 있었다. 태즈메이니아(Tasmanian) 신문인 랭카스터 이그재미너(The Lancaster Examiner)는 1954년 12월 30일

"서뉴기니에 대한 주권을 요구하는 인도네시아를 지지하기로 결정한 것은 비록 예상은 못했지만 대부분의 이웃 국가들이 어디를 동정하고 있는지 호주인들에게 보여줘야 했다"고 체념적으로 이야기하기도 했다.

이 도덕적 상대주의는 그것을 서구 백인이 저질러졌을 때는 인종주의를 비난하고, 말레이-폴리네시아 인도네시아가 멜라네시아 서파푸아인들에게 행했을 때는 불행히도 그렇지 않았다는 사실에서 알 수 있다. 이런 식의 행동은 아프리카-아시아의 평화지향적 연합 행동에 대한 수카르노의 권고가 도덕적 차원에서는 약화되었다는 사실을 의미한다.

하지만 반둥회의의 도덕적 모호함에도 불구하고, 거기에 따르는 명백한 업적은 부정할 수 없다. 가령 네루는 우선 조셉 무룸비(Joseph Murumbi) 같은 민족주의자들을 정치적으로 지지함으로써 케냐의 독립운동을 지지했다. 무룸비는 1953년 인도와 이집트의 도움으로 케냐에서 영국의 탄압을 피하면서 외부 세계와의 접촉과 연대를 유지할 수 있었다. 네루를 통해 그는 인도의 케냐 학생들을 위한 장학금을 확보하기도 했다.

네루가 케냐 및 아프리카의 해방운동과 맺었던 또다른 연관성은 사회주의적 자유 투사인 피오 가마 핀토(Pio Gama Pinto)를 통해서였다. 핀토가 케냐의 해방을 위한 마우마우 전쟁(Mau Mau War)에 끼친 공헌은 엄청났다. 피오 가마 핀토는 인종간의 연대가 거의 불가능했던 나라(아프리카, 아시아, 아랍, 그리고 유럽)에서 "국민의 신뢰를 얻은 유일한 비아프리카인", "아프리카인의 마음을 사로잡은 최초의 아시아인"으로 부각되었다. 그는 숲속 전사들을 위한 무기, 탄약, 식량을 획득하고, 1961년의 중대한 독립선거에서 아프리카 민족주의자들이 승리할 수 있도록 지칠 줄 모르고 일했으며, 네루로부터 얻은 자금으로 범아프리카 신문(Pan African Press)을 창설하기도 했다.

그리고 무룸비는 1956년 6월 8일자 『트리뷴』(Tribune, 런던)에 게재한 "인권을 실현합시다(Human Rights: Let's Make them Real)"라는 제목의 기고문에서 네루의 발명품인 아시아와 아프리카의 해방을 위한 반둥회의의 도덕적이고 정치적인 공헌을 인정했다. 그는 이렇게 말했다: "지난 50년간 영국의 정책은 인간 자유의 척도를 하나씩 말살하는 폭력에 기대서 식민지 민족을 강제로 굴복시켰다. 아일랜드, 말라야, 케냐, 그리고 지금의 키프로스는 비극적인 사례이다. 영국이 인간의 존엄성을 억압하고 부정하는 행위가 얼마나 어리석은 일인지 언제가 되어야 배울 수 있겠는지 궁금해 하곤 한다. 반둥 회의는 처음으로 아시아와 아프리카 사람들을 함께하도록 만들었다. 만약 영국인들이 인권을 위한 투쟁에 그들과 함께 서지 않는다면, 거의 인류의 3분의 2를 대표하는 이 두 대륙의 사람들은 자신들의 권리를 얻기 위해 자기 자신의 노력에 의존해야만 할 것이다."

4. 일본과 한국 그리고 우분투

이 글에서는 우분투의 정신이 인간을 어떻게 화해로 이끌 수 있겠는지 이야기하고 있는 중이다. 2019년 9월, 이웃나라인 일본과 한국의 지도자들이 유엔 총회에 참석했다. 사람들은 당연히 그때가 아베신조 총리와 문재인 대통령이 양국 간의 입장차를 해소하는 데 적기라고 생각했다. 그런데 아베 총리는 이렇게 말했다: "이 시기에 문 대통령과 정상회담을 하는 것은 바람직하지 않다고 생각한다."

그러나 바꾸어 말하면 그것은 그들이 같이 모이기에 더 좋은 시간이 오리라는 의미이기도 하다. 성경 「전도서」(3장 1절, 7절)에서는 이렇게 말한다: "모든 일에는 다 때가 있다. 세상에서 일어나는 일마다 알맞은 때가 있다…말하지 않을 때가 있고, 말할 때가 있다." 확실히 아베 총리와 문재인 대통령이 우분투다운 정상회담을 할 수 있는 시기가 있을 것이다. 일본과 한국, 한국과 일본이 서로 만날 수 있는 알맞은 때가 있을 것이다. 한일 양국은 역사적으로도 서로가 서로에게 영향을 주고 서로가 서로에게 속해 있을 수밖에 없는 '지정학적 형제국'이다. 아프리카와 아시아가 만나는 연대 회의도 열리지 않았는가. 이러한 한국과 일본의 관계, 아시아와 아프리카의 관계에 우분투가 주는 의미는 적지 않다. 우분투는 아프리카에서만이 아니라 아시아에서도, 한국과 일본 사이에서도, 더 좁게는 개인과 개인 사이에서도 적용

할 수 있는 인간적 정신이다. 개인, 인간, 아시아, 인류의 평화를 위해
우분투의 의미를 더 적극적으로 펼쳐나가야 한다. 〈번역: 이찬수〉

* 아프리카-아시아 연대는 내 마음 속에 늘 소중하게 간직해 온 생각이자 행위였다. 이찬수 교
수가 한국에서의 강의를 요청하며 이와 관련한 주제를 돌아볼 수 있는 기회를 주어서 감사하다.

10

아시아
평화공동체의
비전

이소라
(일-한 번역가)

1. 들어가는 말

자기가 살고 있는 지역, 나라, 대륙, 나아가 세계에 대한 지리적, 문화적, 기후적, 그리고 역사적 특징들을 기초적으로라도 알고 있으면 상대를 이해하고 갈등을 최소화하여 평화를 확립하느 첫 걸음이 될 것이다.[1] 가장 단순하고 가장 보편적인 것이 큰 힘이 되고 오래 유지될 수 있는 법이다. 이를 바탕으로 개인이나 국가, 지역사회와 세계에 필요한 기구 및 기관들은 공통된 하나의 기준을 정하고 그것을 기준으로 입법, 행정, 사법이 각자의 임무와 역할을 수행하여 원만한 공동체를 유지할 수 있다. 이러한 기준을 만들고 시행하는 사람들은 대부분 지식인이다. 그러므로 지식인의 역할과 책임은 실로 막중하다. 정치를 하는 사람도 지식인이고 회사의 경영자도, 행정, 입법, 사법 기관 일꾼도, 그리고 교수도 포함해서 이 사회의 주요 부문의주요 직책들은 많은 부분 지식인들이 차지하고 있다. 따라서 공동의 이념을 실현하는 데서 지식인들이 그 귀한 지식을 바로 사용하지 않는다면 사회는 평화로부터 거리가 멀어질 것이며 그들의 지식은 독(毒)이 되어 없는 것만도 못하게 된다. 아시아 평화공동체를 지향하기 위해서도 이러한 원칙-지리적, 문화적, 기후적, 역사적 특징에 대한 이해가 필요-은 유효한 덕목이라고 할 수 있다.

2. 아시아에 대한 기초 지식

우선 세계 내에서 아시아의 지리적 위치와 자연환경, 문화적 특성을 살펴보자. 아시아는 약 47개 국가로 구성된 세계에서 가장 큰 대륙이고 전 세계 육지의 약 30%를 차지하며, 전 세계 인구의 60% 이상이 살고 있다. 서쪽으로는 수에즈 운하를 경계로 아프리카와 유럽과는 다르다넬스 해협, 마르마라해, 보스포루스 해협, 흑해, 카스피해, 우랄 강(혹은 엠마 강), 우랄 산맥과 노바야 제믈랴 제도까지를 경계로 하여 만난다. 동쪽으로는 태평양을, 북쪽으로는 북극해, 남쪽으로는 인도양이 있다. 이러한 지리적인 특성에 따라 크게 한랭, 건조, 습윤의 3가지 풍토대를 가지며, 각 지역별로 거기에 맞는 생활문화가 형성되어 왔다. 간단하게 소개하면 한랭지대는 수렵생활문화권이, 중앙아시아와 서남아시아에 걸친 건조지대는 유목생활문화권과 오아시스생활문화권과 동남아시아에서 동북아시아에 걸친 습윤지대는 농경생활문화권과 해양생활문화권이 형성되어 왔다고 볼 수 있다.

종교적으로는 불교, 기독교, 이슬람, 힌두교가 모두 아시아에서 발생되었고,[2] 15세기부터 상업적 필요에 따라 해외 진출에 나선 유럽 여러 나라의 침입으로, 그리고 그 산업혁명 이후 시기에는 제국주의적 팽창 정책에 따라 서구 제국의 식민지가 되었다. 이로 인하여 아시아는 고대로부터 전승 발전되어 온 문명의 흐름이 고유한 축에서 벗어나고 경제발전이나 사회발전도 자체의 고유한 정체성을 크게 변화시키는 방향으로 전개되었다. 제국주의 시대는 식민지 국가 국민들의 삶에 큰 영향을 주었을 뿐만 아니라, 현재까지도 수많은 복잡한 문제들을 남기고 있으며, 아시아와 나아가서 세계평화에도 부정적인 작용을 하고 있다.

그러나 대부분의 아시아 국가들은 식민치하에서도 민족적, 국가적 정체성을 유지하고 회복하는 데 최선을 다해서 제2차 세계대전 후 속속 독립국가를 건설하였다. 이후 국가 재건과 산업화에 힘써서 세계무대에 당당하게 등장하고 존재감 있게 자리매김하며 그 역할도 확실하게 담당해 나가고 있다. 아시아의 여러 나라들이 아직은 발전도상에 있는 경우가 많지만 서로 이해하고 협조하고 공유하는 전통을 회복하게 된다면 미래는 아시아의 시대가 될 것이라는 전망도 나오고 있다.[3]

아시아는 권역별로 북아시아, 남아시아, 중앙아시아, 동남아시아, 서아시아, 그리고 동북아시아로 구분할 수 있다. 북아시아는 서쪽으로는 우랄산맥을 경계로 유럽과 접하고, 동쪽은 베링해를 끼고 북아메리카 대륙에 인접하며, 북쪽은 북극해에 닿아 있고 남쪽은 동아시아와 중앙아시아에 인접해 있다. 비교적 추운 기후이며 유목민이 많다. 자연조건은 그곳에서 사는 사람들의 생활방식을 결정하는 기본요건이 된다.

남아시아에는 1985년에 경제 성장과 사회, 문화 발전 등을 위해 창설한 남아시아지역협력연합(SAARC)이 있고, 종교로서는 힌두교, 이슬람, 그리고 불교 등의 여러 종교가 있다. 대체로 열대 기후이며 다양하고 다채로운 문화 전통과 유산 고유한 자연환경이 분포한다. 최근에는 종교 대립으로 인한 문화 유산파괴가 심각한 문제로 대두한 바 있다. 19세기 말부터 20세기 전반까지는 지역이 영국 등 유럽 국가의 식민지였고, 그와 관련한 여러 문제들이 현재까지도 복잡하게 남아 있다.

중앙아시아는 초원지대가 많아 유목민족이 활발히 활동한 지역이다. 20세기 이후 소비에트연방공화국(소련)에 합병되었다가 1991년 12월 소련의 붕괴로 독립하면서 자본주의 경제 체제로 이행한 지역이 많으며, 다양한 체제 경험들을 토대로 한 발전이 기대되는 곳이다.

동남아시아는 간단하게 소개하기가 어려울 만큼 다채로운 특성이 혼재한다. 대체로 열대기후이고 향신료와 천연고무 등을 포함한 세계 유수의 농업 지역이다. 대개의 역내 국가들이 구미 열강의 식민 지배를 받은 역사가 있고, 제2차 세계대전 중에는 일본의 침략을 받았으며, 그 뒤에도 베트남전쟁과 역내 분쟁을 지속적으로 겪었다. 종교로는 이슬람교와 불교가 많고 가톨릭과 개신교를 포함하여 그리스도교도 세력도 적지 않아 각 나라별 색채가 아주 뚜렷하다. 동남아시아 공동체로 아세안(ASEAN)이 있고, 그 잠재력을 세계가 주목하고 있다. 특히 태국은 동남아시아에서 유일하게 식민지 경험이 없는 오랜 왕국이다. 그것과 연관이 있는지는 확정할 수 없으나 태국은 세계적으로 '미소의 나라'로 불리고 있다.

서아시아는 이집트를 비롯하여 세계에서 가장 오랜 문명의 역사를 가지고 있는 매력적인 지역이다. 주로 사막 지대이자 가장 대표적인 석유 생산 지역으로, 1960년에 석유수출국기구(OPEC)를 결성하였고, 현재는 두바이의 경우처럼 석유 의존에서 벗어나기 위한 움직임이 주목을 끌고 있다. 서아시아는 이슬람교도가 대다수이고 『코란』 경전과 모스크, 단식, 순례 등이 유명하다. 2차 세계 대전 이래로 이스라엘과 팔레스타인 사이의 갈등이 지금까지 전쟁의 불씨로 살아 있으며, 최근에는 '아랍의 봄'과 같은 민주화운동도 활발하고, 아프가니스탄 전쟁, 아라크 전쟁, 내전, IS 등으로 세계 화약고라는 이름처럼 크고 작은 전쟁이 끊이지 않고 있다.

동북아시아는 세계에서 인구밀도가 가장 높으며 유교와 불교 문화가 자리잡고 있고 태평양 등으로 수산물이 풍부하고 사계절이 뚜렷하면서도 비교적 온난한 기후로 농업도 발전하였다.[4]

제1차 세계대전과 제2차 세계대전으로 복잡한 역사를 공유하고 있고 현재까지도 역사 인식 문제, 영토 문제, 그리고 양안 문제 등 난문제들이 존재한다. 19세기 이래 세계 강대국의 반열에 올라 있는 일본과 분단국가이면서도 1970년대 이래 급격한 경제성장을 이룬 대한민국, 1990년대부터 급격한 경제성장을 이루어 내고 세계 경제대국으로 대두한 중국, 세계 유일의 핵무기 피폭국인 일본, 핵에 집착하고 있는 북한 등으로 세계적인 관심을 끌고 있는 지역이다. 동북아시아의 평화가 아시아의 평화이고 평화로운 세계에로 가는 지름길 중의 하나가 동북아시아의 평화 수립이라고 해도 과언이 아닐 것이다.

아시아는 다 언어, 다 민족, 그리고 다 인종으로 복잡한 지역이라고 생각할지 모르지만, 그만큼 더 흥미로운 지역이라고도 할 수 있다. 그 개개를 자세히 알고 깊이 이해하는 것은 평화로운 아시아 공동체를 형성하고 세계의 평화로운 발전에도 기여하는 지름길이 되므로 중요한 과제라고 하지 않을 수 없다.

아시아는 이처럼 많은 나라를 포괄하고 있어 그 나라의 지정학적 특성을 비롯하여 정치, 경제, 역사, 그리고 전통 등에 관해서 알아 가고 그것을 통해 균형적인 시각과 안목을 갖춘다면 흥미로운 대륙이다. 아시아의 역사를 깊이 이해하고 나면 현재 미국과 중국 사이에 벌어지는 패권경쟁과 경제적 상호의존성도 알 수 있게 되고, 역내 국가들의 갈등 상황에도 불안해하기보다는 유연하게 대처할 수 있을 것이다.

　구체적인 예를 들면 한반도 북한의 인민들이 살길을 찾아 죽음을 각오하고 국경을 넘은 후 남으로 가는 길을 찾아 대륙을 종단한 끝에 도달하는 곳이 한반도로부터 수천 킬로미터나 떨어진 메콩 강 일대라는 것은 무슨 의미가 있는지, 열대림밖에 자원이 없는 라오스는 어떻게 산업을 발전시키는지, 영국의 식민지에서 해방된 때부터 시작한 인도와 파키스탄의 분쟁은 종식될 수 있는지, '행복한 나라 부탄'은 정말로 행복한 나라인지, 그리고 한반도의 분단은 어떻게 해결할 것인지 등에 관하여 객관적이고 균형 잡힌 시각과 지식을 가지고 교류와 협력을 위한 방향을 모색한다면 분쟁과 갈등을 넘어 평화로운 아시아 공동체도 요원한 것만은 아닐 것이다.

3. 개인의 평화로부터 지역 사회의 평화로, 아시아의 평화로

　평화를 구축하는 데도 요령과 순서가 있다. 비유를 들어서 말하자면 수력발전소 댐은 적어도 100년은 견고하게 가동을 해야 하기에 그 건설은 높은 기술이 요구된다. 아래와 같은 방식이 북한의 댐 건설 방식인데 내가 인생살이에서 많이 의지하고 있는 방식이다. 100년 이상 가동할 댐의 콘크리트 벽을 만들 때는 제일 먼저 굵직굵직한 암석을 넣고 다음에 자갈 함량이 높은 골재를 넣고 다진다. 그다음은 모래 함량이 높은 골재를 넣고 다지고 이어서 시멘트 함량이 높은 골재를 넣고 다진 다음 마지막으로 수분 함량이 높은 골재를 넣고 매조지한다. 이처럼 '암석-자갈-모래-시멘트-물' 등의 순서, 다시 말해 입자가 큰 것부터 시작해서 점점작은 입자들을 넣어 주면 견고한 구조물을 만들 수 있다는 것이다. 마찬가지로 공부를 할 때 처음부터 전반을 꽉 채우면서 하는 것보다 '100년 댐 건설론'으로 공부하면 훨씬 효율이 좋고 재미있게, 평생을 기억하는 공부를 할 수 있다. 이것은 내가 북한에서도 일본에서도 학생들을 가르칠 때 시행하여 검증을 거친 방법이다.

좋은 사회도 100년, 200년, 그 이상으로 처음의 선량한 목적에서 탈선되지 않고 오래가려면 이 방식이 필요하다고 생각한다. 100년, 200년, 300년, 그 후에도 견고한 평화를 이루기 위해서는 먼저 어떠한 외부 충격에도 흔들리지 않는 대원칙과 국가-사회적 시스템을 견고하게 구축해야 한다. 이어서 사회 각 부문별로 모든 사람들이 동의하고 따를 수 있는 체계를 마련하고 공평하게 접근할 수 있게 해야 한다. 이 과정은 복잡한 사회 구조의 결을 따라 적절하게 적용되면서 누적적으로 시행할 수 있을 것이다. 그리고 마지막으로 사회의 구성원인 사람, 그 한 사람 한 사람의 평화를 보장하지 않으면 안전하고 영구적인 평화는 구현하기 어려울 것이다.

이것이 사회적 차원에서의 100년 댐 건설론이다. 아시아 평화공동체를 지향하는 데서도 이 방법론은 매우 유용하다. 앞에서 살펴본대로 아시아 전역에 걸친 각 영역과 분야별 특징을 이해하고 다시 각 권역별 그리고 국가와 국가 사이의 문제 끝으로 각 국가별로 역사적, 문화적, 지리적, 기후환경적 특징들을 살펴가면서 서로 교류, 협조하고 연대하며 이해를 넓히면서 상생 발전을 도모한다면, 평화 구축의 과제가 한결 수월하게 진전될 것이다.

개인과 가정과 국가는 서로 떼어놓을 수 없다. 그 밀접한 연계 속에서 어느 하나가 잘못되면 다른 모든 것도 잘못된다. 또한 한 나라의 안정이 주변 나라들의 안정이 되고, 나아가서 지역 사회의 안정으로 이어진다. 역으로 사회는 그 구성원인 개인의 삶을 외면하면 그로부터 초래되는 해(害)는 사회로 돌아오고 그 악순환을 멈출 수 없게 된다. 사회도 개인도 함께 좋은 길로 나아가야 평화로운 공존이 이루어진다.

아시아 평화공동체를 지향하는 데서 가장 중요한 장애요소는 역시 역사문제 또는 그와 연관된 영토분쟁 문제이다.[5] 그러나 그 어떤 일도 일어난 순간 이후부터 자기 나라의 역사도 되지만 '세계사'도 된다. 그 '세계사'에서 좋은 것도 나쁜 것도 배워야 평화로운 세계를 건설해 나갈 수 있다. 그러므로 나쁜 과거를 자기만의 것이라고 생각하여서 부끄러워하거나 숨기려 하는 대신 명명백백하게 밝히고 사죄, 사과함으로써 세계에 교훈이 되게 하고, 화해와 치유에서도 성의를 다하는 것이 평화로 나아가는 유일한 길이다. 사람은 본성적으로 보답을 하려고 하는데, 하물며 아픔을 주고도 모른 체를 하면 서로의 관계가 평화로워질 수 없다. 숨긴다고, 증인이 사라진다고 있던 일이 없어지지 않으며, 우선은 자기 스스로가 평화로울 수 없다. 상처를 주고 피해를 주는 데는 과감하고 그것을 사죄하고 보상하며 치유하는 데서는 비겁하다면 진정한 평화는 오지 않는다.

아시아는 서구 열강으로부터의 침략에 시달리고 그로 인해 식민지 시기를 겪어야 했던 근대사의 잔재가 아직도 정리가 되지 않은 채, 역사, 영토문제 등이 많이 존재하는 지역이므로, 이 대립 해결은 아시아와 세계의 평화에 중요한 과제가 아닐 수 없다. 여기에서 이해관계나 체면보다는 오히려 평생 아물지 않을 아픈 상처를 치유하는 데 적극성을 나타낸다면 생각보다 쉽게 매듭이 풀리리라 본다. 나쁜 일은 시간이 갈수록 골이 깊어짐을 알아야 한다.

4. 아시아 평화공동체 건설과 사법 기구 설립

아시아 평화공동체를 위해서는 연합체의 형성이 절실하다. 아시아를 포함하여 세계에는 필요성과 편리성으로 이미 다양한 국제적인 기구, 기관, 단체, 연맹, 연합 등의 조직이 존재한다. 유엔(UN), 유럽연합(EU), 세계은행(WB), 세계통화기금(IMF) 등 수많은 국제 조직들이 각기 중요한 역할을 수행하며 세계의 자유와 민주주의 실현을 위해

분투하고 있다.[6] 그런 가운데 세계는 이미 글로벌화가 되어 있다. 이러한 현실 속에서 각 대륙, 각 지역은 각기 국제기구들을 조직하고 회원국들 간의 상호 관계를 밀접히 하고 있다. 아시아에도 여러 국제 기구들이 있지만 아시아 전체 국가나 지역을 포함한 아시아 연합 기구나 조직은 아직 존재하지 않는다. 아시아가 세계에 미치는 영향력을 감안하여 이제는 아시아 공동 연합 기구를 설립하고, 아시아 차원에서 세계의 진보적인 발전과 평화에 공헌하는 길을 모색해야 한다.

세계는 지금 경제활동과 자연환경과 인권 등 다양한 분야들에서 다양한 형식으로 긴밀하게 연계되어 있으며, 시급하고 미래지향적인 지구 공동체 차원의 과제도 더 이상은 미국에 의존하는 방식으로는 안 되는 부분이 속속 제기되고 있다. 아시아 공동체로서 아시아 연합 기구의 창설은 어느 날 갑자기 준비해서 바로 만들 수 있는 것도 아니다. 장기적인 비전과 안목을 가지고 지금부터 준비해야 한다.

공동체를 형성하려면 상호의 이해와 양보 등이 필요하다. 그러나 이해와 양보는 상호간의 신뢰가 전제되어야 가능하다. 이해, 양보와 상호신뢰는 서로가 서로의 원인이 되는 지속성 속에서 형성되고 실현된다. 이러한 기반 위에서 모두가 동의하는 가운데 하나의 기준으로 '아시아 공동체 기본법'을 만들고 그 법집행 기관으로 아시아 공동체의 최고 재판소를 창건할 수 있을 것이다. 국제적인 법기구로서 아메리카대륙인권재판소(Corte IDH), 국제사법재판소(ICJ), 국제형사재판

소(ICC), 유럽인권재판소(ECtHR), 국제해양법재판소(ITLOS), 상설중재
재판소(PCA) 등이 있다. 아시아 나라들도 여러 국제사법기관에 재판
을 신청하여 분쟁을 해결하고 있지만 독자적이며 실용성 있는 아시
아 연합 법기관의 창설이 아시아 역내의 대립 해결에서 반드시 필요
하다고 본다. 영공, 영해, 영토 문제, 환경 오염, 수입 수출, 그리고 범
죄인 인도 등 현재의 글로벌시대에는 나라들 상호간에 해결해야 할
수많은 문제가 발생한다. 이것들을 정치적으로 해결하지 못할 경우
결국 분쟁과 갈등의 근본 원인이 되므로 최종적으로 사법적 해결을
하는 것이 평화로 가는 현실적 수단일 수 있다. 이때 역내 사법재판소
는 필수적인 기구가 된다. 이 사법 기관에서는 현직 국가 수반의 인권
유린 등을 즉각 저지시킬 수 있는 법적 장치도 만들어야 한다.

　또 각국의 이해관계와 입장이 첨예하게 대립하는 환경문제 관련
갈등의 해결도 이 사법 기관이 유의미한 해결책을 제시할 수 있다. 현
존하는 국제법 기관들이 물론 나름대로 자기의 역할을 수행하고 있
지만 아직도 많은 과제와 모순 그리고 제한성을 가지고 있다. 아시아
공동체의 사법기관이 창설된다면 지금까지의 각종 국제 사법기관의
경험을 최대한 활용하여 한 차원 더 성숙한 기구로 성장 발전시킬 수
있을 것이다. 아시아는 세계평화와 자유민주주의를 지키고 완수하는
데서 자기의 역할을 당당하게 해 나가야 할 것이다. 그리하여 장기적
으로는 아시아 평화공동체를 창설하여 세계평화와 번영에 기여하리

라 믿어 의심치 않는다.

5. 나가는 말

세계와 사회의 진실을 연구하는 지식인은 인류 역사 발전에 많은 기여를 했으며 미래에도 그 역할은 끊임없이 요구될 것이다. 진실의 탐구는 고난 속의 성취감과 항상 함께 끊임없는 위험에 노출되는 작업이기도 하다. 지식인의 지조와 기개를 시험받을 때도 많다. 인류 역사와 지식인, 사회와 지식인, 정치와 지식인, 대중과 지식인, 그리고 선진국과 비선진국의 지식인 등 수많은 관계에서 지식인은 독립된 진실 탐구만이 아니라 특수한 '이해관계' 속에서 특별한 역할을 강요당하기도 한다. 자본과 권력과 공명심과 악의 도구가 된 지식인이 사회와 인류 역사에 미치는 영향은 지대하여 평범한 생활인이 저지르는 악업에 비교할 수도 없는 위력을 가지고 공동체의 평화를 파괴하는 주역이 되기도 한다는 것을 우리는 지난 역사 속에서 익히 보아 왔다.

다른 한편 지식인은 대중의 눈높이에 맞춰 이론을 전개하여 그들의 충분한 이해 속에서 자신의 이론을 전개하여야 한다. 연구나 이론은 책장에 보관하거나 전문가들끼리 돌려보기 위한 것이 아니다. 인간의 성숙과 사회의 성장 그리고 사회와 대중과 호흡을 같이 할 수 없는 연구나 이론은 지식인의 속임수에 지나지 않는다. 참된 지식인은 사람의 고통을 덜어주는 것을 사명감으로 받아들이고 그 책임과 역할과 기능을 다 하는 것에 충실한 사람이다.

아시아 공동체 연합의 기구 및 법기관 설립에서는 가장 단순하고 가장 불이익을 당하기 쉬운 약자에 초점을 맞추어야 하고, 아시아를 포함한 세계와 인류 사회 발전에 기여할 가장 보편적인 시스템을 만들어야 한다. 그래야만 영구적인 평화공동체를 이루어 나가게 될 것이다.

한국사회의 갈등과 소통 · 대화공동체 / 이충범

1) https://ko.dict.naver.com/#/entry/koko/5e55242fa68b40e99536382d017e8288
2) John Galtung, "Violence, Peace and Peach Research," *Journal of Peace Research, No. 3,* 1969.
3) 이찬수, 『다르지만 조화한다: 불교와 기독교의 내통』, 모시는사람들, 2015.
4) https://terms.naver.com/entry.nhn?docId=3559348&cid=58583&categoryId=58594
5) 한국여성개발원, 「국민통합을 위한 사회 갈등 해소방안 연구」, 『경제인문사회연구회총서』, 2005, 02-01.
6) 유희정, 이숙종, 「한국사회 갈등의 원인 및 관리에 대한 연구」, 『한국사회』 제17집, 2016, 40.
7) 이승모, "공공갈등관리" 지방자치인재개발원, 2018.
8) YTN. "사회적 갈등 비용 연간 최대 246조원… '소통'과 '승복'이 중요", 2017.03.07.
   https://www.ytn.co.kr/_ln/0103_201703071031417383
9) 프레시안, "국민소득 3만 달러 시대의 슬픈 자화상", 2019.03.19.
   http://pressian.com/m/m_article/?no=232979#08gq
10) 뉴시스, "경찰 이수역 폭행 사건 중대, 오늘부터 소환조사", 2018.11.15.
   https://newsis.com/view/?id=NISX20181115_0000473665&cID=10201&pID=10200
11) 임미리, 「2016-17년 촛불집회의 두 가지 전선에 관한 연구」, 『기억과 전망』, 제41호, 2019, 40-42쪽.
12) 《국민일보》, "노약자석 비었어도 젊은이는 무조건 앉지 말아야 하나요?" 2019.03.14.
   http://news.kmib.co.kr/article/view.asp?arcid=0924067136&code=11131100&cp=nv
13) 아거, 「꼰대는 어떻게 탄생하는가」, 『새가정』67, 2020, 9-14쪽.
14) 위의 글, 같은 곳.

15) 손병권(외), 「세대 갈등의 원인 분석」, 『분쟁해결연구』 17, 2019, 26쪽.

16) 강량, 「한국사회 세대 갈등 현상의 원인과 해소방안에 관한 소고」, 『대한정치학회보』 21집3호(2013), 263쪽.

17) 《뉴스1》, "대구폐렴·광주에 코로나19를…방심위, 지역혐오 표현 삭제 결정", 2020.03.02.
   https://www.news1.kr/articles/?3860265

18) 김만흠, 「지역 갈등문제」, 『사회평론』 92권1호, 1992, 142쪽.

19) 김갑동, 「왕건의 훈요십조 재해석: 위작설과 호남지역 차별」, 『역사비평』, 2002, 263쪽.

20) 《조선일보》, "지금까지 읽은 택리지는 전부 잊으시길", 2018.10.26.

21) 오수창, 「조선시대 평안도 출신 문신에 대한 차별과 통청」, 『한국문화연구』 15, 2008.

22) 김만흠, 148쪽.

23) 1차 산업혁명은 수력과 증기력을 사용하여 생산을 기계화하였고, 2차 산업혁명은 전기력을 사용하여 대량생산을 창출하였고, 3차 산업혁명은 전자 및 정보 기술을 사용하여 생산을 자동화하였다. 현재 4차 산업혁명은 20세기 중반부터 전개되어 온 3차 산업혁명 상의 디지털 혁명에 기초하여 추진되고 있는바, 물리적 영역과 디지털 영역과 생물 영역 간의 경계를 넘어서는 기술 융합에 의하여 특징 지어지고 있다. 4차 산업혁명의 변화는 속도와 규모와 시스템상의 영향력이 두드러진다. 4차 산업혁명은 기하급수적인 속도로 진행되면서 모든 나라의 거의 모든 산업을 혁신시키고 있어서, 그 변화의 폭과 깊이는 생산, 관리, 그리고 경영의 전체 시스템상의 변화를 선도하고 있다. Klaus Schwab. *The Fourth Industrial Revolution*. Geneva: World Economic Forum, 2017.

24) Miriam R. Levin, Sophie Forgan, Martina Hessler, Robert H. Kargon, and Morris Low. Urban Modernity: Cultural Innovation in the Second Industrial Revolution. Cambridge: The MIT Press, 2010.

25) 《뉴시스》, "자국민이 먼저다. 제주서 예멘 난민 반대 집회 개최", 2018. 06.30.
   https://www.yna.co.kr/view/AKR20180630047100056?input=1195m

26) 한 연구에 따르면 이러한 한국인의 특성이 다문화를 수용하는데 부정적인 영향을 미친다고 분석하였다. 양계민, 「한민족정체성과 자민족중심주의가 청소년의 다문화수용성에 미치는 영향」, 『한국청소년연구』 20호, 2009, 387-421쪽.

27) 이삼식, 「외국인 유입에 관한 국민인식과 시사점」, 『Issue & Focus』 제121호

2012.

28) 임도경, 「외국인 이주민이 본 한국과 한국인의 이미지 연구」, 『주관성연구』 제20
호, 2010, 101-120쪽.

29) 하상복, 「광장의 정치: 광화문광장의 비판적 성찰」, 『기억과전망』 제21호, 2009,
37쪽.

북한의 종교와 한반도의 평화 / 이찬수

1) 반종교정책을 담은 김일성의 교시(1955년 4월, "계급교양을 강화할 데 대하여,"
1958년 3월 7일 "당사업을 개선할 데 대하여")를 기반으로 1958년 5월 30일 당중
앙위 상무위원회는 "반혁명분자와의 투쟁을 전군중적으로 전개할 데 대하여"를
내세우면서 기독교인들에 대한 대대적인 처형과 추방 사업을 단행했다. 1958년
8월부터는 '인텔리개조운동'을 전개했고, 1958년 11월 20일 "공산주의교양에 대
하여"와 1959년 2월 25일 "조선로동당 중앙위원회 1959년 2월 전원회의에서 한
결론"을 가지고 기독교인 가족을 교화와 혁명의 대상으로 삼았다. 이러한 반종교
정책은 그 뒤로도 다양한 방식으로 강력하게 이어졌다. 김병로, "북한 종교인 가
족의 존재양식에 관한 고찰: 기독교를 중심으로", 『통일정책연구』 제20권 제1호,
2011, 165쪽 이하에서 요약 인용 및 참조.

2) 1925년 내한한 미국 안식교 선교사 헤이스머(Heysmer, 한국명 허시모)가 평안남
도 순안에서 병원장으로 근무할 때 자기 소유의 과수원에서 사과를 따먹은 아이
에게 가했던 만행을 일컫는다. 헤이스머는 이 사건으로 이듬해 병원장에서 해임
되었고, 교단에서는 3개월 후 그를 본국으로 추방했다. 하지만 이 사건은 일제강
점기 좌익 계열에게는 반종교와 반미, 일본 제국주의에게 반미 선동의 계기를 제
공했다.

3) 이순형 외, 『북한 이탈주민의 종교경험』, 서울대학교 출판문화원, 2015, 64-65쪽.
탈북민에 대한 본 논문의 인터뷰 결과도 비슷했다.

4) 김병로, 앞의 글, 167쪽.

5) 신평길, 「노동당의 반종교정책 전개과정」, 『북한』 통권 제283호, 1995년 7월호, 북
한연구소, 1995, 58쪽; 김흥수 · 류대영, 『북한종교의 새로운 이해』, 104쪽.

6) 김병로, 앞의 글. 김병로, 『북한 사회의 종교성: 주체사상과 기독교의 종교 양식 비
교』, 통일연구원, 2000; 김병로, 『북한, 조선으로 다시 읽다』, 서울대출판문화원,
2018 등 참조.

7) 이순형 외, 위의 책, 76-77쪽.

8) 이찬수, 『다르지만 조화한다-불교와 기독교의 내통』, 서울: 모시는사람들, 2015, 210쪽.

9) 이순형 외, 앞의 책, 228쪽, 90-91쪽.

10) 남한이 그렇듯이, 존칭 주어에 대한 술어가 여럿일 경우는 마지막 술어에만 '시'를 붙이지만, 김일성에 대해서는 술어가 여럿이라도 모두 '시'자를 붙이고, 합성 용언에도 '시'를 붙인다. 가령 '돌리시고마시였다.' '주시고 싶어하시는 어버이 수령님이시었다.' '웃으시고나신' 등등. '교시하시다', '현지 지도하시다', '령도하시다' 등의 표현은 김일성 부자에게만 사용한다.(정재영, "북한의 경어법", 『새국어생활』 제1권 제3호(1991 가을), 111쪽; 강보선, '의사소통적 관점에서 살펴본 남북 높임법의 차이 비교」, 『화법연구』 26, 191-194쪽.

11) 강보선, 앞의 글, 188-189쪽.

12) 강보선, 앞의 글, 190쪽.

13) 김병로, 『북한, 조선으로 다시 읽다』, 서울대출판문화원, 2017, 226-227쪽.

14) 권혁희, "사회주의 생활양식의 내면화와 문화적 관습: 미신문화의 변화와 확산 과정을 중심으로", 『현대북한연구』 22권 1호(2019).

15) U.S. Commission on International Religious Freedom, *Thank You Father KIM IL SUNG: Eyewitness Accounts of Severe Violations of Freedom of Thought, Conscience, and Religion In North Korea*, Nov.2005.

16) 이우영 외, 『분단된 마음 잇기: 남북의 접촉지대』, 사회평론, 2016.

분단선을 넘은 문화의 공유 / 김윤희

1) 김은식, 『정율성: 중국의 별이 된 조선의 독립군』, 서울: 이상미디어, 2016.

2) 구리타 노보루 저, 윤덕주 역, 『인간 역도산』, 서울: 엔북, 2004.

3) 최은희·이장호 공편, 『영화감독 신상옥: 그의 사진풍경 그리고 발언 1926-2006』, 파주: 열화당, 2009.

4) 최은희·신상옥, 『조국은 저 하늘 저 멀리』(하), 서울: Pacific Artist Cooperation, 1988, 332쪽.

5) 최은희·신상옥, 『조국은 저 하늘 저 멀리』(하), 28쪽.

6) KBS, "클로즈업 북한", 2016년 9월 24일.

7) 최은희, 『최은희의 고백: 영화보다 더 영화같은 삶』, 서울: 랜덤하우스코리아,

2007.

8) 신상옥, 『난 영화였다: 영화감독 신상옥 감독이 남긴 마지막 글들』, 서울: 랜덤하 우스코리아, 2007.

9) 리문희, "혁명의 모기장" 뚫고 들어간 자본주의 황색바람, 『월간북한』, 2014년 2월 호 통권 제506호.

강유위와 안중근의 평화사상 / 박종현

1) 김진아, 『문명제국에서 국민국가로』, 서울: 창비, 2018, 176-178쪽.

2) 조일범, 「중국 근대 언론 사상가 강유위와 양계초 연구」, 청주: 청주대학교 대학 원, 2016, 7.

3) 상해는 당시에 이미 중국의 근대적 도시의 상징이 되고 있었다. 『문명제국에서 국 민국가로』, 150-155쪽.

4) 조일범, 「중국 근대 언론 사상가 강유위와 양계초 연구」, 11-12쪽.

5) 함동주, 『천황제 근대국가의 탄생』, 서울: 창비, 2009, 134-149쪽.

6) 김동노, 『근대와 식민의 서곡』, 서울: 창비, 2015, 195-200쪽.

7) 안중근, 『안중근 의사 자서전』, 서울: 범우사, 2017, 9쪽.

8) 『안중근 의사 자서전』, 12쪽.

9) 14쪽.

10) 프랑스 신부 Joseph Wilhelm, 한국명 홍석구(洪錫九). 안중근은 홍 시부의 주선 으로 천주교 신학교에서 신학 수업을 하기도 하였다.

11) 『안중근 의사 자서전』, 25쪽.

12) 23-33쪽.

13) 63쪽.

14) 100-101쪽. 안중근은 이토 히로부미의 실물을 직접 본적이 없어서 이토 사살 후 에 수행원이 이토 본인일 수도 있어 그를 사살하였다고 밝힌다.

15) 안중근의 유묵 연구는 다음을 참조하라. 오도열, 「안중근 書藝의 儒家美學的 연 구」, 서울: 성균관대학교대학원, 2011; 박강희, 「안중근 의사의 書風 연구」, 익산: 원광대학교대학원, 2009.

16) 송병록, 「세계 공동체적 비전: 칸트-강유위-조소앙의 비교연구」, 『한 · 독 사회과 학논총』, 제15권, 제2호, 2005년 겨울.; 이태진, 「안중근의 동양평화론의 재조명」 안중근 · 하얼빈 학회 편, 『영원히 타오르는 불꽃 안중근의 하얼빈 의거와 동양평

화론』, 서울: 지식산업사, 2011 ; 마키노 에이지, 「안중근 의사의 동양평화론의 현대적 의의」, 안중근 · 하얼빈학회 편, 『영원히 타오르는 불꽃 안중근의 하얼빈 의거와 동양평화론』, 서울: 지식산업사, 2011.

17) 송병록, 앞의 글, 53쪽.

18) 김동협, 「강유위의 『광예주쌍즙』 주해」, 서울: 고려대학교대학원, 2017, 미간행 박사학위 논문, 9쪽.

19) 김순석, 「일제강점기 유교의 종교화운동 - 眞庵 李炳憲과 海窓 宋基植을 중심으로-」, 『한국민족운동사 연구』, 제77호. 2013년 12월, 237쪽.

20) 238쪽.

21) 242쪽.

22) 247쪽.

23) 249-250쪽.

24) 김기승, 「한계 이승희의 독립운동과 대동사회 건설구상-유교적 반전평화론에 기초한 독립운동 사례」, 『한국민족운동사 연구』, 제50집, 2007, 40쪽.

25) 47-48쪽.

26) 51쪽.

27) 53쪽.

28) 오도열, 「안중근의 의리정신에 관한 연구」, 서울: 성균관대학교, 2015. 미간행 박사학위논문.

29) 강유위 지음, 이성애 옮김, 『대동서』, 서울: 을유문화사, 2006, 목차 참조.

30) 217쪽.

31) 223쪽.

32) 228쪽.

33) 「안중근의 의리정신에 관한 연구」, 124쪽.

34) 『대동서』, 391-393쪽.

35) 400-401쪽.

36) 405-407쪽.

37) 451-452쪽.

38) 453-454쪽.

39) 553-574쪽.

40) 「안중근의 의리정신에 관한 연구」, 125쪽.

41) 황종원, 「양계초의 유교에 대한 견해가 박은식에게 미친 영향 - 유교의 근대화와

종교화 문제를 중심으로」, 『유학연구』, 제44집, 2018, 109쪽.

42) 110-111쪽.

43) 117쪽.

44) 118-119쪽.

45) 오재환, 「康有爲의 「大同書」에 보이는 종교적 성향」, 『동양고전연구』 제49집, 2012년 12월, 320쪽.

46) 김준, 「강유위의 종교관과 대동사상 재론」, 박광수 외, 『동아시아의 대동사상과 평화공동체』, 성남: 한국학중앙연구원출판부, 2018, 100-102쪽.

47) 임상범, 쪽근대중국의 세계주의와 공산주의적 세계주의의 수용」, 『한중관계 연구』 제4권 제1호. 2018년 2월, 4-5쪽. 임상범이 강유위를 중국 근대 세계주의의 주창자로 인식한 것은 타당한 지적으로 보인다.

48) 김경일, 「동아시아 맥락에서 본 안중근과 동양평화론: 열린 민족주의와 보편주의로의 지평」, 『정신문화 연구』 제32권 4호. 김경일은 안중근을 민족주의 담론에서 평화주의를 통해 열린 민족주의적 보편성으로 해석을 시도한다.; 윤경로, 「안중근의거 배경과 동양평화론의 현대사적 의의, 동아시아의 평화와 미래를 전망하며」, 『한국독립운동사 연구』 제36권. 2010년 8월. 윤경로의 안중근 해석도 민족과 인류애라는 보편성의 담론으로 안중근을 이끌어 간다.

한국인의 '토인(土人)' 개념과 평화 / 홍이표

1) 「社説-『土人』発言 差別構造が生んだ暴言」, 『朝日新聞』, 2016年 10月 21日(土).

2) Albert Memmi, *The Colonizer and the Colonized*, Beacon Press, 1965.

3) 이 장은 졸고 「海老名弾正の『植民地民』理解―海老名弾正の『土人』と吉野作造·石川三四郎の『土民』の比較を中心に―」『明治学院大学キリスト教研究所紀要』第50号, 2018年1月, 128-134.의 내용에서 발췌, 요약, 가필한 것이다.

4) 예를 들어, 율령제도 하의 수도 이외의 '본관지(本貫地)'에 거주하고 있던 사람'을 지칭하는 경우가 많았다. 그 외에도, 중국의 『위서』(魏書)나 『후한서』(後漢書), 일본의 『풍토기』(風土記, 713), 『속일본기』(続日本紀, 797), 『유취삼대격』(類聚三代格, 11세기) 등에 '토인'이라는 말이 등장한다. (西別府元日 「日本古代における地方吏僚集団の形成とその限界」 『史學研究』(広島史学研究会), 1996年 6月, 3.; 西別府元日 『律令国家の展開と地域支配』, 思文閣出版, 2002, 183쪽.) ; 또한 근세의 문헌인 『신편무장풍토기고』(新編武蔵風土記稿, 1829)에도 '토인운'(土人

云)이라는 표현이 나오는데, 그것은 '근재(近在)의 촌인(村人)이나 어민(漁民)과 교류하거나 대화하는 것'을 의미했으므로, 고대부터 근세까지 '토인'이라는 말에는 '각 지역의 사람들'이라는 일반명사로서의 성격이 강했음을 알 수 있다. (榊原悟, 『日本絵画の見方』, 角川学芸出版, 2004, 284쪽.)

5) 福澤諭吉, 「文明教育論」『時事新報』時事新報社, 1889年 8月 5日 ; 慶応義塾編纂, 『福澤諭吉全集』第12巻, 東京:岩波書店, 1960, 219쪽. ; 山住正己編, 『福沢諭吉教育論集』, 東京:岩波文庫, 1991, 134쪽.

6) 이노우에는 일본인의 인종적 유래를 분석한 제학설 가운데 '마제 씨 등의 마래인(말레이족), 에조인(아니누), 토인(土人)의 혼동(혼합)으로 보는 학설'를 소개하고 있다. 여기서 제시된 '토인'에 대해서는 '북부의 인종'(北部の人種)이며 "복잡 착종하는 사항이 많다"(複雑錯綜せる事項多し)라고 둘러대고 있다. 마제라는 구미의 연구자는, 일본 열도에서 살아 온 '네이티브스'(natives)를 지칭한 것이지만, 이노우에는 그 '네이티브'(토인)를 일본인의 유래 안에 포함시키는 것에 대해서는 부정적이다. 井上哲次郎, 『井上博士講論集』第1編, 東京:敬業社, 1894, 14-15쪽.

7) 「朝鮮国土人の『ありさま』」, 『学窓会雑誌』, 学窓会, 1890, 13-14쪽.

8) 近藤有地蔵等編, 『農業補習学校読本』(巻2), 近藤有地蔵, 1898, 51-56쪽.

9) 1920年(大正9) 啓成社의 『大字典』이 「野蠻の民」을, 1925年(大正14) 田中宋栄堂의 『新式大辞典』이 「土着のものでまだ開化せない人」을, 1934年(昭和9年) 冨山房의 『大言海』가 「原始的生活ヲ榮メル土着ノ人種」이라는 説明을 追加했다.

10) 小島憲, 『植民地政策要綱』, 章華社, 1929, 170-171쪽.

11) 竹井十郎, 『日本人の新発展地南洋』, 海外社, 1929, 5-7쪽.

12) 和辻哲郎, 「アフリカの文化」『思想』, 1937年 11月号 ; 和辻哲郎著, 坂部恵編 『和辻哲郎随筆集』, 岩波書店, 1995, 90쪽.

13) 竹井十郎, 『日本人の新発展地南洋』, 海外社, 1929, 8-9쪽.

14) 에비나는 한국병합(1910) 직전에 출판한 책『인간의 가치』(1909)에 나오는 '토인 근성의 탈각'(土人根性の脱却)이라는 장에서, 식민지민을 차별하는 용어로서의 '토인'을 빈번히 사용한다. 에비나는 진화론이나 도태론적 견해에 근거하여 인간을 "토인 근성을 지닌 사람"과 "토인 근성을 떨쳐낸 사람"으로 이분화하여, 후자의 긍정적인 사례로서 메이지 유신의 주역이자 근현대 일본의 본거지인 '삿초도히'(薩長土肥) 즉, 사츠마(薩摩, 가고시마현), 조슈(長州, 야마구치현), 도사(土佐, 고치현), 히젠(肥前, 사가현) 사람들을 제시한다. 그리고 다음과 같은 '토인' 개념을 설파한다.; "우리 제국의 토인(我帝國の土人)은 오직 아이누인(アイヌ人)이

나 대만의 토번(臺灣の土蕃) 정도라고들 한다. (…) 우리는 이들이 토인 근성(土
人根性)에 돌아가지 않도록 막을 수 없다. (…) 그들 수천 명 빈민을 인솔하여, 홋
카이(北海) 또는 조선(朝鮮)에 웅비하지 않고 있다."(海老名弾正『人間の價值』,
557-559쪽.) ; "일본인이라 함은 만약 만한(滿韓)의 천지에 들어가고자 하면, 그곳
토인(土人)들의 여전히 개간(開墾)되지 않은 곳은 경작하며, (…) 그들의 이익도
증진시키지 않으면 안 된다"(海老名弾正『人間の價值』, 597쪽.)

15) 졸고「海老名弾正の『植民地民』理解―海老名弾正の『土人』と吉野作造・石川三四
郎の『土民』の比較を中心に―」『明治学院大学キリスト教研究所紀要』第50号,
2018年 1月, 134-155쪽 참조.

16) "일본 국적을 가진 조선인이나 대만인이, 평등하게 〈일본인〉으로서 대우받고 있
던 것은 아니다. (…) 참정권도 없었으며, 초등교육도 무상이 아니었다. 아이누
의 경우도 홋카이도 구 토인 보호법에 따라서 다른 교육제도가 적용되었으며, 오
키나와에 참정권이 부여된 것은 1919년이 지난 뒤부터였다. (…) 〈일본인〉이며
〈일본인〉이 아닌 존재였다"(小熊英二,『〈日本人〉の境界：沖縄・アイヌ・台湾・朝
鮮 植民地支配から復帰運動まで』, 新曜社, 1998, 4.)

17) Stefan Tanaka, Japan's Orient：Rendering Pasts into History, Berkeley and Los
Angeles: University of California Press, 1993. ; 姜尚中,『オリエンタリズムの彼
方へ 近代文化批判』岩波書店, 1996.

18) 小熊英二,『〈日本人〉の境界』, 7-8쪽.

19) 小熊英二,『〈日本人〉の境界』, 11-12쪽.

20) 조선시대(년도 미상)에 이기(李沂)가 쓴 "1개월 남짓 기거하고 있을 때 토인들과
서로 친숙하여 그들 중 위문을 하는 사람도 있었다"(居月餘土人漸相慣熟, 亦有致
慰問者)라는 문장을 보면, 유배시기에 만난 지역민을 '토인'이라고 적고 있다. 마
찬가지로 년도 미상의 조선시대에 이관명(李觀命)이 쓴『병산집』(屏山集)의 한
시에는 "토인(토착민)이 말하기를 이곳의 강가는 삼동에 강 안개가 날마다 눈에
얼어붙어 수목을 시들고 상하게 한다(…)" "土人言此地濱江三冬江霧日日凝雪凋
傷樹木(…)"라면서 지역민을 '토인'이라고 부른다.『海鶴遺書』(한국사료총서 제3
집), 海鶴遺書卷十二 文錄十詩 참조.

21)『국역비변사등록』120책, 국사편찬위원회 승정원일기, 영조25년(1749) 12월 16일
(음)

22) "아국= =희삼위=는 =원산=셔 =죠션= 슈로로 일쳔 오빅리인디 (...) 토인의 무례
홈과 부정혼 힝실이 들은 바와 굿ᄒᆞ며"(「희삼위 = 귀경혼 것」,『죠션크리스도

인회보』 제31호, 1897년 8월 19일, 29쪽.)

23) "셔흥읍에 사는 형뎨 유셩쥰씨라ᄒᆞᆫ 이는 근본 본읍 토인 구실을 삼亽년 ᄒᆞᆫ 후에 여러 가지 악습의 일은 다말홀 수 업거니와" (『그리스도신문』 제524호, 1905년(光武10년) 7월 1일.)

24) "일본 정부에서 되만 토인들을 뽑아 (…) 죠련 식히는되 토인들이 군亽노룻슬 잘 ᄒᆞ고"(「일본 정부에서 대만 토인들을 뽑아」, 『獨立新聞』, 1897년 5월 27일, 2면 3단.)

25) 「이급 션봉들이 토인의 션봉을」, 『獨立新聞』, 1897년 6월 12일, 2면 1단.

26) 「阿弗利加土人」, 『皇城新聞』, 1899년 10월 30일 3면 2단.

27) 「土人의 造意貽害」, 『皇城新聞』, 1899년 11월 9일, 3면 3단.

28) 「南阿土人不穩」, 『皇城新聞』, 1899년 12월 18일, 2면 4단.

29) "『나는 아프리카에 와서 (…) 猛獸와 土人과 其他 온갖 어려운 일로 生命에 威脅을 당한 일을 이루 셀 수 없으나, (…) 福音을 爲하여 기쁨으로 生命을 바치기를 願한다』 이런 편지였다." (「動搖하지 않는 獻身의 精神」, 『基督敎新聞』, 1942년 7월 15일.)

30) 「니흥ᄒᆞ쟈론」. 『대한크리스도인회보』 (THE KOREAN CHRISTIAN ADVOCATE), 1898년 5월 4일.

31) 『神學月報』 제2권, 1902년, 273.

32) 「土人保護請求」, 『皇城新聞』 1909년 4월 7일, 1면 3단. ; "대개 모하못이 니러날 째에 아라비아 토민들 즁에 여러 부락이 잇서 흥샹 서로 다토고 싸호더니" (「회회교는 샹고ᄒᆞ기가 용이홈」, 『神學月報』 제5권, 1909년, 亽십구.)

33) "南洋比十ㅇ群島의 新포메룬島土人은 独逸ㅇ商人을 殺害하얏다더라." (「土人殺周獨人」, 『皇城新聞』, 1909년 11월 6일, 1면 3단.)

34) "요한은 미국 토민들의게 젼도ᄒᆞ는 션교亽가 되고 (…) 긔록ᄒᆞ되 내가 토민들을 회기식히기 위ᄒᆞ야 미국에 갓스나" (「웻실네의 형뎨가 미국에서 힝흔 일이라」, 『神學月報』 제2권, 1902년, 13-16.)

35) "덕국 션교亽 노만션 씨는 =동인도= 수마트라 = 셤 즁에 드러가셔 그곳 토인(土人)의게 여러번 죽을 경우를 당ᄒᆞ엿스나 하ᄂᆞᆫ님의 보호ᄒᆞ심을 힘닙어 잔명을 보존ᄒᆞ여 (하략)" (「셰샹 훈쟝을 몬져 탓셔」, 『그리스도회보』 (KOREA CHRISTIAN ADVOCATE), 제1권 제36호, 1912년 7월 15일.)

36) "十九셰긔ᄭᆞ지 =아불리가= 대쥬의 대부분이 아직 캄캄ᄒᆞᆫ 가온되 잇셔셔 (…) 사름의 고기 즁에 빅인죵의 고기가 데ㅡ 맛이 됴타홈으로 구미 각국 션교亽가 감

히 그자에 드러가지 못ᄒ더니 (…) 다윗 리빙스돈-이라 (...) 선싱은 더욱 힘써빅화 (…) 사ᄅᆞᆷ을 잡어먹는 =아불리가= 토인의게 견도ᄒ야 구미각국 션교ᄉ의 선봉이 되어(하략)" (「리빙스돈의 니야기」, 『그리스도회보』(KOREAN CHRISTIAN ADVOCATE), 제2권 제25호, 1913년 8월 25일, 7쪽.)

37) "근쟈에 =아프리가= 동남편에 잇는 =마다가스가=라는 섬즁에 이샹ᄒᆞᆫ 풀을 발견ᄒ엿든듸 그 일홈은 식인초(食人草)라 (...) 그 근방 토인이 모르고 그잔에 고인 물을 먹엇더니(하략)" (「이샹ᄒᆞᆫ 초목」, 『그리스도회보』 제1권 제7호, 1911년 4월 30일.)

38) 「목ᄉ」, 『神學月報』 제2권, 1902년, 486쪽.

39) 하와이의 마지막 한인 이민자로서 1905년 8월 8일에 도착한 내리교회 출신의 문경호 목사와 김우제 등이 있다. (Official Journal of the Sixth Annual Session of the Pacific Japanese Mission of the Methodist Episcopal Church(San Fracisco, 1905), 19-27.) ; 『미주지역 한인 이민사』 제39권, 「하와이 한인들이 하와이 감리교회에 끼친 영향: 1903-1952」에서 재인용.

40) "천하만국에 개화하고 아니 함과 나라에 대소를 물론하고 각각 풍속이 잇스니 조흔 풍속도 잇고 조치 못한 풍속도 잇서서 (...) 지금은 세계에 문명에 진취하야 일등국이 되엿기로 몃 가지 풍속을 인증하야 말하나이다 미국 본토인종들은 자식을 나흐면 어엿부고 아름답게 한다 하야 그 무지한 두 손으로 간난 아해 머리를 눌너 머리 ᄭᅩᆺ츨 쇽족하게 만들며 아푸리가 흑인들은 큰 쇠고리로 두 귀와 코와 닙셜를 쐬여 달어 두고 남녀가 서로 붓ᄭᅴ러온 줄 모르고 몸을 벗고단니며 ᄯᅩ 인도국서는 과부를 불사르기와 ᄯᅩ 어린 아해를 강물에 너희며 ᄯᅩ 일본은 백성마다 전신에 검은 먹으로 룡이나 흑사자나 혹 다른 무셥고 흉악한 즘생을 그려 평생에 지지 안케 하며 ᄯᅩ 아라사 사람들은 천당을 가랴하면 불가불 수염이 잇서야 한다 하야 수염을 정성으로 기르며 ᄯᅩ 청국은 녀인들을 문밧게 나가지 못하게 하랴고 어려슬 ᄯᅢ부터 발을 조려 어듸를 가랴면 쌍집행이를 집고 단니게 하더니 청국서도 작년부터 이 풍속을 곳치기로 작정하고 기타 모든 나라의셔는 임의 곳친지 오래되 홀노 우리나라에서는 내외하는 풍속을 지금까지 곳치지 아니하고 녀인들은 한 물건갓치 넉여 집안에 ᄭᅩᆨ 가두어 ᄭᅥᆷ작 못하게 하고" (전도사 문경호, 「론설-내외하는 풍속」, 『神學月報』 제3권, 1903, 281-282쪽.)

41) 「셩경의 효력」, 『神學月報』 제5권, 1908, 240쪽.

42) 「한인교회 지방연회, 램버트 쥬셕」, 『新韓民報』, 1916년 4월 6일자, 3면.

43) 「영국 수을누 디방이 편안치 못ᄒᆞᆷ」, 『예수교신보』 제4호, 1907년 12월 25일.

44)「법국 모락가 젼징」,『예수교신보』제4호, 1907년 12월 26일.

45)「摩洛哥土人討伐」,『皇城新聞』, 1909년 7월 14일, 1면 3단.

46) "비률빈도에 토인들이 대회를 개하고 미국 국민이 비률빈에서 자유무역을 행하는 권리를 비률빈 사람의게 허급케 하기로 청원할 결의 안건을 가결하엿더라."(「비률빈토인결의」,『大韓每日申報』, 1908년 7월 11일자.)

47)「우리의 전선(電線)이나 전주(電柱)가 모조리 파괴됨에 있어서 토인(土人)에 대해 알아보니 이곳보다 30-40리 떨어진 곳까지 모두 파괴하였을뿐 아니라(…)」(『韓國近代史資料集成』第8卷(國權回復),「江原道 元山 附近 義兵 情況に对する 報告」(公第三三號) 1896年 2月 18日発信, 外務次官原敬受信.) ;「폭도는 상인 풍으로 변장하거나 혹은 노동자의 모습을 하여 각지에 내왕하며, (…) 그 풍장이상(風裝異樣)한 것을 보고 토인(土人) 더 나아가 그 폭도인지 여부를 식별한다.」(『韓國近代史資料集成』第8卷(國權回復),「(47) 暴徒金海へ襲來ノ件報告」(公第八九號) 1896年 4月 10日 発信, 外務次官原敬受信.)

48)「함경북도 육진(六鎭) 지방 한민(韓民)은 (…) 노청(露淸) 양국의 경계를 접하고 늘 그 땅에 내왕하며, 노국의 은혜를 얻는 게 많고, (…) 노군(露軍)은 토인(土人)에게 늘 말하기를 일본은 전승국과 다름 없어 상금(償金)을 얻어 노(露)와 화(和)를 맺음으로써 (…) 대체적으로는 일인(日人)에 대하여 악감정(惡感情)을 포지(抱持)하고 있다. (…) 明治三十八年十二月」

49)「토인(土人)은 일로군(日露軍)의 노역(勞役)에 종사하고 (…) 일부 토인(土人)은 실로 생활이 궁핍하며 (…)」(『駐韓日本公使館記錄』第26卷,「(29)咸鏡北道 六鎭 地方 饑饉 實地調査復命 件」1905年12月 21日, 在城津 日本領事分館附 外務省警部 竹内喜一郎発信, 副領事川上立一郎受信.)

50) 吉見俊哉『博覧会の政治学―まなざしの近代』東京:中公新書, 1992, 212-213쪽; 坂元ひろ子『中国民族主義の神話―人種・身体・ジェンダ』東京: 岩波書店, 2004, 69-71쪽.

51) 同郷会会員「日本第五回内国勧業博覧会観覧記」〈日本聞見録〉『浙江潮』三期, 1903.「博覧会人類学館事件」『新民叢報』第27号, 1903.「大阪博覧会人類館台湾女性事件」『游学訳編』第6冊, 1903.;상기 기사는, 坂元ひろ子『中国民族主義の神話―人種・身体・ジェンダ』, 72-75쪽에서 재인용.

52)『東京朝日新聞』, 1907年 6月16日.

53)「日本留낭齋生」『大韓每日申報』, 1907年 6月 6日, 1面.

54)「日本留낭齋生」『大韓每日申報』, 1907年 6月 6日, 1面.

55) 「東京博覽會에 出品흔 我婦人同胞」『大韓每日申報』, 1907年 6月 21日, 1面.

56) 「東京博覽會에 出品흔 我婦人同胞」『大韓每日申報』, 1907年 6月 21日, 1面.

57) 「雜報—博覽會內 韓國婦人의 事件」『太極学報』第11号, 1907年 6月 24日, 53-55
    쪽.

58) 다음과 같은 국한문 혼용체도 같은 날 발행되었다. ; "余가 日本北海道에 遊호니
    其土人이 短髮은 튜結ᄒ고 衣服은 粗怪ᄒ나 其軀幹은 甚偉大ᄒ야 (…) 奴性奴
    習의 民腦에 侵入흠을 戒ᄒ고 日日로 獨立心을 發揮 홀지니라." (恨天生, 「日本
    北海道土人說」, 『大韓每日申報』, 1909年 9月 5日자, 1면 1단. ; 흔텬싱, 「일본 북
    해도의 토인」, 《대한매일신보》, 1909년 9월 5일, 1면 1단.)

59) "우리 동궁뎐하께서 태사 이등박문 등을 다리시고 현금 일본 북해도를 만유하시
    는 듕인대 (…) 아이누「일본토죵」츄댱 3명과 아이누 학생 30여 명이 등후하야
    한일국기를 둘으며 만셰를 불으는데 아이누 츄댱은 셰번 손을 올녀 (…) 최샹 경
    례를 행하얏는대 뎐하께셔는 시종 관고 희경을 명하야 아이누인의 모양을 촬영
    케 하셧다더라." (「토인의 경례」, 『新韓民報』, 1909년 9월 8일자, 3면 4단.)

60) 전택부, 「제30장 3.1운동과 YMCA정신」, 『한국기독교청년회운동사』, 정음사,
    1978, 225-226. ; 전택부에 의해 〈韓國基督敎時報〉에 게재된 최남선 인터뷰(1956
    년 2월 25일) 기사의 재인용.

61) 『기미독립선언서』(1919) 중.

62) 이윤용(李允用, 1855-1938)은 을사오적 및 한국병합 주도자였던 이완용(李完用
)의 형으로서, 흥선대원군의 사위로서 이후 대한제국의 고위 관료를 역임한다.
    1909년 의병 진압을 위해 보부상과 교섭했고, 대한상무조합소 총재 역임, 대한상
    업주식회사를 창립, 초대 통감 이토 히로부미(伊藤博文)의 기념사업회인 이등공
    송덕비설립사무소의 부의장 등을 맡았다. 조선이 일본의 보호를 벗어나 자존 자
    립할 능력이 없음을 선전하기 위해 조직된 국시유세단(國是遊說團)에서 1910년
    단장이 되었다. 각종 친일 활동이 인정되어 1910년 10월 7일 일본 정부로부터 남
    작 작위를 받았고, 1911년 1월 13일 2만 5천 원의 은사공채를 받았으며, 1912년 8
    월 한국병합기념장을 받은 대표적 친일파 인사이다.

63) "李允用 男爵의 永興, 咸興一帶 視察에 對한 黃海道 第一副葬報告」, 『騷擾事件ニ
    關スル道長官報告綴 七冊ノ內七』(朝鮮總督府 內秘補 1342), 大正八年(1919) 6
    월 23일.

64) "共産主義者의 煽動으로 란영(蘭土)인도(印度) 조왜(爪哇, 인도네시아-필자 주)
    에셔는 本月上旬 土人의 共産主義者가 鐵道勞動者를 煽動ᄒ야 (…) 形勢가 俄

然히 險惡ᄒ게 되야 (…) 西部爪哇에 擴大되ᄂᆞᆫ 中동이라더라." (「爪哇의 土人罷業」, 『基督申報』, 1923년 5월 23일, 2면.)

65) "이곳은 영안현 수부인 고로 만주인이 많이 사는데 (…) 고려교(高麗橋)와 고려공원(高麗公園)이 있어 그곳 토인들이 그 이름을 부르고 있다."(오기선, 「滿洲視察記」, 『朝鮮監理會報』, 1938년 1월 16일.)

66) "아프리카의 土人들이 오늘과 같은 發展階段에 얼마나 오래 있었는지 나는 疑心스럽습니다. 아프리카 土人은 보이지 않는 神들은 늘 目睫間에 있다고 믿으며 또 그 神들은 어두운 데서 더 勢를 부린다고 믿습니다." (「世界宗教大觀, 도돈나에 말하는 상수리나무(2)」, 『朝鮮監理會報』, 1938년 8월 16일.) ; "아프리카 土人들은 회호리 바람을 鬼神이라고 불으는 것입니다." (「少年을 위한 世界宗教大觀- 速脚鬼」, 任英彬譯, 『朝鮮監理會報』, 1938년 10월 1일.)

67) "나는 파라오 諸島 오기왈村에 獨逸 新教 宣教師 윌리암 · 렌게氏를 訪問하였다. (…) 조그만 土人의 部落(부락)이다. (…) 土人이 特別集會를 3회까지 얼어준다. 그날 밤에 百濟人의 集會가 있었는데, 나는 日本語로 說教하였다. 會衆에 祈禱하라 한즉, 맨 뒤끝에 있던 土人이 일어서서 祈禱를 한다. 내가 講壇 위에서 얼핀 눈을 떠서 그를 보니, 발가벗은 몸둥이에 짧은 중이 하나만 가리고 포둥포둥한 살을 내어놓은 土人이 두 손을 마주 잡고 눈을 감고 조용히 土語로 기도를 올리는 것이다. 나는 그 瞬間, 아아, 이런 土人 中에도 예수께서 天國의 옷 자리로 구원하여 주시는 土人이로구나고 直感하였다. (…) 一面으로 土人 傳道의 困難한 사정을 들어 알았다. 信仰과 實生活이 너무나 懸隔되는 것, 마음이 單純하여 意志가 薄弱한 것, 약간 하면 誘惑에 넘어가는 것, 性道德이 없는 것, 療病의 常識이 조금도 없는 것 等等으로 말미암음이라 한다. 무론 島民 傳道는 日本 內地 그것과는 딴판으로 複雜多岐 할테지." (「南方諸島傳道畧記, (5)大久保忠臣」, 『基督教新聞』, 1942년 9월 30일.)

68) "오스튜랄리아의 토인(土人)들이 사는 디방은 (…) 세계 황무디 즁의 하나이다. (…) 토인 즁에는 여러 족속이 잇는디 대개 키가 적고 빗이 검으며 싱활 상태는 전혀 원시덕이다. (…)토인의 총수는 十五만이나 되는디 오스튜랄리아 정부와 교회에서는 토인의게 복음을 선전ᄒ여 교육을 쟝려ᄒ야 그들의 제반 상태를 실디 증험(證驗)ᄒᆫ 결과 (…) 힘써 가라치면 그들의 샤회를 일층 발견케 홀 수 잇다 ᄒᆫ다." (「오스트랄리아의 토인」, 『基督申報』, 1925년 6월 24일, 4면.)

69) "(하와이는) 1903년에 이르러 미국과 합병을 하고 마랐다. (…) 총독의 정치아래 어떤 사람들이 살고 있는가. 1936년도 통계에 의하면 하와이토인 21,549 (…) 일

본내지인 149,886, 조선인 6,682 (…)" (봄비, 「別有天地를 찾고서」, 『監理會報』, 1937년 10월 16일.)

70) "미국 옥리호라도(Oklahoma)에ᄂ 토인이 만히 살므로 미기하야 흑암 즁에 잇더니 몃히 젼에 쥬님의 광명흔 도리가 그곳에 드러감으로브터 졈々 문명흔 정도에 나아가 그리스도교인이 만히 싱기고 짜라서 교육도 졈々 발젼되ᄂ 즁 (하략)" (「학교여보에 열심한 미국토인」, 『基督申報』, 1921년 6월 1일, 6면.) ; "흔히는 미국 토인 홍인종이 졈차로 줄어저 간다고 하지마는 (…) 그동안에 다수가 다른 인종과 혼합하엿슴으로 지금 잇는 수는 (…) 반 가량이 보젼되여 잇는 것이라고 한다."(「미국토인 증가」, 『基督申報』, 1931년 11월 11일, 2면.) ; "'토—템' 北米土人의 個人또는 種族에게 깊은 因緣이 잇다 하야 (하략)" (虛庵空人, 「宗教哲學小說(6)」, 『基督教新聞』, 1943년 6월 23일.)

71) "아푸리까 土人種은 오늘까지도 야만의 習惡을 고치지 몯하고 삶 處女를 祭物로 돌여 배암께 祭祀하는 일이 잇다."(「아푸리카 土人의 殺人祭」, 『東光』제33호, 1932년 5월 1일, 53-54쪽.)

72) 「內鮮人의 同化를 論하다」, 『半島時論』, 1920년 9월호, 8-9쪽.

73) 윤치호, 『靑年』제19호, 1940년 1월호.

74) 미국 장로회가 세운 메이지가쿠인(明治学院)에 유학할 당시 기독교를 접한 이광수는, 귀국하여 기독교주의 학교인 오산학교(五山学校)에서 교편을 잡는 등 기독교인들과 깊은 교류를 가졌다. 그 후 다시 도일한 그는 1919년 2월에 도쿄조선YMCA에서 다수의 기독교인 동지들과 함께 '2.8독립선언'의 초안을 작성했다. 1917에 발표한 '금일조선야소교의 결점'이란 글은 그의 기독교에 대한 깊은 관심과 애착, 그리고 비판을 잘 보여주는 논설이다. (김영일, 「이광수의 한국 기독교 비판」, 『기독교사상』제250호, 1979년 4월호. ; 박슬기, 「이광수의 개조론과 기독교 윤리」, 『韓国現代文学研究』제35집, 2011년 12월. ; 신광철, 「이광수의 기독교 비평에 대한 연구」, 『한국 기독교와 역사』제17호, 2002년 8월. 참조.

75) 이광수, 「창씨와 나」, 『每日新報』, 1940년 2월 20일.

일본 기독교 여성의 평화운동 / 가미야마 미나코

1) 関西学院大学キリスト教と文化研究センター『キリスト教平和学事典』, 教文館, 2009, 336쪽.

2) 『キリスト教平和学事典』, 336쪽.

3) 『キリスト教平和学事典』, 335쪽.

4) 「戦争と矯風会」, 『婦人新報』 第82号, 婦人新報社, 1904年, 1쪽.

5) 本多貞子, 「軍国の婦人」, 『婦人新報』 第82号, 婦人新報社, 1904, 7-8쪽.

6) 「韓國と矯風事業」, 『婦人新報』 第105号, 1906年1月25日, 4쪽.

7) 矢島楫子 「新年の所感」, 『婦人新報』 第163号, 婦人新報社, 1911, 1쪽.

8) 森口 武断統治期(1910-19年)における女性キリスト者の朝鮮理解ー日本キリスト 教婦人矯風会とＹＷＣＡを中心にー」, 『神學研究』 第63号, 関西学院大学神学 研究会, 2016, 15-28쪽을 참조.

9) 久布白落實, 「北支北満を廻りて」, 『婦人新報』 第476号, 婦人新報社, 1937, 23-24쪽.

10) 林歌子, 「昭和維新の大業は」, 『婦人新報』 第490号, 婦人新報社, 1939, 5쪽.

11) 平山照次, 「平和に対するキリスト者の責任(ニ)ー青年部夏期協議会講演」, 『婦 人新報』 第745号, 1963, 12-13쪽.

12) 「要請書」, 『婦人新報』 第1099号, 婦人新報社, 1992, 25쪽.

13) 「第7回日韓NCC協議会に参加して」, 『婦人新報』, 2001年 2月号, 23쪽.

14) 교풍회(矯風会)는 재 한국 피폭자들에 대해서 "재 한국 피폭자(在韓国被爆者)는 (…) 일본의 조선에 대한 식민지 지배로 인해, 전답을 빼앗겨 생활이 어려워진 조 선인들이 양식을 구하기 위해, 혹은 일본군이나 일본의 광산과 군수공장에 강제 연행되어 와서, 히로시마, 나가사키로 건너올 수밖에 없게 된 결과, 원폭 피해까 지 받게 되어, 조국 해방후 한국에 귀국함으로 인해서, 일본 정부로부터 아무런 원호를 받지 못한 채, 원폭 후 장애 등으로 고통을 겪는 사람들"이라고 설명하고 있다. ; 「ともに生きていくために ともに補償と援護を受けるために」, 『婦人新 報』, 2002年 5月号, 6쪽.

15) 「第8回日韓NCC協議会〈全体報告〉」, 『婦人新報』, 2005年 2月号, 20쪽.

16) 山本禮子, 「日本統治下における台湾キリスト教主義学校の相克ー台南・長栄高 等女学校の軌跡ー」, 富阪キリスト教センター編, 『近代日本のキリスト教と女 性たち』, 新教出版社, 1995年, 177쪽.

동아시아의 평화에 미국은 어떻게 기여하는가 / 벤자민 앵글

1) Bradford Perkins, "Interests, Values, and the Prism: The Sources of American Foreign Policy," *Journal of the Early Republic* 14 (4): 461.

2) 패트릭 헨리 (Patrick Henry)의 1775년 3월 23일 버지니아에서의 연설 참조.

3) 아브라함 링컨 (Abraham Lincoln)의 게티즈버그 연설 참조.

4) As quoted in Arthur Schlesinger, Jr., "Human Rights and the American Tradition," *Foreign Affairs* 57 (1979): 505.

5) *Ibid.*, 510.

6) *Ibid.*, 505.

7) Robert W. Johannsen, "The Meaning of Manifest Destiny," in *Manifest Destiny and Empire: American Antebellum Expansion*, eds. Sam W. Haynes and Christopher Morris, 7-20 (College Station, TX: Texas A&M University Press, 1997), 8.

8) Richard De Zoysa, "America's Foreign Policy: Manifest Destiny or Great Satan?" *Contemporary Politics* 11 (2-3): 135.

9) Benjamin T. Harrison, "Wilson and Mexico," *in A Companion to Woodrow Wilson*, ed. Ross A. Kennedy, 220-233 (Hoboken, NJ: Wiley and Blackwell, 2012), 220.

10) Erez Manela, *The Wilsonian Moment: Self-Determination and the International Origins of Anticolonial Nationalism* (Oxford: Oxford University Press, 2007), 132.

11) Harrison, "Wilson and Mexico," 221.

12) Julian Go, "The Chains of Empire: State Building and 'Political Education in Puerto Rico and the Philippines," in The American Colonial State in the Philippines: Global Perspectives, eds. Julian Go and Anne L. Foster, 182-216 (Durham, NC: Duke University Press, 2003), 183.

13) See Ki-baik Lee, A New History of Korea, trans. Edward W. Wagner with Edward J. Shultz (Cambridge, MA: Harvard University Press, 1984), 309; Raymond A. Esthus, "The Taft-Katsura Agreement: Reality or Myth?" The Journal of Modern History 31 (1): 46-51.

14) Donald N. Clark, *Living Dangerously in Korea: The Western Experience 1900-1950* (Norwalk, CT: East Bridge, 2003), 93, 168.

15) John Lewis Gaddis, The Cold War: A New History (New York: Penguin Press, 2005), 69.

16) Robert Rauchaus, "Evaluating the Nuclear Peace Hypothesis," *Journal of Conflict Resolution* 53 (2): 258-277.

17) Heonik Kwon, *The Other Cold War* (New York: Columbia University Press, 2010), 6.

18) John Lewis Gaddis, "Reconsiderations: Containment: A Reassessment," *Foreign Affairs* 55 (4): 873-887.

19) Raymond Bonner, Waltzing with a Dictator: *The Marcoses and the Making of American Policy* (New York: Vintage Books, 1987), 6.

20) Geoffrey B. Robinson, *The Killing Season: A History of the Indonesian Massacres, 1965-66* (Princeton, NJ: Princeton University Press, 2018), 179-185.

21) John Lewis Gaddis, *The Cold War: A New History* (New York, Penguin Press, 2005), 33.

22) Minghao Zhao, "Is a New Cold War Inevitable? Chinese Perspectives on US-China Strategic Competition," *The Chinese Journal of International Politics* 12 (3): 371-394.

우분투, 아시아의 평화를 위한 아프리카의 정신 / 고돈 무앙기

1) Desmond Tutu, *No future Without Forgiveness,* Rider Books, 1999, pp.34, 35.

2) John Donne, 'Meditation XVII'(http://-www.online-literature.com/donne/409/ 참조)

아시아 평화공동체의 비전 / 이소라

1) Barbara Weightman, *Dragons and Tigers: A Geography of South, East, and Southeast Asia*, Danvers: John Wiley & Sons, Inc., 2011, p. 1.

2) Barbara Weightman, *Dragons and Tigers*, p. 7.

3) Shahid Yusuf and Kaoru Nabeshima, *Changing the Industrial Geography in Asia,* Washington: The World Bank, 2010, 125.

4) Barbara Weightman, *Dragons and Tigers*, p. 10.

5) Graham P. Chapman and Kathleen M. Baker (ed), *The Changing Geography of Asia*, London: Routledge, 2002, 249.

6) Shahid Yusuf and Kaoru Nabeshima, *Changing the Industrial Geography in Asia,* 203-246.

한국사회의 갈등과 소통 · 대화공동체 / 이충범

강량, 「한국사회 세대 갈등 현상의 원인과 해소방안에 관한 소고」, 『대한정치학회보』 제21집 3호, 2013.

김갑동, 「왕건의 훈요십조 재해석: 위작설과 호남지역 차별」, 『역사비평』, 2002.

김만흠, 「지역 갈등문제」, 『사회평론』 92권1호, 1992.

백소영, 「젠더 갈등의 '선택적 혼종성' 양상에 대한 신학 · 윤리적 제언」, 『기독교사회윤리』 제43집, 2019.

손병권(외), 「세대 갈등의 원인 분석」, 『분쟁해결연구 17』, 2019.

아거, 「꼰대는 어떻게 탄생하는가」, 『새가정』 67, 2020.

양계민, 「한민족정체성과 자민족중심주의가 청소년의 다문화수용성에 미치는 영향」, 『한국청소년연구』 제20호, 2009.

오형석, 「한국사회에서의 다문화 갈등과 외국인 범죄」, 『분쟁해결연구』 제11권 3호, 2013.

유항재, 「공공갈등 관리현황 분석: 국회의 갈등관리 기능을 중심으로」, 『사업평가현안분석』 제61호(통권382호), 국회예산정책처, 2016.

유희정 · 이숙종, 「한국사회 갈등의 원인 및 관리에 대한 연구: 갈등유형별 특성을 중심으로」, 『한국사회』 제17집, 2016.

이승모, 「공공갈등관리」, 지방자치인재개발원, 2018.

이찬수, 『평화와 평화들』, 모시는사람들, 2016.

임도경, 「외국인 이주민이 본 한국과 한국인의 이미지 연구」, 『주관성연구』 제20호, 2010.

임미리, 「2016~2017년 촛불집회의 두 가지 전선에 관한 연구」, 『기억과전망』 제41호, 2019.

하상복, 「광장과 정치: 광화문광장의 비판적 성찰」, 『기억과전망』 제21호, 2009.

YTN. 사회적 갈등 비용 연간 최대 246조원… '소통'과 '승복'이 중요. 2017.03.07.
    https://www.ytn.co.kr/_ln/0103_201703071031417383

프레시안, 국민소득 3만 달러 시대의 슬픈 자화상, 2019.03.19.

북한의 종교와 한반도의 평화 / 이찬수

강동완, 『엄마의 엄마: 중국 현지에서 만난 탈북여성의 삶과 인권』, 너나드리, 2018.

강보선, '의사소통적 관점에서 살펴본 남북 높임법의 차이 비교」, 『화법연구』 26, 2014.

권혁희, 「사회주의 생활양식의 내면화와 문화적 관습: 미신문화의 변화와 확산 과정을 중심으로」, 『현대북한연구』 22권 1호, 2019.

김병로, 『북한, 조선으로 다시 읽기』, 서울대출판문화원, 2016.

김병로, 「북한 종교인 가족의 존재양식에 관한 고찰:기독교를 중심으로」, 『통일정책 연구』 제20권 제1호, 2011.

김윤희, 「영생하는 수령과 그리움의 정치」, 『국제정치논총』 56/2, 2016.

김흥수·류대영, 『북한종교의 새로운 이해』, 다산글방, 2002.

단국대학교 동양학연구소 엮음, 『한국 구비문학과 민간신앙의 지속과 변용』, 단국대학교 출판부, 2007.

북한인권정보센터, 『2017북한종교자유백서』, 북한인권정보센터북한인권감시기구, 2017.

신평길, 「노동당의 반종교정책 전개과정」, 『북한』 제283호, 1995년 7월호, 북한연구 소, 1995.

이복규, 「분단 이후 북한의 민간신앙과 현대판 속담의 일단」, 『한국민속학』 40호, 2004.

이순형 외, 『북한이탈주민의 종교경험』, 서울대 출판부, 2015.

이우영 외, 『분단된 마음 잇기: 남북의 접촉지대』, 사회평론, 2016.

이우영 외, 『분단된 마음의 지도』, 사회평론, 2017.

이찬수 외, 『한국을 다시 묻다: 한국적 정신과 문화의 심층』, 모시는사람들, 2016.

정대일, 『북한 국가종교의 이해』, 나눔사, 2012.

정재영, 「북한의 경어법」, 『새국어생활』 제1권 제3호(1991년 가을).

주강현, 『북한의 우리식 문화』, 당대, 2000.

최길성, 『한국인의 조상숭배와 효』, 민속원, 2010.

최준, 「북녘의 무당들: 어느 탈북 무녀의 이야기」, 『한국문화연구』 21, 2011.

하종필, 『북한의 종교문화』, 선인, 2003.

飯田剛史, "在日韓国・朝鮮人社会における仏教および民俗宗教寺院の諸形態", 『研究年報』 1989.

李鎔哲, "北朝鮮の宗教政策と宗教現況", 『中央学術研究所紀要』, 第31巻, 2002.

村山智順, 『朝鮮の巫覡』 (朝鮮総督府, 1932)

崔吉城, "植民地朝鮮の民族学・民俗学", *JAPANESE STUDIES AROUND THE WORLD*, vol.9, 2003.

Jin-Heon, Jung, *Migration and Religion in East Asia: North Korean Migrants' Evangelical Encounters*, Palgrave Macmillan UK, 2014.

Thomas Julian Belke, *Juche: A Christian Study of North Korea's State Religion*, Living Sacrifice Book Company, 1999.

U.S. Commission on International Religious Freedom, *Thank You Father KIM IL SUNG: Eyewitness Accounts of Severe Violations of Freedom of Thought, Conscience, and Religion In North Korea*, Nov.2005.

분단선을 넘은 문화의 공유 / 김윤희

김남훈, 『역도산이 왔다』, 서울: 아이디오, 2003.

김태권, 『세계 프로레스링의 왕자 력도산』 (1-2권), 평양: 평양종합인쇄공장, 1995.

북한 드라마, 『민족의 사나이』, 조선예술영화촬영소, 1999.

북한 다부작 예술영화, 『민족과 운명』 (1-50부), 조선4.25예술영화촬영소 · 조선예술 영화촬영소, 1992-2002.

이순일, 『영웅 역도산』, 서울: 미다스북스, 2004.

정지영 외, 『동아시아 기억의 장』, 서울: 삼인, 2015.

최은희, 『최은희의 고백』, 서울: 랜덤하우스코리아, 2007.

최은희 외, 『김정일(金正日왕국』, 서울: 동아일보사, 1988.

한성례, 『내 남편 역도산』, 서울: 자음과 모음, 2004.

강유위와 안중근의 평화사상 / 박종현

강유위 지음, 이성애 옮김, 『대동서』, 서울: 을유문화사, 2006.

김경일, 「동아시아 맥락에서 본 안중근과 동양평화론: 열린 민족주의와 보편주의로 의 지평」, 『정신문화 연구』, 제32권 4호.

김기승, 「한계 이승희의 독립운동과 대동사회 건설구상-유교적 반전평화론에 기초한 독립운동 사례」, 『한국민족운동사 연구』, 제50집. 2007.

김동노, 『근대와 식민의 서곡』, 서울: 창비, 2015.

김동협, 「강유위의 『광예주쌍즙』 주해」, 서울: 고려대학교대학원, 2017, 미간행 박사학위 논문.

김순석, 「일제강점기 유교의 종교화운동- 眞庵 李炳憲과 海窓 宋基植을 중심으로-」, 『한국민족운동사 연구』, 제77호. 2013년 12월.

김진아, 『문명제국에서 국민국가로』, 서울: 창비, 2018.

박강희, 「안중근 의사의 書風 연구」, 익산: 원광대학교대학원, 2009, 미간행석사학위 논문.

박광수 외, 『동아시아의 대동사상과 평화공동체』, 성남: 한국학중앙연구원출판부, 2018.

송병록, 「세계 공동체적 비전: 칸트-강유위-조소앙의 비교연구」, 『한 · 독 사회과학 논총』 제15권, 제2호, 2005년 겨울.

안중근, 『안중근 의사 자서전』, 서울 : 범우사, 2017.

안중근 · 하얼빈 학회 편, 『영원히 타오르는 불꽃 안중근의 하얼빈 의거와 동양평화 론』, 서울: 지식산업사, 2011.

오도열, 「안중근 書藝의 儒家美學的 연구」, 서울: 성균관대학교대학원, 2011, 미간행 석사학위 논문.

오도열, 「안중근의 의리정신에 관한 연구」, 서울: 성균관대학교, 2015, 미간행 박사학 위논문.

오재환, 「康有爲의 「大同書」에 보이는 종교적 성향」, 『동양고전연구』 제49집, 2012년 12월.

윤경로, 「안중근의거 배경과 동양평화론의 현대사적 의의, 동아시아의 평화와 미래를 전망하며」, 『한국독립운동사 연구』 제36권, 2010년 8월.

임상범, 「근대중국의 세계주의와 공산주의적 세계주의의 수용」, 『한중관계 연구』, 제4권 제1호, 2018년 2월.

조일범, 「중국 근대 언론 사상가 강유위와 양계초 연구」, 청주: 청주대학교 대학원, 2016, 미간행석사학위논문.

함동주, 『천황제 근대국가의 탄생』, 서울: 창비, 2009.

황종원, 「양계초의 유교에 대한 견해가 박은식에게 미친 영향-유교의 근대화와 종교화 문제를 중심으로」, 『유학연구』 제44집, 2018.

한국인의 '토인(土人)' 개념과 평화 / 홍이표

小熊英二, 『〈日本人〉の境界: 沖縄・アイヌ・台湾・朝鮮 植民地支配から復帰運動まで』, 新曜社, 1998.

Stefan Tanaka, Japan's Orient: Rendering Pasts into History, Berkeley and Los Angeles: University of California Press, 1993.

姜尚中, 『オリエンタリズムの彼方へ 近代文化批判』岩波書店, 1996.

関西学院大学キリスト教と文化研究センター『キリスト教平和学事典』, 教文館, 2009.

吉見俊哉『博覧会の政治学—まなざしの近代』東京: 中公新書, 1992.

坂元ひろ子『中国民族主義の神話—人種・身体・ジェンダ』東京: 岩波書店, 2004.

富阪キリスト教センター編, 『近代日本のキリスト教と女性たち』, 新教出版社, 1995年.

『婦人新報』

『神學研究』

전택부, 「제30장 3.1운동과 YMCA정신」, 『한국기독교청년회운동사』, 정음사, 1978.

『기독교사상』제250호, 1979년 4월호.

『韓国現代文学研究』제35집, 2011년 12월.

『한국 기독교와 역사』제17호, 2002년 8월.

일본 기독교 여성의 평화운동 / 가미야마 미나코

関西学院大学キリスト教と文化研究センター『キリスト教平和学事典』, 教文館, 2009.

「戦争と矯風会」, 『婦人新報』第82号, 婦人新報社, 1904.

本多貞子, 「軍国の婦人」, 『婦人新報』第82号, 婦人新報社, 1904.

矢島楫子, 「新年の所感」, 『婦人新報』第163号, 婦人新報社, 1911.

神山美奈子, 「武断統治期(1910-19年)における女性キリスト者の朝鮮理解—日本キリスト教婦人矯風会とＹＷＣＡを中心に—」, 『神學研究』第63号, 関西学院大学神学研究会, 2016.

久布白落實, 「北支北満を廻りて」, 『婦人新報』第476号, 婦人新報社, 1937.

林歌子, 「昭和維新の大業は」, 『婦人新報』第490号, 婦人新報社, 1939.

平山照次, 「平和に対するキリスト者の責任(二)－青年部夏期協議会講演」,
　　『婦人新報』第745号, 1963.
「要請書」, 『婦人新報』第1099号, 婦人新報社, 1992.
山本禮子, 「日本統治下における台湾キリスト教主義学校の相克－台南・長栄高等女
　　学校の軌跡－」, 富阪キリスト教センター編『近代日本のキリスト教と女性
　　たち』, 新教出版社, 1995.

동아시아의 평화에 미국은 어떻게 기여하는가 / 벤자민 앵글

Bonner, Raymond. *Waltzing with a Dictator: The Marcoses and the Making of American Policy*. New York: Vintage Books, 1987.

Clark, Donald N. *Living Dangerously in Korea: The Western Experience 1900-1950*. Norwalk, CT: East Bridge, 2003.

De Zoysa, Richard. "America's Foreign Policy: Manifest Destiny or Great Satan?" *Contemporary Politics* 11 (2-3): 133-156.

Esthus, Raymond A. "The Taft-Katsura Agreement: Reality or Myth?" *The Journal of Modern History* 31 (1): 46-51.

Gaddis, John Lewis. "Reconsiderations: Containment: A Reassessment." *Foreign Affairs* 55 (4): 873-887.

Gaddis, John Lewis. *The Cold War: A New History*. New York: Penguin Press, 2005.

Go, Julian. "The Chains of Empire: State Building and 'Political Education in Puerto Rico and the Philippines." In *The American Colonial State in the Philippines: Global Perspectives*, eds. Julian Go and Anne L. Foster, 182-216. Durham, NC: Duke University Press, 2003.

Harrison, Benjamin T. "Wilson and Mexico." *In A Companion to Woodrow Wilson*, ed. Ross A. Kennedy, 220-233. Hoboken, NJ: Wiley and Blackwell, 2012.

Johannsen, Robert W. "The Meaning of Manifest Destiny." In *Manifest Destiny and Empire: American Antebellum Expansion*, eds. Sam W. Haynes and Christopher Morris, 7-20. College Station, TX: Texas A&M University Press, 1997.

Kwon, Heonik. *The Other Cold War*. New York: Columbia University Press, 2010.

Lee, Ki-baik. *A New History of Korea*. Translated by Edward W. Wagner with Edward J. Shultz. Cambridge, MA: Harvard University Press, 1984.

Manela, Erez. The *Wilsonian Moment: Self-Determination and the International Origins of Anticolonial Nationalism*. Oxford: Oxford University Press, 2007.

Perkins, Bradford. "Interests, Values, and the Prism: The Sources of American Foreign Policy." *Journal of the Early Republic* 14 (4): 458-466.

Rauchaus, Robert. "Evaluating the Nuclear Peace Hypothesis." *Journal of Conflict Resolution* 53 (2): 258-277.

Robinson, Geoffrey B. *The Killing Season: A History of the Indonesian Massacres*, 1965-66. Princeton, NJ: Princeton University Press, 2018.

Schlesinger, Jr., Arthur. "Human Rights and the American Tradition." *Foreign Affairs* 57 (1979): 503-526.

Zhao, Minghao. "Is a New Cold War Inevitable? Chinese Perspectives on US-China Strategic Competition." *The Chinese Journal of International Politics* 12 (3): 371-394.

아시아 평화공동체의 비전 / 이소라

清水幸一,「「シルクロード」を行く」, 桂書房, 2011.

増田芳雄,「アジア民族の夢: 満洲-日露戦争後の旅順と奉天」, 学会出版センター, 2005.

泉川オーシャン,「アジア キーパーソン 事典」, 三一書房, 1999.

訳園部哲,「アジア再興 パンカジ・ミシュラ」, 白水社, 2014.

内田樹・姜尚中,「アジア辺境論 これが日本の生きる道」, 集英社, 2017.

戸谷由麻,「東京裁判 第二次世界大戦後の法と正義の追求」, みすず書房, 1999.

国際連合会広報局,「国連 明日に向かって」, 東京官書, 1986.

訳小林等 高橋早苗 浅岡政子,「ニュルンベルク・インタビュー上・下 レオン・ゴールデンソーン」, 河出書房, 2005.

平島健司,「EU国家を超えられるか」, 岩波書店, 2004.

畑博行・水上ちえ編,「国際人権法概論」(第4版), 右信堂, 2006.

모들아카데미 08

아시아 공동체와 평화

등록 1994.7.1 제1-1071
1쇄 발행 2020년 9월 25일

지은이   이찬수 이충범 김윤희 박종현 홍이표 기타지마 기신
          가미야마 미나코 벤자민 앵글 고돈 무앙기 이소라
펴낸이   박길수
편집장   소경희
편 집   조영준
관 리   위현정
디자인   이주향
펴낸곳   도서출판 모시는사람들
          03147 서울시 종로구 삼일대로 457(경운동 88번지) 수운회관 1207호
전 화   02-735-7173, 02-737-7173 / 팩스 02-730-7173
홈페이지   http://www.mosinsaram.com/

인 쇄   (주)성광인쇄(031-942-4814)
배 본   문화유통북스(031-937-6100)
홈페이지   http://modl.tistory.com/

값은 뒤표지에 있습니다.
ISBN 979-11-6629-000-8   94160
SET   978-89-97472-52-9   94160

이 도서의 국립중앙도서관 출판예정도서목록(CIP)은 서지정보유통지원시스템
홈페이지(http://seoji.nl.go.kr)와 국가자료공동목록시스템(http://www.nl.go.
kr/kolisnet)에서 이용하실 수 있습니다. (CIP제어번호:CIP2020036908)